特色小镇

田园综合体——政策、方案与行动

孙文华 ◎ 著

中信出版集团 · 北京

图书在版编目（CIP）数据

特色小镇 / 孙文华著. -- 北京：中信出版社，2018.9
ISBN 978-7-5086-9033-9

I.①特… II.①孙… III.①小城镇－城市建设－研究－中国 IV.①F299.21

中国版本图书馆CIP数据核字（2018）第120384号

特色小镇

著　者：孙文华
出版发行：中信出版集团股份有限公司
　　　　　（北京市朝阳区惠新东街甲4号富盛大厦2座　邮编　100029）
承 印 者：北京楠萍印刷有限公司

开　本：880mm×1230mm 1/32　印　张：10.75　字　数：215千字
版　次：2018年9月第1版　印　次：2018年9月第1次印刷
广告经营许可证：京朝工商广字第8087号
书　号：ISBN 978-7-5086-9033-9
定　价：59.00元

版权所有·侵权必究
如有印刷、装订问题，本公司负责调换。
服务热线：400-600-8099
投稿邮箱：author@citicpub.com

目录

推荐序 1 \\ V

推荐序 2 \\ VII

推荐序 3 \\ XI

推荐序 4 \\ XIII

推荐序 5 \\ XV

前　言 \\ XVII

第一章

特色小镇是美好生活的重要空间载体

新型城镇化　\\ 003

小城镇的美好生活　\\ 009

第二章

特色小镇的概念

特色小镇的缘起　\\ 021

对特色小镇的再认识　\\ 029

小城镇应该按照其不同区位来分类　\\ 033

第三章

通勤小镇

都市近郊的通勤小镇 \\ 039

开发商怎么开发通勤小镇 \\ 042

老百姓怎么选通勤小镇 \\ 049

第四章

产业小镇

城区产业溢出的产业小镇 \\ 059

开发商如何选择产业小镇 \\ 063

产业小镇的开发具有周期性 \\ 080

导入人口是导入家庭 \\ 086

产业小镇的基本空间模型 \\ 090

第五章

产品小镇

偏远的享乐型产品小镇 \\ 095

开发商如何选产品小镇 \\ 101

产品小镇需要战略定位 \\ 108

产品小镇的核心是服务运营 \\ 117

产品小镇的主要功能 \\ 130

老百姓如何选产品小镇 \\ 139

第六章

田园综合体

新型城镇化与田园综合体 \\145

乡村振兴与田园综合体 \\149

休闲农业与田园综合体 \\154

田园综合体的空间构成 \\162

策划有5个目标，规划有9个维度 \\166

策划的具体方法和做法 \\170

田园综合体的运营管理 \\204

第七章

特色小镇与田园综合体的商业模式

PPP模式 \\217

特色小镇与PPP模式 \\220

田园综合体与PPP模式 \\227

政府与项目公司的分工 \\230

特色小镇的赢利点 \\238

田园综合体的赢利点 \\243

PPP类型及运作模式汇总 \\260

企业投资小镇的赢利模式设计 \\265

关于美国小镇的税收增额融资开发模式在我国应用的思考 \\267

后　记 \\ 279

附录 1　\\ 285
附录 2　\\ 289
附录 3　\\ 297
附录 4　\\ 303
附录 5　\\ 309

参考文献　\\ 319

推荐序 1

孙文华同志在多年从事区域经济发展和城镇化理论研究的基础上,对特色小镇和田园综合体进行了深入的思考和研究,撰写了这本书。由于汇源集团在这方面也进行了思考、探讨和实践,所以,孙文华同志邀请我为这本书写推荐序。

十九大报告明确提出实施乡村振兴战略,坚持农业农村优先发展,加快推进农业农村现代化。这是人们期待已久的喜讯,也是我们这些心怀"三农"情结的人一直在为之努力的事情。

特色小镇和田园综合体都是带动农业农村现代化的重要载体,也是推动乡村振兴战略的重要引擎,其最终目的都是缩小城乡差距,实现城乡一体化。

这本《特色小镇》的作者从城乡一体化的角度研究和阐述了特色小镇与田园综合体,选用了国内外大量成功的案例,为国内有志开发建设特色小镇和田园综合体的投资者与践行者带来了崭新的视角和启示。因此我认为,这本书的出版可喜可贺!

朱新礼

汇源集团董事长

推荐序 2

位于城市郊区和农村的小城镇属于城市之末、农村之首,是城乡过渡带的主体和代表。小城镇既是沟通城乡区域经济的桥梁和枢纽,也是实施新型城镇化战略的重要区域。目前我国城镇化率达到了57.35%,特大城市、大城市、区域性中心城市已成为我国人口的主要集聚地,但是还有几亿人口仍然生活在农村,因此下一阶段我们必然要进入城市郊区和农村统筹发展的新型城镇化时期,进而实现城乡居民权益平等化、城乡公共服务均等化、城乡居民收入均衡化、城乡要素配置合理化以及城乡产业发展融合化的战略目标。

为此,2016年国家发改委发布了《关于加快美丽特色小(城)镇建设的指导意见》,全面推进特色小(城)镇的建设。

特色小(城)镇包括特色小镇和特色小城镇两种形态。特色小镇主要指聚焦特色产业和新兴产业,集聚发展要素,不同于行政建制镇和产业园区的创新创业平台。特色小城镇是指以传统行政区划为单元,特色产业鲜明且具有一定人口规模和经济规模的建制镇。特色小镇和特色小城镇相得益彰、互为支撑,特色小镇非镇非区,既不是行政区划单元,也不是产业园区。它只是行政建制小城镇中的一部分,相对独立于市区之外，有明确的产业定位、历史文化内涵、旅游风貌特色和社区服务功能。特色小镇的重要功能特征就是它具有特色鲜明的产业形态、和谐宜居的美丽环境、彰显特色的传统文化、便捷完善的设施服务和充满活力的机制体制等。

田园综合体作为城乡统筹发展中的重要组成部分，则是在有资源优势的乡村建设以农民合作社为主要载体的，让农民充分参与并受益的，以循环农业、创意农业、农事体验为基础产业的，集现代农业、休闲旅游、田园社区为一体的综合体。它是一种乡村综合发展的模式，其核心是让农民充分参与乡村的建设和发展并从中受益。田园综合体概念的提出推动了新一轮城镇化的进程，使该进程在空间上从城乡结合部进一步拓展到广大的农村区域，因而具有前瞻性的意义。

党的十九大报告从实施区域协调发展的战略层面强调"以城市群为主体构建大中小城市和小城镇协调发展的城镇格局，加快农业转移人口市民化"。在谈到实施乡村振兴战略时，十九大提出将按照产业兴旺、生态宜居、乡风文明、治理有效、生活富裕的总要求，建立健全城乡融合发展体制机制和政策体系，加快推进农业农村现代化，并重点强调了"确保国家的粮食安全，把中国人的饭碗牢牢端在自己手中"。

这本《特色小镇》的出版恰逢其时。它引人入胜的一个特点是援引了较多国内外成功运营的特色小镇和田园综合体的范例，直观地论述了特色小镇的基本概念，特色分类（通勤小镇、产业小镇、产品小镇），风貌特点，商业运营模式和应避免走入的误区。对实施新一轮城镇化建设来说，这本书具有他山之石的功用和积极的指导意义。另外，仍需指出的是，在田园综合体的建设过程中，还应强调力戒浮华之气、奢靡之风，在确保国家粮食安全的循环农业基础上，发展休闲旅游产业，切不可本末倒置。

这本书内容翔实，章节安排合理，概念严谨清晰，图文并茂、条理有序，是一本值得同行业者参考阅读的专业著作。

李宁

中国城市发展研究院副院长

中国城镇化促进会城市与乡村统筹专业委员会常务副秘书长

推荐序 3

中国的特色小镇建设给中国当代经济发展带来了一个方向和一份信心。特色小镇的特色，说到底是一种文化差异化的表现。无论是其主题定位、资源评价、产业布局，还是产品特色、运营手段，甚至建筑形态，都是一种创意提炼，是一种自然升华。

这本书的作者以旅游服务为核心目标，参照其他国家发展特色小镇的成功案例，从农家乐、乡村旅游延伸开来，通过文化聚合详细阐述了集规划布局、建设风格、运营模式、投资结构和营销手段为一体的综合性创新方式。文化创意产业发展的跨界融合已成必然。

我个人认为，《特色小镇》为中国的特色小镇发展提供了决策参考和产业引导，为中国的特色小镇建设寻找到了国际化语汇，为中国的松散性资源寻找到了整合机遇，展示了能体现中国综合实力的特色小镇示范之路，提出了极为有价值的宝贵建议。

此书非常有趣，我很荣幸能有机会为您推荐它！

李斯特·罗杰斯（Lester Rodgers）

澳大利亚新南威尔士省莫里市市长

推荐序 4

农业乃国之根本。农村承载了一个国家"蓄水池"的功能,农民和土地决定了这个"蓄水池"是否充盈,是否有足够的动力和后劲支撑起经济的快速发展。几千年来,田园一直是中国人精神家园的最后归宿。很高兴,特色小镇带来的新型城镇化建设使越来越多的人重新关注乡村。孙文华博士这本《特色小镇》不是"空中楼阁"。他曾在国家级工业园区、国家级历史文化古镇、国家级农业科技园区工作,后来又勇敢投入商海,正是这样丰富的工作经历和所见、所思、所行凝结成此书,让人读来受益良多。

我周围很多人,他们是带着对食物的不安全感,带着摆脱城市噪声的渴望和对田园的美好情怀投身农业的,各种艰辛很难言表,他们对农业的感觉早已不再是喜不喜欢,而是把农业当成对自身价值的重新思考、对有限生命的无限书写来看待的了。特色小镇所引发的全国范围内的乡村建设,将是中国农业发展中一次百年不遇的契机,这股反城市化浪潮集结了政策红利、商业资本、高知人才、产业资源,正以不可阻挡的热情席卷着各个行业,它将重新定义城市以外的家园。愿有更多人与此书相遇,在投入乡村建设的过程中,享受生命回归自我的喜悦。

乡村，无论你见与不见，爱或者不爱，它就在那里，不增不减。

江宇虹

北京阿卡控股有限公司董事长

推荐序 5

这是一份既好读又难读的"报告"。

说好读,是因为作者孙文华是一位长期从事各类开发区经营管理工作的特色小镇专家。他从"什么是特色小镇""特色小镇的分类""特色小镇的发展形式"等几个切入点,挖掘分析了特色小镇的来龙去脉,图文并茂、数据翔实,几百页的书很快就能读完,它让你对特色小镇从"零认知"进阶到"初感知"。

如果说难读,那是因为一个特色小镇不仅牵涉到人口、历史、地理、经济,还牵涉到国家的政策和产业的布局,需要分析的因素纷繁复杂,诚如书中所言:"我国的城镇化率仅仅完成了 57.35%,还有 6 亿多人生活在农村……"你会越来越觉得,无论产业如何更替,最核心的还是人和文化所形成的城市资产。"以人为本"是新型城镇化的核心理念,一方面是因为,从一线城市到四线城市都以人口规模为衡量标准;另一方面是因为,这是一个规模庞大又细节烦冗的产业,需要综合性人才去布局规划。

关于文化,如何利用城市中有形及无形的文化资产,以创新的手法建立起当代城市的自明性及独特性,并运用跨界设计手法整合城市各产业资源,建立特色化城市品牌,将它与全局旅游产业链串接?大家要共生、共荣,要共享城市发展的成果,探索城市跨界开发、跨区域发展的广度和深度。

中国大陆的城镇化速度相当快,这从另一方面说明在城镇化过程中存在城镇盲目建设、缺少特色与个性、同质化严重的情况。因此城镇化建设、城市发展不要搞千城一面,要"望得见山、看得见水、记得住乡愁"。[①]"乡愁"是历史的精神坐标,保护好这份珍贵的记忆,靠的是科学的规划、科学的管理和科学的理念。城镇化的各种美好设想如果要落地,我们就必须改变过去盲目求大、重数量不重质量的发展方式。

城镇化是我国现代化发展的必然趋势,是扩大内需、保持经济持续健康发展的强大引擎,是促进产业转型升级的重要抓手。基于此再看这本书,它就不仅仅是"掌握特色小镇的来龙去脉"那么简单了。在一片发展特色小镇的声浪之中,能在极短的时间内汇整丰富的经验,实属难得。这本《特色小镇》通过数据和报告,让我们了解了特色小镇的缘起,开始思考这个时代以特色小镇产业为核心的发展模式,把握未来城镇化发展的大趋势!

曾国源

神话言创办人、中华文化创新专家

台湾文化创意产业厂商联谊会(TCCIA)副会长

鼓浪屿管理处文创高级顾问

---

① http://politics.people.com.cn/n/2013/1215/c1024-23842026.html.

前　言

从 2000 年开始，我一直在实践与思考区域经济发展。18 年过去了，从开发区的招商负责人，到国家级工业园区产业服务经理、国家级历史文化名镇总经理、国家级农业科技园区书记，后来再到华夏幸福基业股份有限公司的产业小镇总经理，我一直在一线岗位实践与探索区域经济。

在上海临港开发区工作时，我一直在思考，临港是国家级开发区，为何在临港工作的人们不选择在临港住下来？在上海新场古镇工作时，我一直在思考，古镇建设起来了，怎么样吸引游客，把人气聚集起来？在上海孙桥农业科技园区工作时，我一直在思考，如何推动都市农业转型升级，吸引现代农业高科技企业和高科技人才聚集？在华夏幸福，我不断地思考着特色小镇和田园综合体的商业模式。

这些问题激励着我去探索特色小镇成功的根源。在同济大学攻读博士学位期间，我以城市化为研究方向，学习了欧美国家先进的城市化理论，并由此探索国内城镇空间优化的模型和解决方案。

特色小镇和城市一样也属于区域经济的范畴，而特色小镇具有特定的地理属性。随着研究的深入，我发现小城镇的发展与其所在的区位交通存在很大的关系，正是其区位交通决定了小城镇的基本功能。

这个规律是不以个人意志为转移的。因此在本书中，根据其区位交通及功能的不同，我把小城镇分为通勤小镇、产业小镇和产品小镇三类。

我国的城镇化率仅仅为57.35%，还有6亿多人生活在农村，十九大报告在谈到加大生态保护力度时首次提出，要"完成生态保护红线、永久基本农田、城镇开发边界三条控制线的划定工作"。这意味着城市开发"摊大饼"建设时代的结束。美国城市化理论中的精明增长（Smart Growth）认为，划定城镇开发边界是为了保护农村和自然生态，边界内允许建设，边界外严控建设。为了更好地解释生态文明建设以及城镇开发边界划定，我在书中选取了一些欧美国家特色小镇的成功案例，并加以总结分析。我发现，欧美国家中迁移到小城镇的人是为了追求更高的生活质量。

我国已完成了第一轮的城市化，第一轮的城市化是指农村人口纷纷涌入大城市。它造就了超大型的城市，城市也因此有了所谓的一线城市、二线城市、三线城市、四线城市之分。这些城市都是以人口规模为衡量标准的，同时，人口规模越大，经济总量也越大。随后，我国将进入第二轮的城市化，也就是郊区城镇化的时代，城市病让城里人厌倦了无休止的堵车、雾霾、高房价、食品安全等问题，城市人口开始向往农村、向往自然，但碍于工作、家庭等因素，他们离不开城市。他们寻找的是城市郊区的小镇。

我们的城市化似乎遗忘了农村，很多城市还存在城中村现象，在有的地方，城市与农村是两个"世界"，城市似乎已进入发达水平，农村却还处于发展中水平。

越是落后的地方，风景往往越好，对城里人的吸引力越强。我国的高铁、机场、高速公路和山体隧道工程已将人们的足迹延伸到祖国各个角落。以前,你可能要翻越大山几天几夜才能抵达落后的山区,现在只要花几分钟穿越几公里长的隧道就能过去,生活在现代的人比以往任何一个时代的人都幸运,因为你想去哪里,都能在有生之年达成到此一游的愿望。

一年中的几个长假是全国旅游出行的高峰,据报道,2017年国庆节期间,全国各景区7天时间共接待国内游客达7亿人次,很多热门景区人头攒动、人山人海。每年在国家法定假日出行的人都那么多,可为何还有那么多游客明知道人山人海还想去挤?根据国际经济发展规律,当人均GDP(国内生产总值)达到5 000美元以上,就会形成旅游增长的爆发期。旅游已逐渐成为人们的一种生活方式,而人们的出行除了满足观光需求之外,休闲度假已经成为主流需求。所以一到长假,即使人挤人,人们也愿意出去花更多的时间休闲度假。

除了长假,还有每周末的短假,城里人出城短途游的需求也日益增长。除了那些已开发成熟的景区之外,农村也是旅游的新天地。传统的乡村游已不能满足城里人的享乐需求,随着我国游客出行国外次数的增多,国内有更多的人也希望拥有发达国家的美丽小镇那样的生活环境。

小城镇是城市的一个组成单元,农村也是城市郊区的重要组成单元,十九大报告提出了实施乡村振兴战略,要坚持农业农村优先发展,加快推进农业农村现代化。随着我国城乡一体化进程的加速,特色小镇和田园综合体也将迎来新的历史发展机遇。

本书基于个人多年的工作实践经验与多年的城镇化理论研究,旨在启发对小城镇和田园综合体未来发展的思考。

第一章 特色小镇是美好生活的重要空间载体

2016年7月,住建部、发改委、财政部联合发文推动特色小镇,特色小镇成了热点词。截至2018年2月5日,百度搜索特色小镇返回的词条结果达1 630万条之多。特色小镇就如2001年的城市化一样热门,那时候我们可能没有想过城市化会对我们的生活产生如此大的影响,今天的特色小镇也是新一轮城镇化的开始,你可曾关注,或可曾想过它对你未来生活的改变?

新型城镇化

2016年,我国的城镇化率是57.35%,面对"北、上、广、深"等超大型城市以及无法解开的胡焕庸线之难题,新一轮城镇化周期又迎来了七大城市群建设。

对于我国目前的城镇化现状,有几个概念需要我们先认识一下。

胡焕庸线

在中国地图上可以画出一条神秘的分界线——"黑龙江瑷珲-云南腾冲线",这条东北-西南向的直线将中国切分为两大板块:人口密集的东南部和人口稀疏的西北部。

这条线被称为胡焕庸线。1935年,"中华民国"时期的中央大学地理系主任胡焕庸在论文《中国人口之分布》中绘制了中国人口分布图，并首次画出了这条中国人口分布的重要界线，即自黑龙江瑷珲至云南腾冲画一条直线，这条线东南半壁36%的土地供养了全国96%的人口；西北半壁64%的土地仅供养4%的人口。二者平均人口密度比为42.6∶1。到2010年，胡焕庸线以西的人口占全国总人口的比例仅从4%上升到6%左右。1953年以来，中国人口重心的移动轨迹仅有小幅度的波动，这充分表明了中国人口的地理格局和胡焕庸线的稳定性。显然，胡焕庸线已经成为显示我国区域人口密度差异的分割线。一般来说，胡焕庸线以西的区域经济发展较弱，胡焕庸线以东的区域经济发展较强。

七大城市群

胡焕庸线画出了我国区域经济的整体发展格局，而城市群则体现了局部地区的经济发展格局。

根据《国家新型城镇化规划（2014—2020年）》，未来我国城市群发展将按照"两横三纵"的城镇化战略格局进行发展。按照现有的京津冀、长江三角洲、珠江三角洲分布，七大国家级城市群包括：珠三角城市群、长三角城市群、京津冀城市群、中原城市群、长江中游城市群、成渝城市群、哈长城市群。七大城市群皆分布在胡焕庸线的东南半壁，符合我国人口地理分布的格局。这也充分说明，未来的城市群发展依然遵循胡焕庸线所体现的人口分布规律，投资人投资区域时也需要牢记胡焕庸线。

万亿级城市

城市群的主角是城市，而人口规模增长和城市经济总量具备一定的相关性，这充分显示了城市群在我国经济发展中的重要作用。

根据国家及地方统计局网站统计数据，从 2016 年城市 GDP 来看，上海 28 178 亿元，同比增长 12.1%，常住人口 2 420 万；北京 25 669 亿元，同比增长 11.5%，人口 2 173 万；广州 19 547 亿元，同比增长 8%，人口 1 404 万；深圳 19 492 亿元，同比增长 11.3%，人口 1 190 万；天津 17 885 亿元，同比增长 8.1%，人口 1 562 万；重庆 17 740 亿元，同比增长 12.8%，人口 3 048 万；苏州 15 475 亿元，同比增长 6.6%，人口 1 064 万；成都 12 170 亿元，同比增长 12.6%，人口 1 591 万；武汉 11 912 亿元，同比增长 9.2%，人口 1 076 万；杭州 11 313 亿元，同比增长 12.5%，人口 918 万。

以上 10 个城市都达到了万亿以上的 GDP 规模，其中 2 万亿级的包括上海、北京、广州三个城市（见图 1）。城市的 GDP 代表了城市经济总量的能级，我国 2016 年的 GDP 为 743 585 亿元，以上 10 个城市的经济总量为 179 381 亿元，占 GDP 总量的 24.1%，人口规模为 1.644 6 亿，占全国总人口的 11.8%。也就是说，我国现有 664 个城市，其中仅有 1.5% 的城市超过了万亿 GDP 规模。这 10 个城市分别成为珠三角城市群、长三角城市群、京津冀城市群、中原城市群的龙头城市，引领着城市群区域经济的发展。

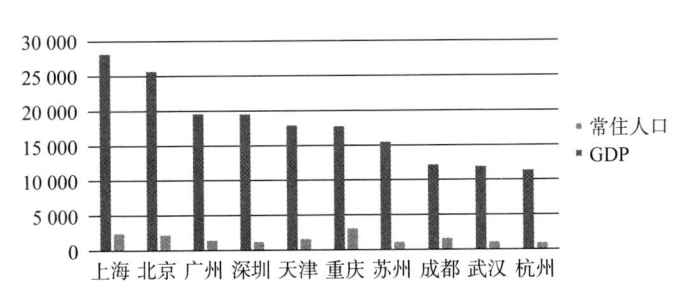

图 1　万亿级城市人口与 GDP

城市用地结构

城市经济发展到一定程度，就会构建起相对稳定的用地结构，从用地结构比例来看，我们会发现，居住用地和工业用地在我国城市中所占比重较大，这也从侧面反映出了我国城市大多依赖于工业经济的现实。

方创琳教授等人的研究发现，在城市用地结构比例（见图2）中，居住用地比例一直维持在30%~33%之间，工业用地比例维持在20%~23%之间，两者占到建设用地总面积的50%~54%之间，而且均处于城市用地分类与规划建设用地标准（GBJ 137-90）之内。[1] 道路广场用地的变化幅度较大，占比从2000年的8.21%增至2006年的10.63%和2011年的11.33%，但仍处于合理区间范围内（城市用地分类与规划建设用地标准设定的道路广场用地比例为8%~15%）。绿地占比也有较大幅度提高，11年间提高了2个多百分点（由8.36%增至10.66%），但也处于合理区间范围内（城市用地分类与规划建设用地标准设定的绿地比例为8%~15%）。居住、工业、道路广场和绿地这四大类用地总和占建设用地的比例由2000年的70.81%增至2006年的72.94%和2011年的74.38%，已处于合理区间范围边缘。未来这四大类用地总和的比例有可能突破城市用地分类与规划建设用地标准设定的适宜比例范围（60%~75%）。

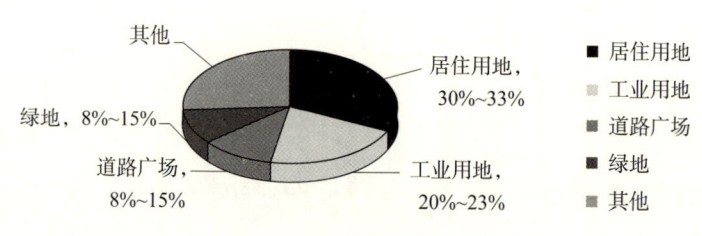

图2　城市用地结构比例

中国的城镇化进程

城市用地规模是随着城镇化发展而不断增长的,城市人口也随着城市规模的扩大而不断增长。我国的城镇化进程速度相当快,仅在2004年,661个城市中就有30个城市的人口超过了100万。[2] 1978年中国城市化率仅为7.1%,[3] 但到1980年就增长至20%,[4] 2005年达到了41.8%(见图3),2013年,中国的城市化率已达53.7%。2016年,中国的城镇化率已经达到57.35%。

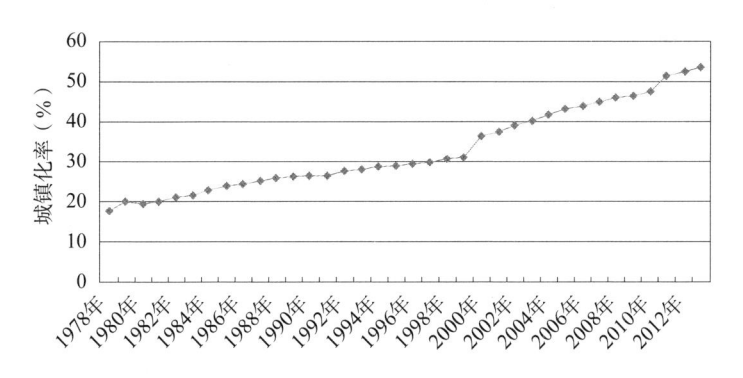

图3 中国城镇化水平变化情况图(1978—2012年)

中国的城镇化发展成就是世界瞩目的,例如,在2005年上海和北京的占地面积分别为6 340.5平方公里及16 410平方公里,城市人口分别为1 778万和1 538万。伦敦和纽约的占地面积分别为1 572平方公里和782平方公里,城市人口均在800万左右,大体相当于上海或北京人口的一半。按照西方标准,伦敦和纽约已经属于巨型城市了。大多数的典型城市都是小型城市,如巴黎、米兰以及苏黎世,这些城市占地面积为77~258平方公里,城市人口为200万左右。

中国的城市规模发展是惊人的。在2010年的过去40年间,上海人口从1 000万发展到2 300万，北京从700万发展到1 900万，南京从300万发展到800万，成都从700万发展到1 400万，杭州从100万发展到200万，即使是已经发展成熟的香港，人口数量也几乎翻倍，广州及深圳的人口规模扩大了三倍。[5]

从世界城镇化的进程看，城镇化归根到底就是"人"的城镇化。目前，我国的城镇化率虽然达到57.35%，但还有6亿多的人口没有被城镇化。

三个一亿人的新型城镇化

在我国的城镇化过程中，流动人口是城市的主力军，他们也是城市的外来人口。外来人口参与建设却无法享受到城市待遇，人们开始将重点由原先的"城市基础建设"转向"人口城镇化"。

2013年12月12—13日，在北京召开的中央城镇化工作会议提出了推进城镇化的主要任务，其中推进农业转移人口市民化、解决好"人"的问题是推进新型城镇化的关键。同时，会议提出："城镇化建设、城市发展不要搞千城一面，要望得见山、看得见水、记得住乡愁。"

2014年3月，国家提出了三个一亿人的工程，即到2020年，要让进城务工人员中的一亿人在城镇落户；通过棚户区和城中村改造，改善约一亿人的居住条件；引导约一亿人在中西部地区就近城镇化。

中央城镇化工作会议提出的新型城镇化，其核心是"人"的城镇化，特色小镇的提出则是促进国家新型城镇化建设的一个重要载体。

小城镇的美好生活

美国的小城镇有 15 800 多个，美国小城镇的发展与美国人口的迁移有关。杰克·舒尔茨（Jack Schultz）回顾分析了美国的三次人口迁移潮流的历程：第一次迁移潮流是人口从小城镇和农村迁移到城市；第二次迁移潮流是人口从城市到郊区；第三次迁移潮流是人口从郊区到繁荣的农业小镇。杰克·舒尔茨将繁荣的农业小镇称为乡村都市（agrurb），它需要满足两个条件，一是从 1990—2000 年经历过人口或就业率的增长，二是从 1989—1999 年人均收入的增长超过 2%。杰克·舒尔茨的研究发现，美国从城市迁移到小城镇的人口主要是为了追求生活质量。[6]生活质量的提高包括就业和收入的增长，也包括没有生活压力的悠闲，简而言之，是富裕而悠闲的生活状态。小城镇都位于农村地区，与美国的农村地区相比，我们国家的农村地区还存在一定的差距。

中美农业、农民、农村对比

我国已经是世界第二大经济体。长期以来，我国的农村空心化、农地碎片化、农民离地化，对比中美农业的现状，我们可以找到差距，找到发展的着力点。

我国农业产值占 GDP 的比例是美国农业产值占比的 7.5 倍，我国农村人口占总人口数的比例是美国农村人口占比的 21 倍。显然，作为世界第二大经济体，我国的农业比美国的农业要弱，农民的收入要比美国农民的收入低。

从2016年的数据来分析，美国的农业产值占GDP的比例仅为1.2%左右，为2 109亿美元，我国的农业产值占GDP比例为9%，为9 848.7亿美元（见表1）。美国的农业人口仅占人口总数的2%，约600万人口，人均农业产值为35 150美元；而我国的农业人口占人口总数的42.65%，约6亿人口，人均农业产值为1 461美元。显然，我们的差距在人均农业产值，而美国单个农场的平均规模是我国单个农场平均规模的15倍，美国农场的数量是我国农场数量的2.5倍。根据以上分析，农场规模化并增加规模农场的数量是提升农业竞争力的一个重要方式。

表1

	美国	中国
农业占GDP比重	1.06%	8.56%
GDP	185 691亿美元，人均57 489美元	111 909亿美元，人均8 121美元
可耕地	1.52亿公顷	1.2亿公顷
农场数量（万）	220	87.7
单个农场平均规模（公顷）	170	11.3
总人口（亿）	3.23	13.78
居住农村人口占比	1.65%	42.65%
人均农业产值（美元）	37 138	1 631

农产品价值链占比分析

我国当前农业的主要矛盾由总量不足转变为结构性矛盾，供求不足和供过于求现象并存。农业、农民、农村问题已不能单纯靠农业来解决。根据美国农业部的研究，消费者每消费1美元食品，农场主只获取了其中的19美分，能源和运输成本占了7.5美分，包装占了8美分，剩下的"大头"是销售和服务。

中央财经领导小组办公室副主任韩俊曾在新浪网上发表文章，阐述了农业在食品价值链中的价值分析，在美国消费1美元的食品，农场生产初级产品环节增值只占10.4%，食物加工环节的增值占15.3%，包装环节增值占2.5%，交通环节增值占3.2%，批发环节增值占9.1%，零售环节增值占12.9%，饮食服务环节增值占32.7%，能源环节增值占5.1%，金融保险增值占3.1%，广告环节增值占2.5%，其他环节增值占3.2%（见图4）。这说明农产品增值最重要的环节不在田间地头，而在服务环节。这也提醒我们，打造农业品牌，不能光盯着生产，还要紧盯包装、运输、批发、零售、服务、消费、广告等，这是一个完整的链条。[①]

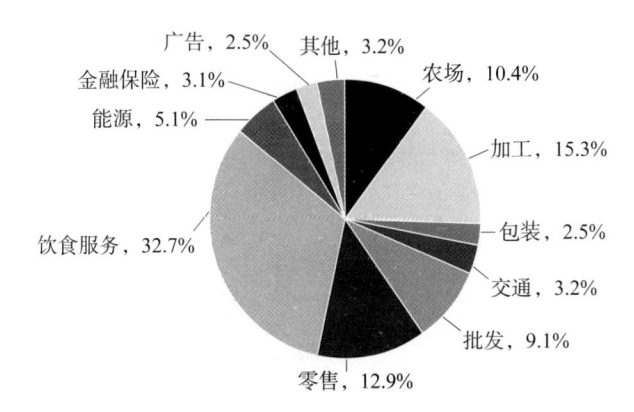

图4　美国消费1美元食品的价值链分析

这也就是说，原来农业社会依赖于土地的农业价值链已经被逐步

---

① http://finance.sina.com.cn/zl/china/2017-07-04/zl-ifyhrxsk1689769.shtml。

分解到工业时代、信息化时代的各个产业链环节。农业不再是传统意义上的农业，需要同其他产业有机融合，2017年，中央一号文件第一次将一二三产业融合写入其中，同时强调了"三区三园一体"的空间载体。"三区"包括主要粮食生产区、重要作物保护区、优势农产品发展区；"三园"包括现代农业产业园、现代农业科技园、现代农业创业园；"一体"指田园综合体。

城市建设用地扩张与底线

有人笑称，我们的城市像美国，我们的农村像非洲。有城市必然有农村，这是任何一个国家在转型发展过程中的必然状态。我国的农村土地存在三类不同的用地形式，包括农田、宅基地和集体建设用地，但这些土地不能形成市场交易，只有当农村集体用地经过地方政府审批转为国有建设用地后，才能进入流通领域，地方政府通过农用地转建设用地出售可以增加财政收入，这种模式激发了地方政府卖地的积极性，也加快了我们的城镇化进程。

据《中国城市建设统计年鉴（2014年）》数据显示：中国城市建设用地面积在1981—2014年间由6 720平方公里增至49 982.7平方公里，净增长43 262.7平方公里，年均增长率高达6.27%，呈显著的指数级增长和快速扩张的趋势。人均城市建设用地面积由1981年的人均46.67平方米增至2014年的人均129.57平方米（见图5）。人均建设用地需求不断增加，城市扩张压力逐步增大，整体暴露出用地浪费严重、用地效率低下等问题，且城市建设用地扩张速度明显高于人口增长速度。

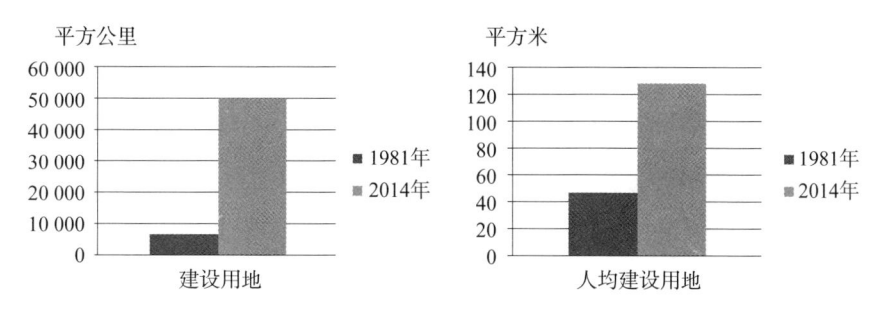

图 5　中国城市建设用地面积

据国土资源部发布的《2014 年国土资源公报》称，至 2013 年底，全国共有农用地 64 616.84 万公顷，其中耕地 13 516.34 万公顷，林地 25 325.39 万公顷；建设用地 3 745.64 万公顷，其中城镇村及工矿用地 3 060.73 万公顷。另外，全国土地利用现状方面，耕地占 14.3%，建设用地占 4%，林地占 26.7%，牧草地占 23.2%，园地占 1.5%，未利用地占 27.9%，其他农用地占 2.4%（见图 6）。

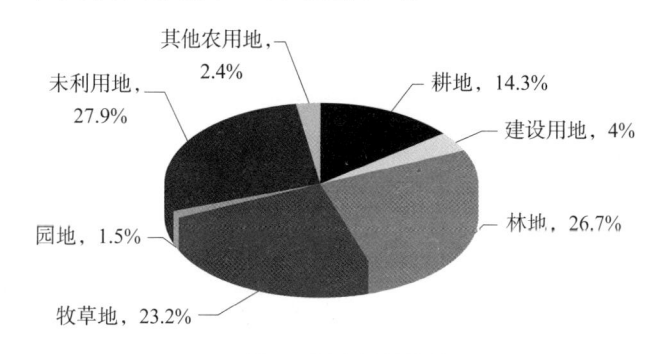

图 6　国土用地结构

我国设定了 18 亿亩[①]耕地用地红线，当城市扩张到一定程度时，要消化不断增长的城市人口，农村便不可避免地成为主要空间载

---

① 1 亩 ≈ 666.7 平方米。——编者注

体。如今我国城市建设已经到了一定程度，接下来就要转向广袤的农村了。

乡村振兴战略即将释放农村红利

乡村振兴已经被提升到了国家战略的层面，十九大报告首次提出了乡村振兴战略，2017年12月召开的中央农村工作会议则全面部署了乡村振兴战略的实施计划和具体步骤。和西方发达国家不同，我国的乡村振兴战略走的是中国特色社会主义乡村振兴的道路。

我国正在潜移默化地推进一系列改革，这些改革集中体现在如下三个方面。

一是农村产权红利的释放。根据我国土地储备制度，集体用地要经过征地程序才能转变为城市建设用地，再进行交易。不仅是集体用地，就连宅基地和民宅也不能直接进行交易。城市用地和用房能在房地产交易中心实现交易，并受到法律保护，但农村用地和农村用房连一个履行公共交易程序的法律机构都没有。

不过近几年来，农村产权开始发生质的变化。首先是开展了农村土地承包经营权确权登记工作，全国已有2 300多个县（市、区、旗）设立了农村土地承包经营权登记颁证工作试点，确权登记后，才能明晰产权界面，实现交易；其次，开展集体建设用地和宅基地的确权；再次，试点农村集体建设用地与城镇建设用地同权直接入市，试点利用集体建设用地租赁住房。更明显地，你可以看到各地开始建立农村产权交易中心，这意味着农村产权交易开始被纳入公共行政范畴，农村产权可以直接交易并受法律保护。

我个人认为这是释放农村产权的第一步，下一步可能会是农村金融与农村产权的嫁接。交易引起经济的流通行为，流通行为扩大金融信用，但目前农村产权还没有相应的金融配套政策出台。

- 2009年农业部开始推进农村土地承包经营权确权登记颁证试点。至2016年初，全国已有2 300多个县（市、区、旗）开展了农村土地承包经营权确权登记颁证工作试点，涉及2.4万个乡镇、38.5万个村，完成承包耕地确权登记面积4.7亿亩。[1]
- 2014年国土资源部等部门联合发文，明确集体建设用地上的建筑物和构筑物纳入宅基地和集体建设用地确权。[2]
- 2015年国土资源部再发文。在一定前提下，允许33个行政区域的存量农村集体经营性建设用地使用权出让、租赁、入股，实行与国有建设用地使用权同等入市、同权同价。[3]
- 2017年国土资源部与住建部共同印发《利用集体建设用地建设租赁住房试点方案》。确定第一批在北京、上海、沈阳、南京、杭州、合肥、厦门、郑州、武汉、广州、佛山、肇庆、成都13个城市开展利用集体建设用地建设租赁住房试点。[4]

二是农村补贴的对象正在发生改变。从近两年的农村补贴政策来看，国家对农村补贴的对象界定有了重大的改变，国家对新型农业经营主体，即农业企业、合作社、家庭农场、种养大户等政策很多，但

---

[1] http://news.xinhuanet.com/politics/2016-02/28/c_128759482.htm.
[2] http://www.mlr.gov.cn/zwgk/zytz/201408/t20140811_1326440.htm.
[3] http://news.xinhuanet.com/local/2015-02/26/c_1114435555.htm.
[4] http://www.mlr.gov.cn/zwgk/zytz/201708/t20170828_1578400.htm.

都围绕着一个核心,即带动性。无论是扶持资金,还是优惠政策,都明显地突出了新型经营主体这一特点。

农村是城乡一体化的主阵地,我国还有6亿多人口居住在农村,传统的生计农业不可持续,需要有新型农业经营主体带动当地农业产业发展。

三是农村金融改革。目前的农村金融改革尚没有落实到消费金融,更多的是针对农村建设的金融体系建设。紧接着2017年一号文件,农业部、发改委、财政部等开始发文推进农业领域与社会资本合作的实施意见,推动田园综合体,推动农村产业融合示范园建设试点等。2017年5月,财政部办公厅颁布《关于深入推进农业领域政府和社会资本合作的实施意见》,重点引导和鼓励社会资本参与农业绿色发展、高标准农田建设、现代农业产业园、田园综合体、农产品物流与交易平台、"互联网+现代农业"等几个领域。同月,农业部、财政部下发《关于开展田园综合体建设试点工作的通知》,实现农村生产生活生态"三生同步"、一二三产业"三产融合"、农业文化旅游"三位一体",积极探索推进农村经济社会全面发展的新模式、新业态、新路径,逐步建成以农民合作社为主要载体的,让农民充分参与和受益的,集循环农业、创意农业、农事体验于一体的田园综合体。

案例分析:

英国最美村庄库姆堡

库姆堡是英国科兹沃尔茨丘陵地带南部的一个村庄,位于布莱克溪谷下游，藏身于英格兰的小峡谷中，距离奇彭纳姆 8 公里左右。它是目前英国保存最完好的古村落，被誉为"英国最美村庄"。

库姆堡是一个小巧精致的古村庄，整个村庄只有一条弧形的石板小街，10 分钟就可以从街头走到街尾，街道的两旁都是格调一致的英伦风格建筑，整体色调都是淡黄的墙壁、黑色的瓦。

小街上有经营了近 5 个世纪的酒馆，有建于 13 世纪前的教堂，还有 14 世纪的小商品市场遗址以及当地人开设的小旅馆等。漫步在库姆堡街头，会让人产生时光倒流的错觉。有一条小河穿街而过，潺潺的流水，静谧的小桥，看着鱼儿在河水中嬉戏游过的瞬间，让人感觉回到了 500 年前。

库姆堡村庄的房屋大都采用天然石材，有些还历史悠久。最耀眼的一座历史建筑是建于 14 世纪的英式庄园，如今这座贵族庄园已经被改建成一个四星级酒店。

秋天的库姆堡是最美的，色彩十分鲜艳。山峦上铺满了金黄的和火红的落叶，村庄的房顶上长满了绿色的青苔，每家每户的门前都挂满了鲜红的果实。

案例总结

库姆堡的历史建筑是它拥有的最宝贵的财富，每一幢历史建筑都承载着其主人特有的故事或传奇。历史建筑与自然景观相融合，安静与恬美汇聚在一起。

区位：距市中心较近；

交通：公共交通不方便；

资源：历史建筑群。

本章小结

本章简单地陈述了特色小镇产生的背景，介绍了新型城镇化、乡村振兴战略等新时期的新理念、新思想。特色小镇作为美好生活的空间载体，将进一步释放农村产权的红利。

第二章 特色小镇的概念

特色小镇的缘起

2015年5月，习近平总书记在考察浙江时，对特色小镇给予了充分肯定。[①]让特色小镇这一话题在全国范围内迅速升温的，是2016年7月住建部、国家发改委和财政部联合发布《关于开展特色小镇培育工作的通知》，它决定在全国范围开展特色小镇培育工作，提出到2020年培育1 000个左右各具特色的、富有活力的特色小镇，涵盖休闲旅游、商贸物流、现代制造、教育科技、传统文化、美丽宜居等多个领域。2016年10月，第一批127个国家级特色小镇名单公布。

短短一年时间，特色小镇在全国可谓遍地开花，2017年7月27日，第二批276个国家级特色小镇公示名单出炉。至此，全国被列入国家级特色小镇名单的小镇共计403个。

[①] http://history.people.com.cn/n1/2016/0912/c393599-28710443.html.

特色小镇与特色小城镇

根据《关于开展特色小镇培育工作的通知》，特色小镇要具备特色鲜明的产业形态、和谐宜居的美丽环境、彰显特色的传统文化、便捷完善的设施服务、充满活力的体制机制。根据国家发改委《关于加快美丽特色小（城）镇建设的指导意见》，特色小（城）镇包括特色小镇、特色小城镇两种形态。

特色小镇聚焦特色产业和新兴产业，集聚发展要素，它不同于行政建制镇和产业园区的创新创业平台。

特色小城镇是指以传统行政区划为单元，特色产业鲜明、具有一定人口和经济规模的建制镇。

建制镇即"设镇"，是指经省、自治区、直辖市人民政府批准设立的镇，建镇的条件在不同国家有不同规定。我国全国建制镇有 20 401 个，乡集镇 12 000 个左右，平均用地规模 2.15 平方公里，人口密度为每平方公里 4 937 人（见图 7）。

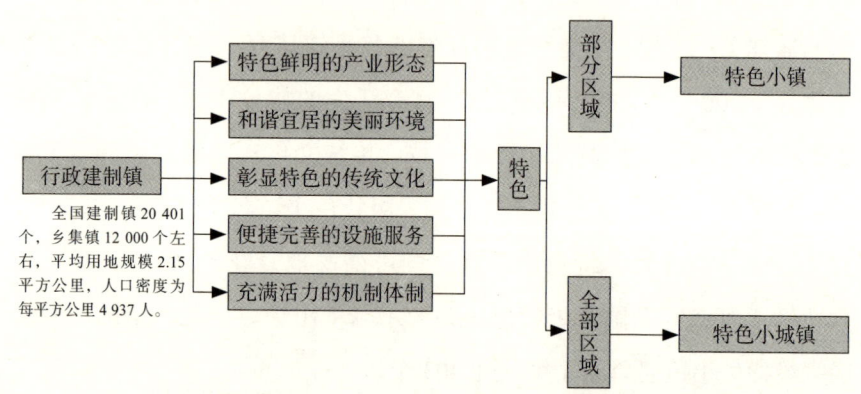

图 7　行政建制镇、特色小镇、特色小城镇概念的区别

显然，特色小镇与特色小城镇的概念来源于建制镇，用建制镇的

全域来创建特色产业的小镇，就称为特色小城镇，而用建制镇的一部分来创建特色产业的小镇，则称为特色小镇。

对于特色小镇，我们不能简单地将它理解为一次政策带来的机遇，对想要投资特色小镇的投资商来说，这不仅仅是为了挂个牌子或者为了争取政策扶持。从西方发达国家城镇化的历程来看，建设特色小镇是城镇化发展过程中的必然阶段，特色小镇是我国新型城镇化的重要载体。

2013年，王鹏经研究发现，德国的城镇化率是97%，70%的人居住在小城镇；美国的城镇化率是84%，有50%以上的人居住在5万人以下的小城镇；英国9%的人居住在城市核心区，5%的人居住在乡村，86%的人居住在郊区小城镇。[7]

对老百姓来说，关注特色小镇也是关注未来的财富流向。这次新型城镇化的目标是实现城乡一体化，也就是说，长期存在的城乡居民收入差异将会减小，而且下一次财富增长的机会可能就在农村区域，在特色小（城）镇。

我国农民的人均纯收入在1978年是134元，至2016年，已达12 363元，同期，城镇居民的人均可支配收入分别是343元与33 616元。[8]我国的基尼指数也在逐渐缩小，由2008年的0.491，2012年的0.474，降至2016年的0.465。[9]城乡收入差距缩小，人们向往城市生活的动力也会衰减。[10]

根据2017年1月20日国家统计局发布的数据显示，2016年我国GDP为744 127亿元，人均GDP为53 980元。我国已经是世界第二大经济体，当经济发展达到一定程度时，人们的需求也会转变，随着城市病和食品安全等问题持续发酵，城里人更向往美丽宜居的小镇，很多"北、上、广"的市民开始在外省市旅游景区购买第二居所、第三居所乃至第四居所。

023

第二居所

第二居所是指家庭偶尔使用的在其他省市的居住场所。[11] 第三居所、第四居所的意思类似，是指本市居民为投资或自住在外省市购买的一套以上的住房。

购买第二居所的目的无外乎两种，一种是自住，一种是投资。作为投资者，首选的评判标准就是所购房屋的租金要大于银行的贷款利息，这样，投资者可以从银行贷款买房，用银行的资金杠杆撬动买房需求。如果是自住，购买者基本是用作度假或养老。例如，有很多北京人喜欢在海南买第二居所、第三居所，主要是考虑到冬天有雾霾且天冷，就可以到海南度假，呼吸新鲜空气，享受温暖的假日天气。

针对第一居所，购买者首先要考虑的是产业、设施和宜居性，这是居住者工作与生活所需要的。针对用于自住的第二居所，购买者考虑的是山水景观、空间等自然条件以及设施服务；而针对用于投资的第二居所，购买者考虑的是投资回报，一般会考虑购后返租，看重游客人次、租金、周边客房供应量及出租率等要素（见图8）。

图8 第一居所与第二居所

特色小镇的评选标准要求小镇具有特色鲜明的产业形态、和谐宜居的美丽环境、彰显特色的传统文化、便捷完善的设施服务和充满活力的体制机制。这些标准无疑都有一个核心，即宜居。

国家级特色小镇类别分析

2016年10月，国家公布了第一批的127个特色小镇。根据评选结果及产业定位，我通过梳理发现，这些特色小镇大部分是以旅游业为主。根据其比例分析，旅游发展型占了50.39%。从个人投资的角度，这些特色小镇应当适宜作为第二居所、第三居所。

从特色小镇的区域分布看，华东地区的特色小镇最多，东北地区最少。根据文件，特色小镇重点培育的小镇为休闲旅游、商贸物流、现代制造、教育科技、传统文化、美丽宜居六大类，而在最终评选出来的特色小镇产业定位中，农业服务型占11.81%、工业发展型占14.96%、历史文化型占18.11%、旅游发展型占50.39%、商贸流通型占2.36%和民族聚落型占2.36%（见图9）。

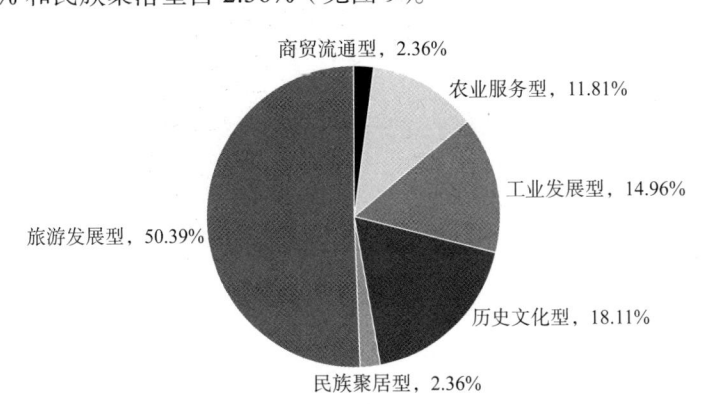

图9 第一批全国特色小镇类型比例图

在培育对象中，没有农业服务类，但在评选结果中，农业服务型占了很大的比例。这两者的差异说明了两个道理：一是小镇离不开农业，特色小镇的主要载体是农村，少了农业产业就如少了本底；二是旅游是大部分特色小镇的主导产业。毕竟美丽的特色小镇大都远离城市中心，根据空间距离衰减效应[12]，小镇距离市中心越远，工作机会越少，城市居民到小镇的出行意愿越弱。大多数小镇离市中心较远，特色小镇只能"吃老本"，即依靠文化资源、自然资源发展旅游，所以在第一批特色小镇评比中，旅游类特色小镇占了很大一部分。

第二批全国特色小镇名单于2017年8月公布，共276个小镇。在第二批全国特色小镇名单中旅游类小镇占39%，农业类小镇占37%，其余科技类占5%，深加工类占4%，服装纺织类占4%，商贸类占3%，康养类占2%，陶瓷类占2%，汽车类占2%，矿业类占2%（见图10）。旅游类和农业类小镇在第二批特色小镇评选中也占了半壁江山。

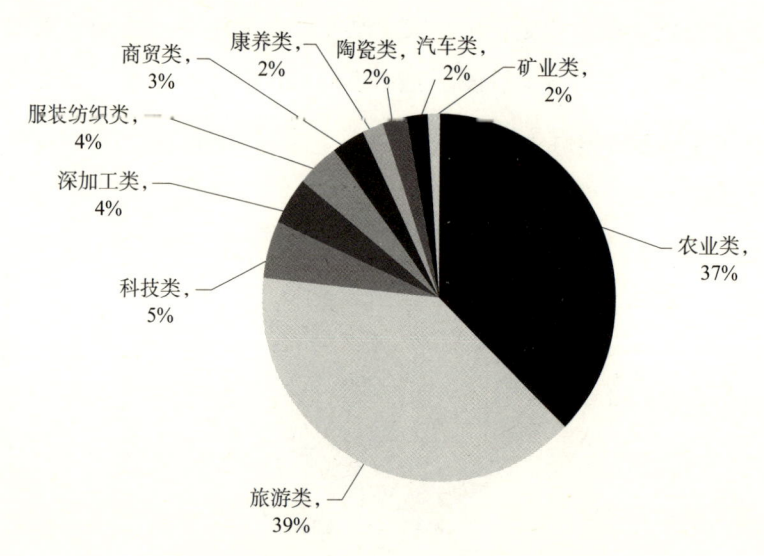

图10 第二批全国特色小镇类型比例图

案例分析：
美国的丹麦文化小镇索尔万

在美国还有一个丹麦小镇，被称为索尔万。它是美国加州圣塔巴巴拉县的一个小镇，在洛杉矶以北241公里、旧金山以南483公里处，小镇占地面积6.28平方公里，常住居民不到5 000人，其中丹麦后裔占2/3。索尔万在丹麦语里是"阳光满溢的田园"之意，而这个小镇也确实是整年天朗气清，因此吸引了不少游客前来观光。目前，索尔万小镇是美国一号公路西部自驾游的热门景点。

1903年，三个丹麦籍的美国人用钱买下了丹麦村这块土地。1911年，丹麦教育者在此建立丹麦式学校，就开始了新拓居地的历史，之后从美国中西部和丹麦来的移民都聚居在这里，"二战"后，这些移民决心把丹麦村建设成在美国的"丹麦首都"，让它逐步发展成一个被丹麦人评价为"比丹麦更丹麦"的村庄。丹麦村开始主要卖马和一些农产品，现在变成了一个旅游观光点。全村5 000人大都从事与旅游相关的工作，每年有一二百万游客到此观光，旅游收入可观。当年丹麦国王到美国访问时，还特别到这里参观。

小镇中心的几条街道入驻了300多家店铺，大多是出售旅游纪念品的小店。满街都是卖各种工艺品和丹麦面点的小店，偶尔还有一两家饭店。

丹麦村到处都是白墙红瓦的丹麦建筑，具有典型的北欧风格，不少人家门口立有美国国旗。据说，美国人比较喜欢用这种方式表达自己的爱国之情。即使是靠近中心街地带也仍然十分清静，不少店铺的门口同时悬挂着美国国旗和丹麦国旗，毕竟很多移民到这里的丹麦人仍然怀念自己的祖国。

在丹麦村售卖的东西多是具有丹麦风格的，如丹麦曲奇、丹麦葡萄酒、丹麦工艺品和丹麦服饰。丹麦村的主导产业是葡萄种植，由于丹麦村位于圣伊内斯山谷，气候宜人，种植葡萄是最适合的，丹麦村的葡萄美酒成了庆祝丹麦人节日的最佳饮品。

在丹麦村小镇，有三条路线可供选择。一是漫步小镇的商业街，感受异域风情；二是走访当地的葡萄种植园，感受葡萄种植的风光；三是丹麦甜品路线，让你一路"甜到心"。

漫步丹麦村，你会感觉到它很小、很美，人不多但十分友好；花砖地、小木屋、大风车、风光旖旎、建筑独特，随处可以感受到浓郁的异国情调，看到油画中的那种风景。

案例总结

美国是移民国家。丹麦移民在美国国土上创造了他们自己的"领地"，物以类聚，人以群分，丹麦小镇承载着丹麦移民的思乡之情。不论是建筑，还是人们的生活方式，都延续着丹麦文化，形成了其别具一格的特色。从本案例可以看到，小镇是"人"（居民）、"文"（文化）、"形"（建筑）三个要素的有机融合。

区位：偏远小镇；

交通：美国一号公路沿线；

资源：历史、葡萄特色种植、丹麦人口集聚地。

对特色小镇的再认识

我国特色小镇从推出到现在仅一年多，但社会各界对特色小镇的关注热度持续高涨。转眼间，各大房地产企业纷纷成立特色小镇事业部，意图在城市建设用地指标日益趋紧的背景下寻求新的发展空间。房地产开发商助力特色小镇发展是好事，然而，特色小镇"房地产化"日趋明显。某些房地产企业利用特色小镇降低拿地成本，拿地后"高周转"，卖房后走人，留下"一地鸡毛"，对地方产业和地方经济发展没有起到可持续的促进和提升作用。

特色小镇属于区域经济，涉及社会、民生、经济、人口、交通等各个方面，某些房地产开发商的短期行为对特色小镇的发展是不利的。为更好地规范和引导特色小镇的良性发展，2017年12月初，国家发改委、国土资源部、环境保护部、住建部联合发布《关于规范推进特色小镇和特色小城镇建设的若干意见》，提出特色小镇要坚持因地制宜，防止盲目发展、一哄而上。要立足各地区要素禀赋和优势，挖掘最有基础、最具潜力的特色产业，打造具有核心竞争力和可持续发展特征的独特产业生态，防止千镇一面和房地产化。

特色小镇是政策引导资本下乡的趋势

特色小镇是国家发改委牵头发起的，是在"房住不炒"的背景下提出的。我国的货币总量规模较大，在城市建设用地"零增长"的前提下，城市房地产已容不下如此巨大的货币量，而此时的特色小镇能够承担消耗与沉淀货币的责任。2016年中期，住建部发文《关于做好2016

年特色小镇推荐工作的通知》，发改委发文《关于加快美丽特色小（城）镇建设的指导意见》，而紧跟其后的是发改委、国家开发银行、中国光大银行、中国企业联合会、中国企业家协会、中国城镇化促进会联合发文《关于实施"千企千镇工程"推进美丽特色小（城）镇建设的通知》，这也充分体现了政、金、企、协紧密合作推进特色小（城）镇的精神。

截至 2014 年末，我国共有 20 401 个建制镇。[13] 建制镇是由地方政府主导建设运营的，允许特色小镇采用"PPP①模式"是颠覆传统小镇投资模式的一大举措。虽然房地产企业掀起的特色小镇"房地产化"遭到了各方的非议，但建设特色小镇的道路依然坚定。伴随着乡村振兴战略的兴起，特色小镇依然是未来我国经济发展的重要载体。

特色小镇是郊区城镇化的载体

2014 年 3 月，国务院印发了《国家新型城镇化规划（2014—2020 年）》，提出到 2020 年实现常住人口城镇化率达到 60% 的目标。

美国地理学家诺瑟姆（Ray M. Northam）在 1979 年提出了城市化曲线，他把世界发达城市的城市化历程用函数表达出来，并发现城市化过程就像一个"S 曲线"，分为起步阶段、加速阶段和后期阶段三个不同阶段。

在起步阶段，城市化水平达到 10%，就表明城市化进程开始启动，该阶段城市人口占区域总人口的比重低于 25%，第一产业和乡村人口在经济社会结构中占很大比重，人口增长模式处于"高出生率，高死亡

---

① PPP 是指政府与私人组织间为了建设基础设施项目或提供某种公共物品和服务，以特许权协议为基础形成的一种合作关系。——编者注

率"的阶段,因此城市发展水平低,速度缓慢,经历的时间长,区域处于传统农业社会状态。在加速阶段,城市人口占区域总人口的30%以上,工业化速度加快,推进人口大量进入城市,第二产业成为国民经济的主导,第三产业比重上升,技术进步使人口增长模式转变为"高出生率,低死亡率",城市人口快速增加,城市规模扩大,数量增多,城市人口占区域总人口的比重达到60%~70%,但可能会出现地区劳动力过剩、交通拥挤、住房紧张、环境恶化等问题。交通便利后,许多人和企业会开始迁往郊区,就会出现郊区城市化现象。到了后期阶段,城市人口占区域总人口的70%以上后,经济发展以第三产业和高科技产业为主导,人口增长模式向"低出生率,低死亡率"转变,城市人口增长速度趋缓甚至出现停滞,城市人口增长处于稳定的发展时期,城乡差别越来越小,区域空间一体化,并有可能出现逆城市化现象(见图11)。

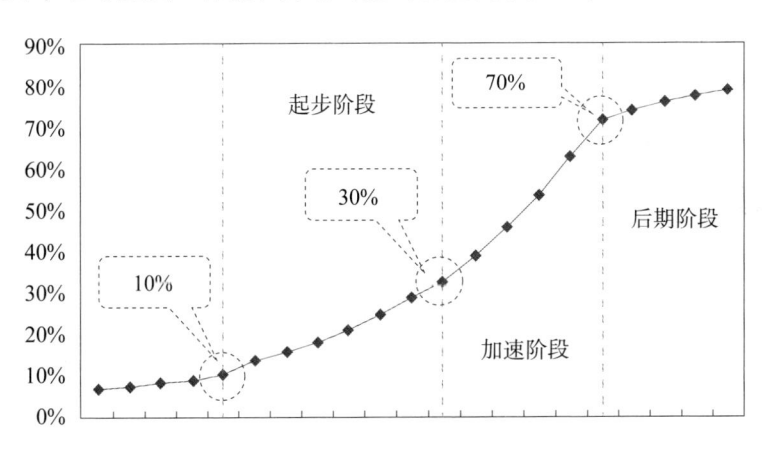

图 11 城市化水平曲线

正如"S 曲线"所描述的,我国的城市化率是 57.35%,已经进入加速阶段的末期,这一阶段的特征就是城市人口增长稳定,城乡差别越来越小,城乡一体化发展,并出现逆城市化现象。

特色小镇的核心是资产运营

开发商介入城镇建设后,城镇建设中的主要角色有政府、开发商、企业和购房者。政府储备土地后上市交易,开发商购买土地后建造商品房并将其出租给企业,企业经营后从市场获得利润,将利润支付给开发商作为房租,将利润支付给员工作为其工资收入,员工取得工资后再支付给开发商购房。

传统的城镇化路径是土地财政模式,政府依赖土地出让,取得财政收入,但特色小镇不同。初始,小镇的土地价值要比城区内的低得多,而小镇的土地规模小,土地出让的空间有限,靠传统的土地出让模式已不能平衡公共投入部分。

因此,特色小镇的收益逻辑不应该再是土地出让的逻辑,而应该是土地及资产通过经营增值和升值的逻辑。要实现这一目标,就得依靠产业,产业是资产运营的核心。

产业运营的核心是实现"流",包括人"流"、物"流"、服务"流"、信息"流"、技术"流",让小镇与周边区域甚至其他区域形成功能互补,在产业空间上形成功能依存,实现空间与空间的交互行为。按照时髦的说法,也就是在小镇打造产业链和产业生态圈。"麻雀虽小,五脏俱全",小镇的产业运营是综合的、复杂的、系统的,仅靠一家企业是无法实现的,它需要多角色的分工合作。

要正确理解特色小镇的发展模式,需要注意到两个问题:一是特色小镇不是发行地方债,政府并不是在借债,特色小镇要求政府出力,企业出钱,共同合作,政府需要的是"股东";二是特色小镇不能仅仅依赖房地产销售,不能让它成为整体的资金收入来源。

小城镇应该按照其不同区位来分类

不同区位的土地从侧面反映了不同的土地价值，近郊小镇的土地一定比远郊小镇贵，远郊小镇的土地也一定比偏远小镇贵。土地价值也从侧面反映了单位土地的产出率，土地产出率越高，土地价格越高。

基于土地产出率，也可以建立一种模型，即以两个变量绘制横轴线和纵轴线，横轴线代表小镇区位，由近至远，纵轴线代表土地产出率，由低至高，由此可以很具象地描绘出两个变量的关系，即一条向下的斜线。

区域经济的两大要素是"功能区"和"流"。根据欧洲城市的分类，按照就业机会、工人素质、产业链（垂直线比较）、人口规模（水平线比较）4个独立指数的表现进行排列，可以将城市分为国际大都市（具有国际枢纽功能）、服务型城市（具有辐射功能）和区域城市（具有区域功能）。[14]

在我国，现在也根据人口规模将城市分为一线城市、二线城市、三四线城市等。我国城市的功能分类还不是很明显，但一线城市基本都具备了国际枢纽的功能，二线城市的功能分类也不是很明显，但也基本具备省会城市、旅游城市、工业城市、科研城市、门户城市等辐射功能。

从总体上分析，城市定位也决定了小城镇的总体定位。现在很多城市都以新兴产业发展为主，都喜欢戴一些"高帽子"，依靠政策推动当地的产业发展，但城市特别复杂，人口规模大，综合影响因素多。小城镇则不同，由于小城镇规模小，容易重新定位、整体规划，其产业发展可以作为城市发展的产业补充，我们甚至可以通过小城镇的产业推动城市产业的发展。

小城镇的分类标准不一，但对于一个想投资或者想生活在小城镇的老百姓来说，他可以根据自身的需要选择小城镇。根据美国学者汉森的空间交互理论，家是出行的原点，工作、旅游、访亲友等活动结束后，人们都会回到家这个原点。汉森创造了一个重力模型，他把家称为始发地，其他地方称为目的地，两地之间的函数要素包括交通成本、时间成本、障碍等。目的地的功能分为工作场所与生活场所两种。始发地和目的地之间的流动需要功能互补。例如，我们从家去商场是为了消费，我们从家去工厂是为了上班赚钱，但最终每个人都得回家睡觉。

小城镇与城市的功能不同，城市都是建成区域，相对于小城镇来说，城市各项设施配套齐全，生活便利、交通便利。小城镇的区位与交通是最大的问题。对任何一个人来说，最宝贵的都是时间，如果选择在小城镇购房，那么小城镇与市中心之间的距离就会成为选择标准之一，主要有以下三种情况。

一种是近郊的小城镇，它距离市中心比较近，但房价比市中心便宜近半，各方面生活便利，如果把家安在近郊小镇上，买一辆车，开车从市中心下班回家的车程在30—60分钟之间。

第二种是远郊小镇，它距离市中心有些远，但那里也有一定的就业机会，各方面生活条件也不比城市差。你是不是有时会想着搬离城市呢？毕竟城市生活压力很大，汽车拥堵、空气污染严重。如果到了小镇里，工资可能低了，但生活成本下降了，生活环境改善了，生活质量也就提高了。

还有一种是偏远小镇，它距离周边的城市都很远，但有山有水，风景怡人。这里还是风景旅游区、度假区。这时候，吸引你的是新鲜的空气、满目的青山绿水，还有健康安全的食材。你会不会想洗去在城市里吸入的雾霾和落在身上的铅华呢？

以"人"为本，这三种不同的选择意味着三种不同的需求，即通勤生活（投资需求）、就业赚钱（就业需求）、花钱消费（消费需求）。杰克·舒尔茨在2016年研究美国的特色小镇时将美国的特色小镇分为宜居宜业类、旅游类、休闲类、音乐和艺术类、独特的活动项目类、退休生活类、制造类、高科技类、医疗类和教育类共十类。结合以上研究基础，我将特色小镇的类型做了进一步归类（见表2）。

表2

分类	需求类型	特色
通勤型	投资需求	宜居宜业
产业型	就业需求	制造、高科技、医疗、教育
产品型	消费需求	旅游、休闲、音乐等艺术、独特活动项目、退休生活

通勤小镇基于其与市中心的距离，更容易吸引到市中心的迁移人口。产业小镇立足于市中心土地成本与小镇土地成本的梯度级差，而制造业、高科技业、医疗业、教育业就可能会因为城市中心的综合成本增加而迁移到远郊小镇，这些产业的迁移同时会带去相应的产业人口，并逐渐吸引到相关产业的人口。产品小镇由于区位偏远，需要依靠其本身的资源吸引人口消费，可以发展旅游、休闲、音乐等艺术、独特活动项目等。

本章小结

本章重点分析了特色小镇的概念及分类，并对热潮下的特色小镇做了重新的思考，最后从区域经济的角度出发，按照小镇与城区之间距离的不同，将特色小镇划分为通勤小镇、产业小镇、产品小镇三个类别。

第三章　通勤小镇

通勤小镇吸引的是城区上班族，凭借的是小镇本身的区位交通优势和房产价格差异。城区上班族愿意迁移到小镇是为了降低个人的生活成本，追求更高的生活质量。通勤小镇是城区上班族的一个选择，本章将从老百姓和开发商两个不同的视角来探讨通勤小镇的选择和投资机会。

都市近郊的通勤小镇

从字面上理解，通勤就是上下班的意思。通勤小镇就是人们为靠近市中心上下班而选择居住的小镇。

城市里的交通在通勤时段很拥挤。城里人挤着地铁上下班，上班早高峰、下班晚高峰，两个高峰期人山人海，挤地铁更是人贴人、人挤人，整个人恨不得变成"钢铁侠"，这些景象近乎是常态，但他们也比开车上下班的人情况要好。开车上下班的人每天都得很有耐心，堵车严重时，车就像蜗牛爬行一般前行。不过，堵车也不分"贵贱"，在北京，即便你官做得再大，也得受堵车煎熬的气。此时，新的共享经济出现，摩拜、ofo等共享单车服务受到了年轻人的欢迎，大马路上汽车排成长龙，马路边上的自行车道反而畅通无阻。

通勤小镇能给上班族带来更高的生活质量。首先，小镇的房价要比市区的房价低，在小镇买房省出来的钱可以买辆好车；其次，小镇的生活配套设施如果比较完善，居民就可以在市区工作"赚大钱"，回到小镇"花小钱"；再次，如果小镇边有高速公路出入口的话，出行交通就相当便利，高速公路上没有红绿灯，开车更通畅。

案例分析：
美国格林尼治小镇

以美国格林尼治小镇为例。格林尼治小镇位于美国康涅狄格州的南部，属于纽约近郊，占地174平方公里，拥有6万人口，距纽约、曼哈顿45分钟车程，附近还有三个机场，交通极为便利。这里是对冲基金的天堂。

为吸引城里的上班族到格林尼治小镇生活，小镇制定了优惠的个人所得税和房产税政策，刚开始只有一些年轻的基金经纪人冲着便宜的房子和房产税迁移过去居住，慢慢地基金经纪人习惯了那里的生活，就鼓动对冲基金公司落户到小镇。

美国的格林尼治小镇刚开始时是典型的通勤小镇。在基金公司没有搬到小镇之前，住在那里的基金经纪人每天开车45分钟到纽约市中心上班。

现在，格林尼治小镇的主导产业是对冲基金。由于毗邻纽约，小镇制定了税收优惠政策，吸引在华尔街工作的人到格林尼治小镇居住。例如，与在纽约办公的对冲基金从业者相比，在格林尼治小镇年收入千万美元的员工，可以少支付50万美元的个人所得税。又如，纽约市的房产税高达3%，而格林尼治小镇的房产税只有1.2%。这些政策吸引了大批经纪人、对冲基金配套人员等到这里居住，同时也吸引了大量的对冲基金公司入驻小镇，这里对冲基金公司的数量曾一度超过4 000家，从业人数也比1990年翻了好几番。在格林尼治小镇，有近20%的人口从事金融业和保险业。

为留住这些金融人才，格林尼治小镇提供了完善的生活配套服务，小镇周边有著名的耶鲁大学、康涅狄格大学、费尔菲尔德大学等，还有许多私立的中小学等教育资源。小镇还提供了很多的国际品牌和餐饮服务。在格林尼治，办公室和家之间步行只需10分钟，附近都是跑步、散步、遛狗的好去处。美中不足的是格林尼治缺少夜生活，娱乐场所较少，对年轻人的业余生活还是考虑得不够。

格林尼治小镇处处像森林公园，绿化率相当高，目之所及，不是一片片绿草坪，就是一棵棵枝繁叶茂的大树，除了绿草大树外，这里还有湖泊、新鲜空气和美食。

案例总结

不同于其他山水小镇，格林尼治小镇地处纽约郊区，离金融街很近，周边机场交通便利，其最大的特色是"对冲基金金融业"。小镇利用"城市病"的溢出效应，将纽约金融街的对冲基金吸引到了小镇。对冲基金被誉为资产管理领域的顶级行业，小镇因集中了大量对冲基金公司而享誉世界，其掌握的财富规模更是惊人，仅桥水公司就控制了1 500亿美元的资金。格林尼治小镇的特色还在于"人群"。大批生活在小镇的经纪人和基金配套人员属于高知识、高收入人群，他们充满了活力，需要高品质的生活享受。小镇公共服务配套齐全，注重高端高品质的生活服务。

区位交通： 位于纽约郊区，距纽约市中心仅 45 分钟车程，周边有三个机场，对外交通便利；

自然资源： 没有山坡，但有一些小的湖泊；

产业基础： 原来是艺术家汇集的地方，没有基金等金融产业基础。

开发商怎么开发通勤小镇

2016 年国家有关部门吹来一阵春风，特色小镇成为新一轮城镇化的发展方向。对房地产商来说，这是一件新鲜的事，传统的房地产商就是拍地、建设、销售，大赚一把之后就结束了。特色小镇和传统的房地产开发项目不同，特色小镇需要区域规划、土地整理、基础设施建设、公共服务配套建设、产业招商等。

通勤小镇开发不同于传统房地产开发

传统房地产项目属于二级开发，特色小镇属于一级开发；房地产项目依附于单一地块，具有局部性，特色小镇依附于整片区域，具有整体性。

特色小镇的开发权归属于地方政府，是不允许房地产商介入的，而目前的 PPP 模式成了房地产商打开区域开发之门的钥匙。特色小镇开发涉及特许问题，现在国家推动 PPP 模式就是将这个特许权交到了企业手上。只要被纳入财政系统的 PPP 项目库，开发商就有资格接受政府的委托，从事特色小镇的开发建设了。

选择通勤小镇的标准

开发商选择通勤小镇投资，有两个必选项、三个可选项。两个必选项是：离市中心较近（车程短）、与市中心房价差别较大。三个可选项是：有自然资源（山、水、林）、有历史文化资源、拆迁量少（见图 12）。

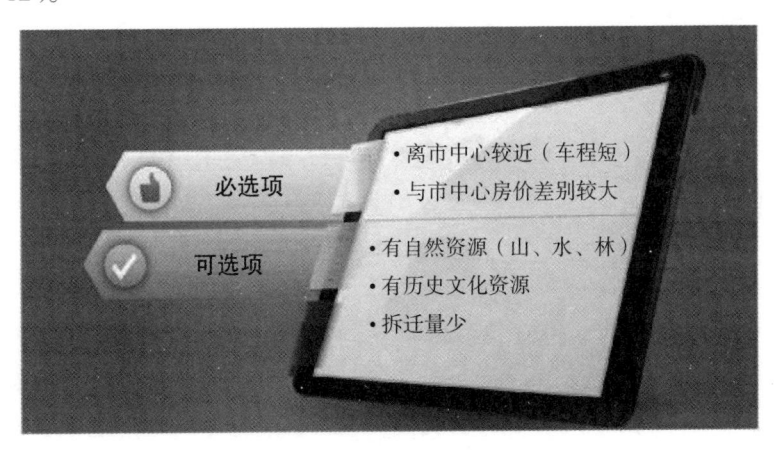

图 12　开发商选择通勤小镇的标准

必选项一：两地车程短

针对购买者的需求，开发商贴近购房者市场，选择离市中心较近的小镇进行开发。两地车程短是必选条件。两地间的物理空间距离要用车程（除去堵车因素）计算，其测量方式很简单，用手机地图在两地定点，就能测出两地的距离和车程。购房者的工作地点大部分在市区，可以以市中心为目的地。设定市中心的方法是计算市中心区的人口密度，用各个行政区的人口除以行政区的占地面积，即可得出人口密度，如上海市中心静安区的人口密度最高，达每平方公里 26 000 人。横向比较，如果静安区的人口密度比其他区域高，那就可以设定静安区为市中心，也就是目的地，然后再以市中心为圆心寻找其周边区域距离 30~50 分钟车程内的小镇。

必选项二：房价比市区低

房价高意味着生活成本高，近郊小镇的房价与市中心房价的价差越大，对年轻人来说，吸引力越大，对开发商来说，开发成功的把握也就越大。价差是需要比较的，在划定可选通勤小镇的范围内，需要对各个小镇的房价进行调研与比较，价格越低的小镇，成功入选的机会越大。

可选项

小镇是一个区域概念，如果其本身拥有很丰富的自然景观资源和人文资源，那房产的价值就会更为可观。大连有个房地产老板就在沿海山上造"海景别墅"，他确保每幢别墅的窗户都对着海面，同时，他大胆地做起了广告，"海景别墅"的价格比当地的普通别墅高了好几倍。这个广告一下子轰动了整个大连，很多人认为他的做法疯狂，但事实上他的别墅很快就卖完了。

资源具备三个特性：唯一性、稀缺性、不可替代性。大连边上就是海，之前的房地产商都没想好怎么利用海景资源，所以，虽然大家都有资源，但能利用好资源才是本事。

对开发商来说，时间也是成本，如果选中的区域有大量的拆迁需要，拆迁的时间不确定，成本就更高。因为大部分房地产商是贷款开发的，一旦贷款资金进账，每天的利息就是资金成本，几十亿元的借贷资金，每年资金成本就要几千万元。所以，选择特色小镇时，拆迁量一定要少。

通勤小镇的功能有哪些

通勤小镇位于城市近郊。按照特色小镇的定义，即特色小镇是那些在原来建制范围内建设的拥有特色产业的小镇，那也就是说，我们可以选取小镇的一部分建设特色小镇。小镇一般都包括镇区和农村区域两个部分，对开发商来说，原有镇区的基础设施比较齐全，可以借助原有的基础设施降低投资，但老镇区的居住密度比较高，人口集中导致拆迁成本增加。如果选取农村区域进行投资建设，其基础设施就比较差，但拆迁成本较低，可以规划重建的空间也大。

通勤小镇的主要功能就是提供市中心工作人群的生活空间。对生活工作在市中心的人来说，城区与小镇环境的不同主要在于：城区拥挤、小镇不拥挤；城区生活便利、小镇生活不便利；城区交通出行便利、小镇出行不便利；城区的消费高且生活成本高、小镇的消费便宜且生活成本低；城区的学校资源和医院资源丰富且水平较高、小镇的学校资源和医院资源比较缺乏且水平较低。

综上所述，小镇要满足城区购房者的生活需求，就要提高社区生活便利性、交通出行便利性、公共服务优越性（学校和医院的质量）。

小镇除了要提供与城区相同的功能之外，还需要提供与城区不同的独特之处来吸引年轻人。当下小镇能吸引年轻人的就是与城市不同的生活环境，如山、水、农田等自然空间元素，这些都是城区不具备的，另外还有城区最为稀缺的低密度建筑。蓝城的宋卫平提出的"理想小镇"就构想了在农村拥有别墅小居的诗意生活，他的别墅小居最大的卖点就是院落，这是城区建筑空间不具备的。

宋卫平的蓝城小镇计划将以农业、文化、教育等产业为主导，深度整合教育、医疗、养老、园区服务等跨界资源，在城市近郊形成一个完整的城镇化解决方案。蓝城小镇兼具风光、人文、特色产业，这是其第一要素；不同的规划和特色风貌是其第二要素；追求传统文化中"大同"境界，让居住在小镇的人各得其所，提倡"所有人为所有人服务"的新型自治管理模式，是小镇的第三要素。

案例分析：
美国莫里斯敦小镇

莫里斯敦是美国新泽西州莫里斯县的县府所在地。该镇占地面积为 7.839 平方公里，水面面积占 3.22%。根据 2010 年人口普查，小镇的人口为 18 411 人。莫里斯敦小镇创建于 1715 年，一直都被称为"美国独立革命的军事首都"，因为它在美国独立革命中拥有重要的战略地位。

《金钱》(Money) 杂志在将其评为 10 个最宜居城镇之首的同时，也给出了其宜居理由：莫里斯敦拥有最棒的学校和良好的就业机会，住房漂亮且价格合理。小镇禁止销售酒精饮料，但距离小镇仅 24 公里的费城夜生活非常丰富。

莫里斯敦小镇着力发展高科技产业，入驻企业包括洛克希德·马丁公司的雷达系统分部、计算机科学公司以及 PNC 银行等大型企业，但小镇有大约一半的劳动人口在费城工作。

由于交通便捷，城镇发展也面临着挑战。在与月桂山市交界的地方，一座购物中心在 2016 年建成开业，它的落户增加了通过莫里斯敦的交通流量，莫里斯敦的大片农田被征用开发，房价在过去 5 年上涨了 50%，但与许多大城市郊区相比，莫里斯敦的房价仍不算高。距离镇中心步行范围之内的 4 居室住房价格在每套 40 万~50 万美元，初级住房价格更低。

莫里斯敦小镇还拥有国家公园、国家历史博物馆、竞技场（体育馆）、植物园等。小镇的生活设施、餐饮、酒店等一应俱全。

案例总结

莫里斯敦小镇人口不多，占地面积不大，近 2 万人口占据了近 8 平方公里。小镇离费城仅 24 公里，近半数人口在费城上班。毫无疑问，莫里斯敦是一个成功的通勤小镇。

区位： 近郊小镇；

交通： 距泽西海岸不足 1 小时车程，距纽约市也只有 90 分钟车程；

资源： 军事之都，有悠久的历史；

特色： 宜居宜业，高科技业、旅游业发达。

通勤小镇能缓解都市拥挤的难题

　　城市里年轻人面临的最大问题不是交通问题，而是住房问题。北京的房价已经涨了两轮，一轮是在 2008 年左右，据说当时房价要跌了，很多人希望房价下跌，但都看错了，没想到房价没跌，倒是暴涨了。另一轮是在 2015 年底到 2016 年初，据说房价稳定了，可不曾想，刚过完年，房价就拉高了近一倍。工资收入似乎离房价太远了，还好房租不是那样按倍数增长的。这两轮涨价潮，其他一线城市也遇到了。还好政府提出"房子是用来住的，不是用来炒的"，一线、二线城市的房价才真的稳定下来。

　　人们开始期待房价下降的时候，三线、四线城市的房价又猛涨了。三线、四线城市的房价怎么会涨起来？有一次我在北京的菜市场买菜，就听买菜的大妈和别人聊天说："大姐，明天我去江西那个瓷器小镇买个房，听说，那儿很美，还能泡温泉。"另一位大妈马上接话："行呀，我已经在海南买了三套了，南、北、中都得有一套才行，天凉了跑海南去，天热了跑东北去，想泡温泉到中部去。"说完，大妈哈哈大笑了几声。听到这里，我心中的疑团解开了，原来买房也能像买菜那样大气，这些退休的大妈也是买房主力呀。这些主力在北京买房限购，但在其他省市不限购，他们当然可以在外面买第二居所、第三居所甚至第四居所。老年人可以这么干，年轻人能这么干吗？有朋友和我说，"70 后"的人有能力买，"80 后"的人靠父母买，"90 后"的人靠别人买。想想倒也是，买房要有首付，还要贷款，没一点积蓄的话，银行也不会贷款给你。房价是在 2000 年左右开始起步的，那时"70 后"的人 30 岁左右，已经有一定积蓄，在那时候靠着银行贷款买套房不是难事,那时不限购、不限贷,可以买好几套房,所以,在那段时间买房的人现在都成了有钱人。"80 后"长到 30 岁时已经是 2010 年,房价已经很高了,要靠自己买房有些难度,但他们的父母基本是 20 世纪 60 年代出生的人,孩子没钱,父母有钱,所以买房也不是难事。到 2017 年,"90 后"的人们面临的房价已经涨了好几倍,如果孩子的父母错过了买房的时机,基本只能"望房兴叹",孩子未来也只能靠自己买房了。

俗话说:"男怕入错行,女怕嫁错郎。"能买得起房的人也不在少数,房子俗称"社会刚需",女方父母嫁闺女要求男方有房,所以即便是倾家荡产,男方家长也要去城里买房,好让孩子能娶个老婆。所以,现在城市里生男生女的观念和农村是反过来的,在城市里,生男孩是"建设银行",家长要负担儿子一辈子,生女孩是"招商银行",女儿嫁出去了还能带个女婿回来。当然,在农村,人们还是希望"养儿防老",因为农村的老人没有养老金的话,只能靠儿子侍奉养老了。

在城市的年轻人里,有很大一部分是潜在的小镇居民,他们属于城市的高收入人群,这些年轻人大部分在 IT(信息技术)行业、金融行业或房地产行业工作,是高管或是骨干。这些高收入的年轻人不愿意在市区买房,他们工作压力大,不愿意长期在市区生活,白天吵,晚上也吵,他们需要一个宁静的地方,可以得到充分休息的地方。

老百姓怎么选通勤小镇

老百姓和开发商不一样,开发商投资选通勤小镇是为了利益最大化,是为了吸引市中心高收入人群到小镇入住,而老百姓不一样,老百姓买房无外乎两种需求，一种是投资型的，另一种是自住型的，但现在一线、二线城市都限购了，一限购，就没有机会做投资了。所以在一线、二线城市，刚需都是自住。

自住的房子需要选在什么样的小镇呢？

首先，老百姓需要考虑的是到上班地点的车程，首选靠近地铁站的小镇，它们到市中心的地铁交通方便，而且地铁相对其他交通工具来说最为准时，唯一的不足可能就是上下班高峰期拥挤。如果有到市中心的高速公路，那是另一种选择。所以，对老百姓来说，选择通勤小镇的首要因素就是交通，通常考虑高速公路出入口和地铁站附近。

其次，老百姓需要考虑的是小镇上的基础设施和配套服务。农村与城市最大的差别就是基础设施和配套服务。我父母住在上海郊区的农村，那时各类家电都配上了，可家里电闸老是跳闸，原来是因为电闸的电量负荷太重，把铝线给烧了。后来打电话给电力局，电力局说农村电伏都不高，没办法增加电压，所以农村要城镇化，各类配套设施也需要和城市一样才行。另外，还有小孩的求学问题，小镇上的学校教育质量高不高，对购房的年轻人也会有影响。

再次是小镇的生活环境。小镇上的生活环境包括购物环境、餐饮环境和卫生环境等。小镇需要有一些广场或者餐饮区域。北京顺义区天竺镇的中国国际展览中心顺义新馆的对面有一个小镇，这个小镇中建有大量的高档别墅，有很多大人物都住在别墅区里，还有很多外国大使馆的工作人员居住在那里。走在天竺镇的小路上，你就能看到绿树成荫的马路，马路两边都是高端别墅，这里的生活环境包括两个商业区。一个是欧陆时尚购物中心，类似于大型购物中心。另一个是荣祥广场，它有一条商业街，这里的商业业态很充足，包括餐饮店、宠物店、洗衣店、咖啡店、进口食品超市等。有了这些商业业态，人们在这里居住不需要到市中心活动，生活半径基本可以固定在小镇中心的两公里以内。

最后是小区和住宅的品质。小区的品质是无形的，首先，最能反映小区品质的是居住人口的层次和物业管理。物以类聚，人以群分，在很多区域，小区的价格层级也在一定程度上代表了小区居住人口的阶层。所以选择小区不只是看房子，还要看小区总体价格水平。同时，物业管理也能分出好坏，好的小区都采用登记制，车辆管理井然有序。其次，是住宅的品质，小区住宅的品质主要看色彩和外立面材料，如果色彩不舒服，一看就"不对胃口"，再加上外立面材料很低端，那更不用想象内部的建筑材料了。

案例分析：
选择通勤小镇的市民

我有位朋友在上海的静安区工作，是外资公司的一位中层干部。多年来，他都在上海的市区租房子住，可一晃，他年满35岁了，家里老人一直催促他早点结婚。为了找到另一半，他上世纪佳缘网、百合网开始搜索，约会了无数次，对方就是一句话："你的房子在哪儿？"这句话像点穴功一样，点住了梦想有个家的他。他老家在江苏，父母都是农民，他靠自己的努力考上了外地的大学，毕业后留在上海，进入了一家外资公司工作，他很努力工作，得到了上司的赏识，慢慢地从一个基层的技术员爬到了中层管理岗位，薪水也很丰厚，回顾这些年，他感叹外地人再努力，户口还是转不了，外资企业工资再高，还是买不起上海的房。

于是,他开始往郊区看房子。他开车到浦东新区、嘉定区、青浦区、闵行区,一个个地方去考察。到了浦东新区的临港地区,浦东临港新城环绕着滴水湖,环境优美,房价也因为自贸区的关系涨到了每平方米2万~3万元。从他工作的静安寺到临港新城的车程约一个半小时,如果加上堵车,估计要两个多小时,这个距离和他开车到杭州差不多了。他去了青浦区、嘉定区,也都是差不多的距离。

有一天他无意中开车到了嘉定旁的昆山市花桥镇,眼前高楼林立,他惊讶于这里的城市化程度:道路宽敞,周边绿化率也很高。于是他打开手机查找花桥镇的相关资料,花桥镇占地面积50平方公里,位于江苏省的最东端,与上海国际汽车城毗邻,定位为"江苏东大门、上海后花园",是昆山市的汽配商贸物流重镇,形成了汽车零配件产业、高科技电子产业、现代商贸物流产业、传统工业产业四大支柱产业。他还看到了绿地集团的名字,绿地集团签约开发了占地5 200亩的项目,包括产业、办公、生活、学校、医院等空间单位,与青浦区白鹤镇隔江相望。

当时花桥镇的房价才每平方米8 000元,我朋友查了一下那里到上海市中心的距离,才30公里,他上了高速公路开车回去也就45分钟。他下定决心购买那里的房子,第二次去他就选中了房子交了订金。第二年,房子交付了,他住进了小区,很快,他所在小区的商业也跟上了,吃的、穿的、玩的,什么都有,而且旁边的别墅也纷纷建起来了。房价也涨到了每平方米10 000多元,这是他始料未及的。他不仅有了房子,还娶到了心仪的新娘。

短短几年,现在昆山花桥镇的人口已达到30万人,而他来考察时，才 5 万多人。昆山花桥地铁站也开通了，现在他每天开车到地铁站，把车停在那里，坐地铁就能去单位上班。他的生活状态慢慢稳定了下来。

案例总结

我朋友选择小镇的过程代表了很大一部分年轻人的心声。通勤小镇对自住者来说，适宜的通勤距离是首选条件，其次是价格，或者说是升值空间，最后是公共配套设施和服务。

通勤小镇的投资价值分析

通勤小镇通常位于近郊，随着新一轮城镇化的开始，除了选对小镇之外，选择有价值的住房还是有一定技巧的。

首先，待建未建的购物中心周边房屋是价值洼地。郊区城镇化需要一个长期的过程。我国的土地储备制度决定了我们的区域开发也需要相对较长的时间。城镇化的目的是转移农村人口，同时也是转移市中心人口。不管是 PPP 模式还是其他模式，住宅用地的"招拍挂制度"是改变不了的，这就决定了地方建设的地块有先后顺序。所以我们到一个新地方去考察时，在一个镇区，住宅往往是率先建起来的。当你看到高楼林立而商业配套还没建起来时，就说明这个小镇的生活配套还没成熟。这时候需要翻翻当地的控制性详细规划，看看商业配套的规划地点，待建购物中心旁边已建成的住宅具有很大的投资价值。一旦购物中心建起来，房价也必然上涨。

就像我朋友当时买花桥镇住房时房价还不高一样，一旦购物中心等商业设施建成，周边的房价就会迅速被炒起来。因为大部分住宅地块为了赚钱会配有一部分的商业配套，但较分散且不会产生虹吸效应[1]。一旦购物中心建起来，它就相当于这些楼盘的配套，也是整个镇区的配套服务，它间接提升了区域价值。那些房地产商、营销代理商、房地产中介都会积极地打响广告，把购物中心当作卖点来吸引购房客。

其次，地铁站点附近的住房是价值洼地。地铁是城市的主要交通设施，地铁站点则是汇聚人口出行的交汇点。上海地铁每日客流量为900多万，节假日前后甚至超过1 000万人。[15]与景区的游客量相比较，这些客流量就显得特别令人瞩目。据报道，周庄2014年一年的游客量才300多万人次，而这已经是很了不起的成绩了。可见，城市地铁站点的人次和旅游人次是两个能级的概念。所以，沿着地铁站点的规划寻找到的小镇也是价值洼地。

再次，考察名校资源。大城市有很多名校，不管是幼儿园、小学还是中学，大部分都集中在市中心，各个郊区除了一些区县重点学校之外，城区和郊区的教育资源差异很大。为解决这些资源不均衡的问题，许多城市开始将这些名校资源外扩。教育资源一旦扩展到周边的郊区小镇，也将成为吸引人们入住小镇的一个主要理由。

要理解这些要素，先要理解什么是城乡差异，城乡差异在哪里，简而言之，城乡差异就是城乡公共资源配置的不均衡。

---

[1] 虹吸效应原为物理学名词，但从房地产市场角度来讲，就是指一座城市强大的吸引力将其他地方的投资吸引过来。——编者注

案例分析：
通勤小镇米德尔敦

米德尔敦小镇位于美国威斯康星州，是州政府所在地麦迪逊的郊区小镇，附近有两个国际机场。

米德尔敦的发展愿景是"友好邻邦城市"。2010年，该镇的人口为17 442人，镇区面积23.62平方公里，其中水面面积为0.36平方公里。

米德尔敦是美国女孩秀、春天之窗时装秀等企业的总部所在地。除了教育和政府部门就业外，法律、生物技术和医学也是主要就业领域。米德尔敦还是美国邻里社区计划的领航者，社区生活按照邻里社区的规则管理。

米德尔敦最吸引人的就是这里的学校。从威斯康星州三年的平均考核成绩看，米德尔敦的学生在所有科目中名列三大区之首。威斯康星州立大学的主要学院也都设在米德尔敦。

如果想进行越野滑雪或穿林远足，你根本不必离开米德尔敦。人们大都在麦迪逊过夜生活，不过米德尔敦最近新开了一个艺术表演中心。米德尔敦还是国家芥末博物馆的所在地，这里展出的芥末产品令人感到惊奇，人们可以在这里学到有关芥末的知识。米德尔敦附近还有2个动物园和5个高尔夫球场。

米德尔敦小镇被美国《金钱》杂志评选为美国10个最宜居的城镇之一。这些城镇的共同特点是宁静、温馨。它们有最好的学校，有美丽的自然风景，非常适合抚养孩子以及庆祝生命旅程。它们邻近大城市，能够享受到大城市的各种便利，却没有大城市的压力和污染。

案例总结

通勤小镇都是在大都市附近的小镇，吸引小镇居民的往往是孩子能进入好学校，有好学校就可以吸引到足够的家庭，同时，交通便利、环境优美。米德尔敦强调邻里社区功能，是友好生活环境的缔造者。有了良好的居住环境，吸引到了总部企业入驻，也解决了就业问题。

区位： 近郊；

交通： 有机场；

资源： 好学校、博物馆；

特色： 宜居宜业。

本章小结

本章系统讲述了通勤小镇的概念，结合国内外的通勤小镇案例，从开发商和老百姓两个不同角度分析了通勤小镇的特点及选址要素。通勤小镇是都市郊区的小镇，距离市中心相对较近。同时，通勤小镇也具备一些共同的特点，比如拥有优质的好学校、美丽的生活环境、便利的生活设施和交通网络。通勤小镇邻近大城市，能够享受到大城市带来的各种便利，但没有大城市的压力和污染。通勤小镇可以提升生活质量，小镇居民还可以在城区或周边的大城市就业。

第四章　产业小镇

产业带动就业，推动小镇可持续发展。通勤小镇吸引的是人，产业小镇吸引的是企业。产业小镇与开发区类似，但它体量小，有时一个企业就可以影响到整个小镇。产业小镇该怎么打造？

城区产业溢出的产业小镇

任何产业都有一个淘汰与更新的过程。以上海为例，上海在城市发展之初也是依靠工业发展起来的，很多工业园区都建在城区内，工业带动城镇化，城镇化带动房地产，服务业兴起，各类成本相应增加，工业被迫迁出城区。所谓"进三退二"，也就是上海鼓励城区发展第三产业，并逐步将工业迁移出市区，城区原来的各类工业区后来变成了各类文化创意园区。后来，上海城区扩张，郊区城区一体化发展，郊区的各类成本也相应增加，很多传统工业在上海的郊区也无立足之地，但工业能带动大量的就业，所以从结构性调整的角度考虑，上海开始推动"优二进三"，鼓励高端制造业、高端服务业发展。

企业是产业体系的市场主体，企业的发展逻辑是市场经营和管理成本，通俗地说就是要开源节流。城镇化是一个渐进的过程。在工业时代，我们制造的是有形的产品与服务，城镇化到一定程度，进入后工业时代，制造业会形成区域分工。例如，英国在后工业时代也曾遇到制造业转型的难题，为了发展经济，避免环境污染，英国把工厂往发展中国家迁移，把客户服务部门迁移至印度，实现世界性区域分工。我国的很多超大型城市也已进入后工业时代，都市产业发展面临着综合成本的问题，有些城市已开始推动"进三退二"，即把城区的工业迁出，把服务业迁入城区。随着互联网技术的发展、交通的便利，类似于金融业、生产性服务业等业态也有向郊区转移的趋势，产业小镇是否能存在基于它能否承接城区产业的转移。

产业是指经济物质的系统和组合，而这里的产业小镇是指能承接城区产业溢出的远郊小镇。产业小镇包括制造业类、高科技类、医疗类、教育类等类型。

小镇是城市的一部分，城市包括城区和郊区，小镇位于郊区，是郊区的一个单元。从区位的角度来看，城区的人口密度最高，是市中心所在地，而小镇则是城区的外围，人口密度相对较低。人口密度越高，社会分工越细。亚当·斯密曾在《国富论》中讲述了一个分工的故事，在农村，一个木匠是全能的，他是一个木匠，但也要会做铁匠的活儿，也能做泥水匠的活儿，甚至是水电工的活儿，因为农村木工活儿的需求不多，如果他只做单一的木匠活儿或许都养不活自己。在城市里，社会分工就会很细，木匠、铁匠、泥水匠、水电工各有分工，分工体现了效率，也形成了差异。[16]

博弈论中有一个经典的智猪博弈。[17]假设猪圈里有一头大猪和一头小猪。猪圈的一头有猪食槽，另一头安装着控制猪食供应的按钮，按一下按钮会有10个单位的猪食进槽，但是谁先按按钮谁就会首先付出两个单位的成本。若大猪先到槽边，大小猪吃到食物的收益比是

9∶1；同时到槽边，收益比是 7∶3；小猪先到槽边，收益比是 6∶4。那么，在两头猪都有智慧的前提下，最终结果是小猪选择等待。智猪博弈的故事给商业竞争中弱者（小猪）的最佳策略就是"等待"，在区域经济中，城区和小镇事实上也是竞争的关系，与其让小镇去与城区抢新兴产业，还不如等待城区产业的溢出。

案例分析：
美国好时巧克力小镇

好时巧克力小镇位于宾夕法尼亚州的好时镇，又名赫尔希镇，小镇人口 2.1 万人，距离华盛顿 203 公里，离哈里斯堡国际机场仅 10 分钟车程。好时巧克力小镇是好时巧克力公司的总部所在地，周围群山环绕、水绿山青、郁郁葱葱，自然环境相当优美。

好时巧克力公司的创始人好时先生就出生于此，1903 年好时先生创建这家公司时，小镇还是少有人烟的牧场。刚开始，好时巧克力小镇就是好时公司，小镇居民全是好时公司的员工。为了让员工享受到和城市一样的公共服务，好时公司在小镇规划建设了道路、医院、体育馆、剧场、游乐场、温泉等基础设施和公共服务场所。好时乐园也是好时先生出资建造的主题乐园，它最吸引人的地方是超大型的游泳池和拥有 18 个球洞的高尔夫公园。

如今，好时巧克力小镇拥有三家现代化的巧克力工厂，产量达世界第一，每年生产 KISSES 巧克力多达 3 300 万颗。"好时"已经成了小镇的 IP（知识产权），成了巧克力文化的符号，融入了小镇的每个角落。最典型的就是"巧克力大道"和"可可大道"等路牌，上面都印上了好时的文化符号。巧克力大道上的 128 盏路灯，其灯罩也用上了 KISSES 巧克力的形状，小镇每一处人造的景观都彰显了好时的文化形象。

好时巧克力小镇拥有一个巧克力展示博物馆，博物馆里有展示巧克力制作过程的作坊，展示了好时巧克力公司曾生产过的数十个品种、上百种包装，还有以巧克力为主题的 3D（三维）电影院等。好时的符号还被做成了各类旅游纪念品，琳琅满目。

案例总结

好时巧克力小镇是典型的产业小镇，小镇因工厂而生，因工厂而起。创始人好时先生是当时小镇唯一的工业资本家，工厂员工就是小镇居民，后期企业越做越大，工厂利润被投入基础设施、公共服务建设，用来改善居民生活。随着好时巧克力的知名度提高、影响力增大，好时主题乐园建成后便自然而然地成了旅游区。

好时巧克力小镇的建设不是由政府推动的，而是由工业资本推动的，小镇的建设过程也是好时公司不断发展壮大的过程。

区位交通：位于哈里斯堡市近郊，距离机场仅 10 分钟车程，距华盛顿 203 公里；

自然资源：周围青山环绕，自然风光优美；

人文资源：好时公司已经成为小镇历史文化的象征；

产业基础：巧克力生产。

开发商如何选择产业小镇

一个国家或地区经济活动的驱动力有4个,即人口分布、科技、产业和就业。产业是小镇的核心和立镇之本,小镇与城区相比,最大的优势就是综合成本比城区低。城区经济发展到一定程度,原有的工业会被弱化,有两类企业会因成本问题从城区迁移到小镇。一类是城区内的传统工业企业,这些传统工业因城区综合成本升高而被迫退出城区,虽然被城区成本淘汰出城,但这些企业能带来大量的就业机会,对小镇来说,具有很强的吸引力。另一类是高端产业,随着互联网技术的发展,其业务范围不再局限于市中心,而是更多地辐射到全国,这类从事高端产业的企业也有降低成本迁移到小镇的意愿,但会更注重配套和服务。

开发商选择产业小镇,主要看三项指标。一是小镇要有充分的产业空间规模。产业小镇是区域经济,地方政府的招商能力很强,有很多工业用地早已出让给实体企业,要承接新的产业进入,如果要将原有的企业移出后再引入新的实体企业,难度是相当大的。所以在选取产业小镇时,最好是小镇在重新规划的土地范围内,拥有一定的工业用地和商办用地指标。有了这些用地空间,小镇才有可能导入产业空间,否则会造成"新的产业进不来,旧的产业出不去"的尴尬局面。

二是小镇距离城区在两小时车程以内。为承接城市的溢出效应,产业小镇离城区的距离不能太远,每一个企业都有相关的产业配套和产业生态圈,如果企业失去了其原有的产业生态圈,成本会相应增加。有个湖北老板在温州开了一家电器厂,生意做大了,他出生地的领导到温州考察,盛情邀请他到家乡投资,每个人都有家乡情结,老板和领导喝了一顿酒，欣然拍胸允诺，将工厂从温州搬到老家。老家政府给了他很大的土地优惠政策，这也成了当地政府的头号工程。工厂投产后，老板发现状况不对了，他的电器产品本来靠的是薄利多销，以前在温州，各项采购都在温州当地，成本很低，现在到了湖北老家，进出交通不方便，采购成本、出差成本都增加了，工人素质跟不上，产品质量下降，生意一落千丈。不得已，老板只能将工厂搬回了温州。这个故事警示我们，企业离开原有的产业生态圈就会付出高昂的代价。所以，企业即使想迁移也不能贸然离开其产业生态圈，除非万不得已。

三是小镇要有一定的产业基础。做产业是做平台生意，做平台要有产业基础。开发商选择产业小镇做PPP模式开发，必须在原有小镇的产业基础上发展。产业基础主要包括几个方面：首先是龙头企业，龙头企业的数量和能级是地区经济强弱的具体表现；其次是企业数量，企业数量可以与周边小镇的企业数量做比较，数量代表了活力；再次是行业结构，通过分析具体行业的企业数量及产值规模，可以判断区域主导行业。这些产业基础是地方政府之前的招商政绩，如果脱离了原有的基础，开发商要重新开始将面对很大的困难。如果地方产业基础本身已经很强，可能政府看重的是开发商的配套能力和住宅开发的实力；如果地方产业基础本身很弱，那政府可能就会期待开发商的产业平台运营能力。

通常，现有的房地产开发企业推动产业小镇会有以下几种开发模式。第一种是房地产公司与龙头企业合作开发，据搜狐网报道，2017年4月，碧桂园和思科（中国）联合与广州市番禺区新造镇签订合作框架协议，双方共同推动"科技小镇"的建设，同时，思科（中国）将创新中心总部落户广州国际创新城核心区，双方将共同推进科技小镇的开发。第二种是产业地产公司采用平台运营,据东方财富网报道,2017年1月8日,华夏幸福基业股份有限公司与安徽省合肥市肥东县政府达成合作,欲共同打造合肥机器人小镇。华夏幸福一直是依托产业运营的产业地产商,拥有很强的招商能力和大量的产业资源。小镇定位于机器人产业,建立机器人产业园,可以帮助政府招商运营。

除了制造业,生产性服务业是目前大城市溢出效应较为明显的产业。生产性服务业是指为制造业服务的中间投入部分,《国务院关于加快发展生产性服务业促进产业结构调整升级的指导意见》指出,我国生产性服务业重点发展研发设计、第三方物流、融资租赁、信息技术服务、节能环保服务、检验检测认证、电子商务、商务咨询、服务外包、售后服务、人力资源服务和品牌建设。随着信息技术的发展,空间距离不再是商务交流的障碍,例如,以往公司总部和其他地区分公司开会是必须要面对面的,后来有了视频会议,可以在会议室安装视频线路开视频会议,再后来,不用装任何设备,借助视频会议服务公司的一个账号就能开视频会议。现在交通便利了,在一线城市,区位和交通不再是限制其办公选址的首要问题。高科技企业和高端服务企业对员工素质要求较高,大部分的高素质员工都集中生活在市中心,要吸引高科技企业和高端服务业企业,开发商就要将郊区小镇的公共服务和生活环境水平提升上去,能足够吸引人才入住,才可能将这些高端企业逐步导入小镇。

能溢出大城市的产业,必然是不依赖城市发展的产业空间的,其中,公共服务类的产业空间,如教育产业和医疗产业,较容易从城市功能中分离出来。国内一个大学校区拥有两万多人口,这在国外就是一个小镇的人口规模了。撬动公共服务产业不是开发商能力所及的事,但开发商在策划产业小镇时可以定位高科技和高端服务业，借助政府的力量把公共服务产业空间迁移到产业小镇内。

案例分析：

重工业小镇上海临港开发区

很荣幸我能在上海临港开发区创建之初就参与到其开发建设进程中。那时候，临港工业园区占地面积约200平方公里，包括4个分城区，也就是原来的4个行政建制镇区，即万祥、书院、泥城、芦潮港4个镇。

当年开发临港时，临港海边还是大片芦苇，临港地区位于上海东南沿海，属于原南汇区管辖。南汇的芦潮港镇原来就有一个码头，可以直接通往普陀山和浙江的岛群，以前，除了去普陀山要经过芦潮港，很少有人到那里去。

临港开发为芦潮港及周边小镇带来了新的发展契机。要发展，先修路。临港的开发也秉承基础设施先行的理念，真正实现了"一年一个样，三年大变样"的开发区新风貌。如今的临港开发区已建成焕然一新的产业新城。临港新城由三个部分组成，一是环滴水湖的城区；二是临港工业园区；三是4个小镇镇区。这其中，临港地区的居住功能分两大部分，环滴水湖的城区形成城市功能，吸引外来城市人口入住，称为主城区；周边4个小镇吸引产业工人入住，称为分城区。临港的产业功能也分两大部分，即临港工业园区招商吸引重大产业项目入驻，4个小镇镇区内分别规划一平方公里的工业园，吸引与工业园区大项目配套的中小型产业项目入驻。

第四章 产业小镇

任何新城的发展都有一个过程。临港新城距离市中心约 60 公里，为开发临港新城，上海在 2005 年左右就建设了由外环接壤临港地区的沪芦高速 S2，快速干道 S2 的开通缩短了由市区到临港新城的车程时间。其次，上海在 2012 年开通了地铁 16 号线，地铁 2 号线、11 号线则与 16 号线相连。这两个主要的城市交通设施功能建成，先后经过了七八年。

当年上海市委市政府、南汇区委区政府花了大力气去改变人气不足的现状。虽然临港工业园区已经建成，但至今人气依然不足。

2008 年，为提升人气，上海南汇区政府下决心整体把政府的行政中心搬迁到临港新城，在滴水湖边上建了行政大楼，并在行政大楼附近建设了一大批小区，分配给全区的公务人员低价购买。南汇区政府搬过去后，临港新城确实有了一些人气，但滴水湖边上规划的是行政区，商业配套和公共服务配套都没有形成，工作人员到了区政府办公，但他们的家庭都没搬过来。每天，只见一辆辆区政府的大巴士迎着朝阳从南汇区的各个地方接着政府工作人员到滴水湖行政大楼上班，下午五六点，一辆辆大巴士在夕阳下往南汇区的各个地方赶回去。

当时临港地区还规划了医院、学校。滴水湖不远处就建了上海海洋大学和上海海事大学两个校区，共有 4 万多大学生。问题是学校和行政区离得很远，20 年的远景规划不可能同步实施，在建设初期，居住人口分布、配套服务、公共服务都不能同步，设施分散对当下要搬过去居住的居民来说，无论是生活还是交通，都不方便。

根据临港新城的规划，到 2020 年，它将成为上海东南地区最具集聚力和发展活力的中等规模滨海城市，并依托上海唯一深水港洋山港成为辐射长三角的巨型物流基地，预计人口规模将达 80 万人。尽管临港新城取得了大量的政府财税政策方面的支持，也有近千亿元的投资，但人口集聚能力还相当不足。2013年，媒体报道临港新城滴水湖人口仅为4.6万，其中3.1万人是大学生。为聚集人气，上海把与临港相邻的奉贤区平安镇并入临港新城，将芦潮港镇、申港街道社区、平安镇合并为南汇新城镇。

根据《上海浦东经济发展报告（2017）》，截至2016年9月，临港地区的总人口（南汇新城镇、泥城镇、书院镇、万祥镇人口以及大学师生）为31.09万，包括4个镇区实有人口25.02万及在校大学师生6.07万（4所大学在校教职员工4 319人按实有人口计入）。在4个镇区的25.02万实有人口中，临港地区本地户籍人口占比为35%，上海其他区域户籍人口占比为31%，外地来沪人口占比为34%，境外人员占比不足0.3%。

目前，环滴水湖的主城区100多平方公里与工业园区内的4个小镇镇区（共13平方公里）"冰火两重天"，主城区人迹寥寥，而小镇的镇区热闹非凡。

在临港环滴水湖主城区内仅有5个住宅板块，包括绿地东岸的涟城、宜浩家园、滴水湖新苑和为两所大学配套的海事小区、海洋小区。除了滴水湖新苑在滴水湖旁边外，其他住宅小区都在大学城旁边。显然，从人口分布的角度看，临港滴水湖地区人口过于分散且住宅容量过低，没有支撑人口居住的空间。然而，临港新城的各类基础设施是相当齐全的，根据浦东新区政府工作报告，到2010年底，累计建成各类道路210公里、河道98公里、海堤29公里，供水、污水、雨水、电力、燃气、信息管网各200公里，雨污水泵站27座、电站13座、水闸3座。一期开发区域基础设施基本建成。

分城区的泥城镇距离滴水湖主城区 7 公里，占地 8.25 平方公里，这里的工业园区内已经进驻了大量的工业企业，镇区人口为 5.8 万人。泥城镇的生活配套和公共服务配套已经形成，走在泥城镇的街道上，各类商业配套设施齐全，大型超市等都已进驻，还有很多知名的国际餐饮巨头入驻小镇。临港工业园区与泥城镇区工业园区之间可以形成差异化招商。临港工业园区规模大，招商引进的都是大项目和大企业，泥城镇区工业园区可以利用临港工业园区已入驻的大项目、大企业吸引配套企业，这也可以称作龙头企业与配套企业的招商模式。

临港新城是上海市委市政府的重大工程，当年是为了分流上海市中心的人口，将临港地区等作为上海的分中心去建立打造的。临港新城的领导换了一任又一任，区划不断变动，却始终没能聚集到人气。

案例总结

从临港新城的建设过程中，我们能够得到很多启迪。

首先，人气不是行政命令可以驱使的，当年是行政命令让南汇区政府搬到了临港新城，工作人员去上班了，但家没跟着去，人口迁移是举家迁移，这是现实问题。

其次，规划是未来的，现状是实际的，临港新城的规划是聘请了若干个国际知名公司按世界最先进的理念规划而成的，但未来是需要有一个过程去实现的，临港新城的主城区短期内没有一个启动区来导入产业空间和居住空间，产业跟不上，人也进不来。

再次是交通问题，临港新城主城区与分城区之间的交通是以汽车为主的，没有考虑到更多的城区之间的公共交通问题，所以环滴水湖的主城区与其他镇区的内部交通也不方便，除了汽车外，只有公交车可用。对换乘的考虑和人口流动等问题都没有细致地规划好。

最后，生活配套及公共资源配置不均衡，主城区环滴水湖区域商业配套和生活配套设施很少，学校、医院离主城区很远，主城区内部的公共交通也没有起到引导人口流动的作用。

产业定位有理论依据

产业定位是一门科学，在国外也有很多相关的理论。例如，日本的筱原三代平提出的两基准理论，即收入弹性基准理论和生产率上升基准理论。收入弹性基准理论是指需求高增长的产业较易维持较高的价格，从而获得较高的附加值，通俗点说就是在讲拥有未来市场前景的产品。生产率上升基准理论是指生产率上升较快的产业，即技术进步速度较快的产业，其上升与进步速度大致和该产业生产费用（成本）的下降速度是相一致的，通俗点说就是在讲拥有最新技术且发展速度较快的新兴产业。[18]

我在上海工作时接待过一位来自陕西省的领导。考察了我们上海孙桥农业高科技园区后，他谈到了一个感受："山沟沟里出不了高科技啊。"确实，科技发展不仅需要技术人才，还需要创新人才，更需要先进的科研设备和开放的工作环境。现在的大都市吸引了大量的高端人才，建立了国际化的科技交流平台，拥有与世界同步的先进科研仪器和设备。对于小镇的产业，需要结合城区的产业去考量，任何产业都是需要产业链支撑的，而支撑产业链的核心还是人才。

无论是从市场发展的角度、产业生态圈的角度，还是科技创新的角度，产业小镇的建设都理应选择在大都市的郊区，这样的小镇才能接受到大都市功能的辐射和溢出效应。这种辐射和溢出效应从人口、技术、货物、资金等要素流动的角度也可以理解为空间交互。空间交互理论认为，两地互相作用产生运输现象的三个基本前提条件为互补性、可运输性和可介入性。[19]互补性是指两个区域间的功能要有互补性，一方有需求，另一方能供应，也就是市中心的功能和小镇的功能要形成互补；可运输性是指两个区域能够方便抵达，交通便捷，成本较低，也就是说，市中心与小镇间要交通便利；可介入性是指近距离的目的地可以截留远距离的目的地的客流量，也就是说，小镇距离市中心的位置要越近越好。

由此，小镇的功能是否与市中心互补决定了小镇可能带来的发展机遇。传统的小镇功能有5种类型，包括农业型、商贸型、工业型、旅游型、交通型。[20]这些传统的小镇很普遍，大部分是随社会发展自然形成的，没有大规划、大资本的介入。自然形成的传统小镇建筑层高不会高过6层，而且停车都不需要收费。资本进入的小镇就不一样，如果要判断小镇的地方经济发展程度，你只要观察两个方面。一是有没有高楼，如果有高楼，说明小镇已经有资本驱动，二是停车收不收费，停车收费说明人气很旺，停车不收费说明人气较低，流动性较弱。

随着特色小镇的兴起，社会资本与政府合作开发小镇的模式激起了房地产开发商的冲动。刚开始，房地产商进入小镇很简单。造房子卖房子的事谁都会干，和政府谈的筹码就是卖房得税，为地方政府带来房产税。这种模式没有可持续性，房子卖完了，各项成本增加了，房地产老板和政府受益了，但留下来的是一地鸡毛，产业发展因成本上升而难度增加，百姓就业更难。

特色小镇纯房地产化完全违背了国家部委推出 PPP 模式的初衷。首先，PPP 模式谈的是公益部分可以和社会资本合作；其次，PPP 模式有合作期限，现在规定是 30 年。如果是能用 3—5 年解决的事，还需要社会资本干吗呢？

很快，国家有关部门明确特色小镇要"去房地产化"，这就给房地产开发商介入小镇开发带来了难度。PPP 模式的合作是指政府把区域经营的特许权授权给社会资本，社会资本和政府合作之后要成立一个项目公司，由项目公司全权负责整个区域的规划、建设、运营（和以前的开发区成立一个开发公司主导区域开发是一个道理），也就是社会资本要干开发区那样的工作，无非就是原来的工业园区变成特色小镇了，原来的国有平台变成社会平台了。"去房地产化"表明政府要求社会资本在开发特色小镇的同时，必须从产业的角度拉动区域经济，要从房地产的重心转移到区域整体经济发展的重心上来。

这时候，产业定位是决定区域经济发展的关键。定位决定地位，选择好产业价值链也是一门学问。随着新技术的发展、社会的发展、人类需求的发展，出现了很多的新产品、新技术、新业态、新模式供我们去探索。

小镇的产业定位有三种做法。一种是接受城市辐射，让小镇成为承接城市部分功能转移的产业转移之地；一种是聚焦某项独特技术，按照筱原三代平提出的两基准理论来发展独有的产业；一种是综合平台模式，在原有的产业基础上招商引资。

案例分析：
德国科技小镇蒙绍镇

蒙绍镇位于德国西北部北威州，处于德国与荷兰边境的群山怀抱之中。小镇人口在 2016 年为 1.5 万，森林覆盖率达 45%，蒙绍镇至今还保留着 17 世纪的建筑和完整的城镇风貌，包括水上教堂、修道院及古堡等，蒙绍镇曾是 17 世纪著名的老工业区，目前小镇拥有中小企业 200 多家，是德国新兴科技型、就业型的小镇，经济状况良好、失业率较低。

德国人口老龄化，城镇中青年人口减少，再加上生产加工厂区外移对德国的就业冲击很大，因此德国积极支持创建新兴科技型和就业型的中小企业。1996 年，由蒙绍市政府在蒙绍镇投资创建了 HIMO 科技创新中心，以鼓励和帮助有创新思想的、有能力的年轻人创建自己的公司为宗旨，为蒙绍新兴科技创新产业提供生产用办公用房、企业创立与管理咨询、展销与培训、后勤服务等扶持资助。

科技创新中心初创时以政府投入为主，立足高起点，建设完成后进入企业化运作，地方政府和有关机构给予了适当的补贴，解决了运营部门员工的工资和宣传费用等问题。科技创新中心积极打造科技型小镇，建筑采用节能、环保等新技术，并应用了一系列可再生能源装置，如太阳能集热器、光电装置、风力发电装置、雨水收集处理装置等，为用户提供生活热水、电力、部分饮用水、灌溉用水等。

蒙绍镇不仅是科技小镇，也是一个躲过了"二战"炮火且保存完好的百年老镇。城里的小店很多都有几百年历史，子承父业是常态。小店依靠祖传下来的手艺，每天只开业几小时，传统的慢节奏生活未被科技时代改变。漫步其间，随意给阳台鲜花或花纹精美的桌布拍张照，都能拍到明信片一样的景色。沿着小镇石板路可以走到广场中心，另有一条河流贯穿全镇，河岸边磨坊店的染布生意是以前当地的主要工业及当地居民的生活来源。

案例总结

蒙绍镇的产业发展是以政府为主导的，面临着传统工业的转型，蒙绍镇出台了相关的鼓励产业科技创新和吸引人才的政策，吸引科技人才尤其是从本地出去的人员回归小镇，或间接参与小镇科技创新及科技创业孵化项目，以此带动小镇经济的转型发展以及人才的集聚。

发展模式：平台模式，依托科技创新，推动发展地方产业；

区位交通：位于比利时、德国、荷兰的交界处，航空、火车、高速公路发展迅速；

主导产业：科技创新与科技创业孵化。

产业定位要做好5个方面的分析

小镇的产业定位需要从5个方面分析（见图13）。一是发展格局分析，需要从区域产业分布、产业发展方向两方面对小镇产业的方向做出一个基本的研判；二是产业资源分析，对小镇可以利用的自然资源、人文资源、产业资源做盘点，确定小镇的发展优势和机遇；三是产业地图分析，针对小镇产业发展方向，寻找产业价值链中的具体环节并确定产业未来发展的基本定位；四是产业基础分析，根据小镇产业发展方向，梳理地方产业的基础，包括人才、技术、企业等各方面，找差距，找问题，确定基本的发展思路和具体举措；五是区位交通分析，针对小镇的区位、交通网络等要素进行分析，确定产业发展的策略。

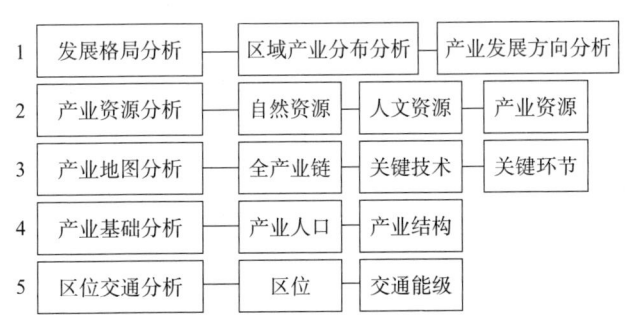

1	发展格局分析	区域产业分布分析	产业发展方向分析
2	产业资源分析	自然资源	人文资源	产业资源
3	产业地图分析	全产业链	关键技术	关键环节
4	产业基础分析	产业人口	产业结构
5	区位交通分析	区位	交通能级

图 13　产业小镇产业定位的五维分析

首先是发展格局分析，它包括两个方面：一是区域产业分布分析，即对本市各区县的产业分布做重点分析，研判市中心产业溢出的可能；二是产业发展方向分析，即对某一产业的相关政策、国内外趋势做出分析，研判产业的发展方向。

发展格局分析是确定小镇产业发展定位的重要环节，现在很多小城镇的产业定位一上来就是国际一流的产业，或者是某一个新兴产业，策划的成分多于规划的成分。很多方案根本就无法落地，看上去"高大上"的，到最后往往是纸上谈兵，没有一个能落地的。产业小镇要的是实在，要的是落地。既要符合国际发展趋势，又要符合国家发展方向，更要符合地方实情。所以，在发展格局中，小镇首先是城市的一部分，需要从城市的角度分析未来发展产业的可能性。需要先画出一个城市产业分布图，厘清城市各行政区域的产业分布及产业导向。画城市产业分布图的好处是可以一目了然地分辨出城市的产业基础、市中心区域的产业规模、可能的产业溢出效应等。在此基础上，再对该产业进行国内外趋势的分析，研判可能的发展方向。

二是产业资源分析，包括自然资源、人文资源、产业资源等，要充分挖掘地方现有的存在唯一性、稀缺性、不可替代性的自然和人文历史资源，研判产业依托的支撑点和区域宣传的亮点。分析产业资源时，更需要关注的是龙头企业、原材料来源和产业人力成本分析。对产业小镇来说，吸引企业入驻的卖点在于企业入驻后的综合成本，产业资源优势分析需要有对比，需要用数字说话。

三是产业地图分析，要对产业的各个产业链、价值链进行梳理，研判核心技术对产业发展的影响，并确定重点发展的关键产业环节。产业地图是对全产业链的综合分析，要对主要的产业环节、每个环节的龙头企业以及关键技术和关键产业环节进行分析，类似于打开产业地图，要找到车站的终点站，要瞄准产业未来发展的最高端点，要探寻可能实现产业发展的若干路径，总结目前产业链中龙头企业的发展模式、发展前景等。

四是产业基础分析，要通过对现有主导产业及人口规模、产业空间的分析，研判产业发展环节的不足和优势。需要确定发展方向，厘清自身产业资源，找到产业目标，然后从自身的产业基础出发考虑产业发展的方向，需要梳理相关的产业基础，包括现有的企业数量和规模、现有的人口规模和结构比、产业空间结构、基础设施（如水、电、气)等。在产业基础分析中,人口是小镇产业发展的基础,需要梳理不同文化教育程度人口的占比和老年人口的占比。如果导入高端的产业,小镇原有的人口素质就会对产业影响很大,如果导入一般的轻工业,小镇的人口素质就不成问题,但需要有效劳动力来支撑。我在上海临港开发区工作时兼任临港人力资源公司总经理,我有一个很大的困惑。上海临港地区的大部分居民是打鱼为生的渔民,临港被开发后,已禁止部分区域打鱼,这些人失去了原有的生活方式,他们被征地后,虽然获得了很多的补偿,但很难适应新的就业机会,毕竟,打鱼对他们来说,自由且收入高,但到工厂上班不自由,收入也比原来的收入低。所以,当时我们与劳动部门花了很大精力对他们进行培训,提升当地劳动力的素质,帮助他们再就业。

五是区位交通分析,要充分研判产业小镇与中心城区及周边工业园区之间的关系。小镇是城市的一部分,针对产业导入,需要与城市中心区域和周边的开发区建立联系。区位是指小镇离城市中心区域的空间距离,可以采用车程或公里数来表示。空间距离越远,相互流通的能力越差。交通分析要衡量其交通设施的能级,不同能级的交通设施辐射能力并不相同。第一,市内交通设施包括地铁、高速公路、直达公交、跨区干道等,市内交通以地铁为最优,如上海工作日的地铁客流量都超过了1 000万人次,其次为高速公路,再次为直达公交,最次为跨区干道。第二,市外交通包括机场、高铁、火车、高速公路、国道等。机场的辐射范围最广,若开通国际航线,则具备国际运输能力;高铁属于国内重要的枢纽型交通设施,具备很强的人口运输能力;火车属于传统的枢纽型交通设施,目前在部分偏远地区还起着很强的对外运输作用,承载着货运与客运的重要功能,但速度较慢;高速公路则是目前跨省市的重要交通设施，从南到北各省市都已贯穿，但需要看高速公路出入口离小镇的距离；国道、省道也属于基本的公共交通设施，但不像高速公路那样能有效地吸引车流。区位交通分析是为了研判小镇可能的功能辐射范围，从物流成本的角度分析小镇发展产业的利弊。

案例分析：
杭州云栖小镇

云栖小镇地处杭州西湖区南部，位于杭州之江国家旅游度假区核心区块，是浙江省首批创建的 10 个示范特色产业小镇之一。小镇规划面积 3.5 平方公里，2016 年已投入使用 20 万平方米产业空间，规划三年内逐步打造 100 万平方米以上的楼宇，用于产业发展。

规划范围内的转塘科技经济园区原来是一个传统产业发展平台，2011 年开始接触云计算产业。至规划编制之初，园区已建设有杭州云计算产业园、阿里云计算创业创新基地两个涉云平台，引进阿里云计算、华通云、威锋网、云商基金等涉云企业近 100 家。

云栖小镇是由阿里巴巴投资运营的。云栖小镇建设了 8 个功能组团，在用地布局上形成了 8 个功能分区：创业孵化区、创业服务区、云存储云计算产业区、工程师社区、成功发展区、国际化生活区、生活配套区和创业创新拓展区。

小镇规划采取的是一种渐进式的、有机更新的调整方式，以此实现规划区从传统工业园区到云栖小镇的转型提升。相应的调整措施包括将工业用地调整为创新型产业用地，新增配套设施用地、创新型产业用地以及复合部分配套功能等，同时在交通设施、配套服务、开放空间等方面进行了规划提升。

从 2011 年开始，云栖小镇每年秋天连续举办开发者大会，每次大会都设置了开发者大赛优秀作品点评会、开发者大会以及五大专场，包括弹性计算专场、大规模存储专场、云网络专场、大规模计算专场、大数据专场，邀请来自互联网、云计算、电信运营、消费电子、移动终端等领域的业界领袖、技术专家作为嘉宾，汇聚 3 000 多名开发者重点分享云计算的应用与实践成果，展现阿里云未来的产业布局和业务规划，从而推动国内云计算产业的发展。

云栖小镇提出，要为来自全球的高科技人才构建拥有"创新牧场＋产业黑土＋科技蓝天"的创新生态圈。"创新牧场"希望小镇成为草根创业者的舞台和沃土；"产业黑土"希望小镇成为助力传统产业转型升级的技术平台；"科技蓝天"则希望小镇成为科技和人才的制高点，让科技飞向蓝天。

2014 年，云栖小镇实现涉云产值 10 亿元以上，税收 1.5 亿元。2015 年，云栖小镇实现涉云产值近 30 亿元，完成财政总收入 2.1 亿元，累计引进企业 328 家，其中涉云企业达到 255 家，其产业已经覆盖云计算、大数据、互联网金融、移动互联网等各个领域。2016 年，云栖小镇实现涉云产值超过 80 亿元，财政总收入 3.36 亿元，同比增长 58%。小镇已引进各类企业累计 481 家，其中涉云企业 362 家。重量级企业包括阿里云、富士康科技、英特尔、银杏谷、数梦工厂、华通、洛可可设计、中航联创、国家信息中心电子政务外网安全研发中心等，产业覆盖云计算、大数据、软件应用开发、游戏、移动互联网等各个领域，已初步形成较为完善的云计算产业生态圈。

案例总结

云栖小镇作为国内特色小镇的标杆一直被人称道。从云栖小镇的成功案例中,我们可以看到,小镇的区位优势明显,它位于杭州市核心区,原来是一个传统工业园区,没有充分考虑小镇和市中心的交通联结,也没有清晰的产业定位,因此区域价值较之邻近的城区要低得多。阿里巴巴作为行业巨头,它进驻小镇并主导产业规划、区域规划,开路引流,造势引产,以开发者大会引爆产业影响力,进一步推动了产业链与产业生态圈的良性发展。云栖小镇的成功在于其原有的区位优势和成功引入了行业引领者。区位优势和低成本优势决定了产业导入的可行性,阿里巴巴的运作则推动了龙头企业加配套的开发区模式。

产业小镇的开发具有周期性

区域开发具有周期性,产业小镇的开发周期可以分为建设期、引导期和运营期三个阶段。

土地是一切的根源,区域开发首先需要获取区域土地开发的权利。在建设前期,需要摸清家底、算好账,并确定开发策略,也就是定项目、定布局、定顺序。

要摸清家底,就要根据产业定位和产业规划,对每个开发地块进行成本估算。小镇开发也是存量开发,有些地块仅需要利用原有的建筑空间进行产业更新,有些地块则需要征地拆除后引入新的产业项目。

存量开发不同于增量开发，成本是核心，摸清家底、算好账才能精准地确定开发策略。

定项目是指根据可建设用地规划产业项目，需要对每个项目进行土地现状分析，计算每个地块的成本，对现状成本过高或近期无法拆除的土地要剔除。定布局是指规划项目分布，即根据未来规划，确定可能的项目布局。定顺序是指确定地块开发的优先顺序，即根据土地成本和难易程度确定优先储备的地块，确定后期滚动开发的顺序。

产业小镇的开发建设不是一蹴而就的，它有一个很长的周期。小镇建设也需要分阶段实施，尤其是要先确定小镇的启动区。由于土地出让的指标等问题，小镇区域的开发也需要有时序，启动区是在三年内能迅速集聚产业和展示区域形象的区域。启动区的占地面积不一定要大，但一定要在镇区的中心位置，能对外联通，也能对内延展。项目公司的财力有限，集中建设更有利于树立形象，更有利于带动后期发展。启动区也需要计算好成本，要根据成本、取地时间等因素确定启动区的位置和范围。

引导期是开发小镇的关键，每个产业发展都有个过程，重点要做好龙头企业的引入和产业招商。龙头企业是行业中发展势头最猛、运营能力最强的企业，主要可以从企业规模、市场占有率与技术创新三个方面考量。龙头企业最主要的功能是带动性。举个例子，临港重型装备园区招商引进了德国大众汽车，为引进这家公司，临港园区给出了相当大的优惠政策，但德国大众汽车一进入临港园区，后期就会带来各类与德国大众汽车相关的配套中小企业。

引导期还需要注重招商引资。社会上对招商引资的说法有很多，论调也有很多，我在招商领域做了10多年，我觉得招商需要经历"招商、养商、富商、引商"4个阶段。招商是区域形象宣传与推广的过程，和贸易一样，招商也需要信息交换，有些企业没有意愿扩张，你再怎么请它，它也不愿意过来，有的企业要找地方，找来找去没找到合适的，信息不对称给了招商机会，所以招商需要建立有效的信息收集渠道。养商是指在产业集聚、产业生态圈还没形成时，提供给企业足够的政策支持，如免租期或者品牌活动补贴等。养商不能简单地理解为无偿资助入驻企业，而是鼓励入驻企业做一些有利于小镇宣传的活动，项目公司给予一定的补贴。这样的好处是让入驻企业和项目公司一条心，营造良好的产业运营环境，进一步推动产业集聚，而且通过一系列活动也能够帮助项目公司结识产业圈层，带动招商服务。富商是指帮助入驻企业建立业务渠道或平台，通过项目公司组织各类业务接洽活动，帮助入驻企业宣传，为企业带来商业机会。最后，是以商引商，要通过实际的服务工作，用真诚感动入驻企业，由入驻企业帮助项目公司招商。入驻企业的切身感受更容易得到其他企业的认同，有时，招商人员说一百句好话，还不如入驻企业的一句话。

运营期是小镇持续发展的主要阶段，小镇的运营包括三大方面。一是小镇的活动运营，每个小镇都会有当地的品牌活动，活动能够提高小镇的知名度，提升小镇的人气。二是小镇的文化创意运营，产业本身就是一种文化，文化是一种符号，让小镇的独特产业形成文化创意，打造符号，就能够产生独特的视觉体验。三是旅游经营，一旦小镇的知名度提高了，自然会喜迎八方来客。

小镇运营的核心是土地升值和入驻企业的税收增长。一旦启动某个区域的开发，早拆成本低，后期再拆成本高、难度加大。所以在有能力对外融资的情况下,对可建设用地能拆则拆,这样有助于后期的土地增值。

案例分析:
法国格拉斯小镇

格拉斯小镇位于法国东南部的普罗旺斯,距离戛纳 19 公里,占地面积为 44 平方公里,目前大约有 5 万人口,是一个位于海拔 325 米的高山之中的小镇,它因小说《香水》而得名。格拉斯在法语中名为"Le Petit Campadieu",意思为"上帝的小营地",它是世界上最著名的香水原料基地。

格拉斯小镇的香水产业发展分为两个阶段。

第一阶段属于手工业转型阶段(从皮套业转向香水业)。这一阶段从 16 世纪初开始一直持续到 17 世纪中叶。当时,格拉斯人以制皮手工业为主,但制皮手工业污染严重,对居民生活造成了极大的影响,为改善环境,格拉斯人开始种植薰衣草、蔷薇、茉莉等香水原材料,并逐步淘汰一些传统的皮套业,当地的匠人也开始从传统皮套业转向香精与香水业。当地温暖湿润的气候适合鲜花生长,成了香水最好的原材料基地。

第二阶段是服务业提升阶段。鲜花种植为格拉斯小镇带来了世界各地的游客,带动了小镇的旅游业。为延迟鲜花的观赏期,小镇改变了传统鲜花种植基地的做法,将鲜花种植作为小镇的旅游景观。为吸引世界各国游客,格拉斯小镇引进世界各地的花卉品种,策划了"四季花海"的景观,四季都有花开、四季都有美丽的花景,薰衣草、茉莉花、月下香、风信子、玫瑰、水仙、紫罗兰、康乃馨等五颜六色，特别鲜艳。

小镇种植的鲜花不再作为香水原材料的主要供应来源，香水生产原材料的不足可通过全球采购来解决，其香水产业由于全球采购原材料反而降低了成本，产业竞争力进一步加强了。这样，不仅格拉斯自身的环境得到了保护，花期延迟也更能吸引到全球游客。

目前，格拉斯拥有50多家香水工厂，每年创造6亿多欧元的产值，这样一个44平方公里的小镇，生产出了法国2/3的天然香料，用于制造香水和食品调味料。

每年5月，人们会从花田里固定收割50吨洋蔷薇，运送出去，用于制作玫瑰香膏。这种洋蔷薇是这里最著名的香水玫瑰，这片花田也是探访香水之路的旅行者争相拜访的花田之一。

每年8月初，小镇会举行"茉莉花节"。在这浪漫的花季，有很多重要的节日庆祝活动，比如花车游行，花车上载着艳丽多姿、妩媚妖娆的美女，她们向夹道观看的人群抛洒鲜花，每个人都会被天然香水淋湿，就如接受花瓣的洗礼，节日当天还会举办各类派对、民间音乐表演以及街头表演等。每个角落都散发出向往自然的、快乐美好的生活气息。

除了美丽的花海景观，这里还有一些值得参观的景点，你可以到香水原料生产作坊观看传统的原料生产工艺，到香水工厂参观现代化的香料香水制造工艺等。游客不仅可以通过导游讲解学习到香水制造的基础知识，还有机会进入香味工作室，配制自己创制的香水。小镇还拥有国际香水博物馆、弗拉戈纳尔美术馆、弗拉戈纳尔香水工厂、普罗旺斯艺术历史博物馆等著名景点。

以香水为主导产业，小镇把花卉观赏、香水文化、香水制作体验贯穿到整个游览过程。特色的产业、特色的产品、特色的工艺、特色的景观、特色的知识，这些让格拉斯成为世界知名的香水产业小镇。

案例总结

　　法国格拉斯小镇的主导产业围绕高档日用化妆用品的原料和加工工艺展开，主导产业涉及花卉种植（属于第一产业）、香料制作、香水制作（属于第二产业），以及花田旅游、香水学校、香水博物馆（属于第三产业），真正做到了小镇产业的产业融合。

　　格拉斯的成功不是一蹴而就的。当年格拉斯从传统皮套业转型发展时，首先瞄准的是贵族消费的香水。香水附加值高，有一定的技术门槛，为未来产业的发展设置了竞争壁垒。格拉斯的发展融入了世界产业格局，从最初的原材料种植转变为后期的原料进口，把花卉种植转变为旅游的观赏资源，开拓了花卉观光游的新市场，同时通过全球采购原材料降低成本，充分做到了开源节流，极大提升了产业的发展格局，促使其最终发展成世界的格拉斯。

　　区位交通： 位于法国南部普罗旺斯区域内，距尼斯机场 40 分钟，距戛纳 20 分钟车程；

　　自然资源： 位于地中海海边的小山城，四季如春；

　　产业基础： 香料、香水产业，花海旅游；

节事打造： 8月"茉莉花节"。

导入人口是导入家庭

产业小镇的核心是提升产业能级，对房地产商来说，小镇发展的核心是人。人口数量增加，才会产生强烈的购买需求，而小镇的人口如果按照自然增长率计算，其增长是微乎其微的，加快人口增长速度最简单的办法就是导入外来人口（流动人口）。

首先，小镇的产业定位是决定人口结构的主要因素。如果是定位为工业，工业的选址对人口的文化程度就没有大的要求，吸引的外来人口可能主要是管理人员、技术人员和工人。工人的工资相对较低，人口流动性也大，所以工人数量大且有效需求较低，有些企业为降低成本，还可能会提供宿舍之类的。管理人员和技术人员相对稳定，他们有意愿将自己的家搬到小镇来，这时候，就需要考虑这部分人的实际生活需求，包括子女读书、购物等问题。如果小镇定位是高端服务业，那么外来人口的主要来源应当是市中心的高端人才，由于习惯了城市的生活，高端人才更注重消费的档次与环境，那么小镇就可以学习格林尼治小镇，针对高端人才制定调税政策，吸引他们入住，同时再制定招商引税政策吸引企业入驻。如果小镇定位是文化产业，那么外来人口大部分是艺术家，艺术家和一般人的需求不一样，他们看中的往往是原始的环境，他们希望自己打造环境。那些老厂房、破落的民宅可能会是他们看中的文化空间，他们会用自己勤劳的双手去改造，但这需要地方政府去引导他们，就如北京的宋庄，一个农村地区聚集了一批艺术家，就成了一个知名的地方，艺术人群不像其他人群，他们往往生活在精神世界里，不会过于介意各方面的配套。

　　其次，公共资源的配置会影响人口规模。最明显的是机场、高铁、地铁站等枢纽型的交通集散中心，这些公共交通资源属于人口流动的主要载体，其建设成本也不是一个小镇能支撑的，公共交通设施的节点一旦被设立到小镇边上，将会极大增强小镇与外部区域的流动性。另外，学校和医院也属于重要的公共服务资源，每个小镇都有学校和医院，但小镇上配置好、质量高的学校和医院较少，如果能和市区的名校、名院合作，借助名校、名院的知名度和美誉度，也能提升区域的吸引力。另外一种特殊情况是建立大学或职业学校，一所大学会带来数万人口，同时也能为地方产业发展带来智慧支撑。

　　再次，是商贸广场或批发市场。根据小镇的区位和产业基础，可以建立专业化的批发交易市场。例如，浙江海宁的皮革市场，这种市场属于前店后工厂式的，既能为小镇的企业提供商贸平台，也能集聚交易信息，实现小镇与外部的专业化信息交流。当然，现在互联网电子商务对批发交易冲击比较大，但也可以让互联网与实体交易相结合。在郊区，商贸广场规模较大，仅凭一个小镇的人口，是没办法支撑其运营的，还需要通过一定的行政审批手段，在人口规模相对较大的小镇内建立商贸广场，这也能带动小镇人气，吸引周边小镇的居民前来消费。

案例分析：

英国教育重镇剑桥镇

　　剑桥镇位于伦敦东北部 37.5 公里，是英国英格兰东部剑桥郡县府所在地。剑桥镇占地 47 平方公里，2013 年人口规模达到 12 万，且每年人口增加 11%，这增加的部分就相当于英国国内一个县城的规模了，剑桥镇的居民人均收入在英国也名列前茅。

教育是剑桥镇第一大基础产业

1284 年，艾利修道院的休·德·巴尔夏姆主教创办了剑桥的第一所学院——彼得豪斯学院。经过几个世纪的发展，剑桥目前有 35 个学院，其中最知名的是女王学院、国王学院、三一学院、圣约翰学院等。根据 2016 年调查数据显示，剑桥大学拥有研究生 17 000 人，其中国际研究生 7 000 名，有 10 000 名本科生，其中国际本科生约为 3 500 名。上万名国际学生带给剑桥大学和小镇的收入超过了 2 亿英镑。剑桥大学年收入 13 亿英镑，除了国际学生缴纳的学费以外，还包括各项研究收入。

高科技产业是剑桥镇的主导产业

剑桥大学发展科技产业历史悠久，1881 年就成立了剑桥仪器公司。剑桥大学 1967 年采取行动，建立大学评议会下面的小组，推动大学科技成果和产业界的联系，共同发展科技产业。20 世纪 60 年代，剑桥大学附近的科技企业有 30 多家，1984 年，剑桥大学科技园区就有 322 家科技企业。在过去的 30 年中，园区每年增加 5 000 个就业机会，剑桥科技园区成为世界重要的科研中心，剑桥区域的 GDP 每年增加 6.3%，占到英国的 15.8%，研究与开发支出占据该区域 GDP 的 3.4%。目前，剑桥科技园区累计为英国创造税收 550 亿英镑，出口总值达到 280 亿英镑。

旅游业是剑桥镇的衍生产业

每年,来到剑桥镇和剑桥大学旅游的人约为 400 万,旅游年收入为 4.7 亿英镑。剑桥著名的旅游景点有三一学院、国王学院、女王学院等,游客可以欣赏剑桥大学的历史建筑和剑河风光,还能在剑河里划船观光。

剑桥镇的公共服务配套相当完善,其医院是由剑桥大学 NHS 信托基金建设与管理的,它在小镇上设立了几个医疗中心,还建有急救站、警务站、消防局等。小镇上还有英国最早的公共图书馆。

剑桥镇的基础设施也很完善,小镇能提供国家电网的电力服务,小镇上虽然没有建电力站,但建有一个 5 米高的风力发电设备,供应备用能源,小镇还能提供城市给排水服务。

案例总结

剑桥镇在建设之初就提出了推进教育产业的持续性发展规划,在近几十年乃至几个世纪的发展中,小镇的历史与教育特色并存。拥有 35 个学院、88 位诺贝尔奖得主和 2 万在校学生的剑桥大学,使教育产业成为剑桥镇的基础产业,它输出的人才促进了科技产业的发展,使小镇成了未来科技中心。随着旅游业的发展,剑桥零售商业蓬勃发展,为小镇提供了大量的就业机会。

区位交通: 位于伦敦东北部,区位优势明显。剑桥镇虽没有机场,但伦敦的 4 个机场到剑桥镇都有巴士。从剑桥镇往返英国各地的火车十分频繁,每半小时一列。公路网络发达,拥有几条交通干道；

人口：目前拥有 12 万人，每年保持 11% 的增长；

产业：教育业为基础产业，高科技产业为主导产业，旅游业为衍生产业。

产业小镇的基本空间模型

任何区域都由三部分空间组成：建筑空间、开放空间和自然空间。每个小镇都有镇区和农村区域。建筑空间是指镇区各类建筑的占用空间，开放空间是镇区的室外空间，自然空间则是指农村区域。

建筑空间主要包括居住建筑面积、工业建筑面积、商业建筑面积、公共服务配套面积，建筑空间的面积和人口数量存在线性关系，我们可以依此建立相应的数据模型。首先，需要将镇区划分为两大功能区，即社区和产业园区，产业园区的占地配比一般占镇区的 30%，产业园区与社区一定要分开，产业园区的定位有所不同，其污水处理、电容量等基础设施的配置也不同。社区是居民居住的地方，一个小镇面积为 3~5 平方公里，社区需要更多生活场所，较能提升生活环境的是水域、植物的景观，可以利用河道或人工湖打造景观性的开放空间或公园，将公共室外空间的天际线拉开，让公共空间成为小镇的核心，强化人居环境。

小镇的人口数量决定了空间的规模，根据国际经验的数据，建成区内每个人的占地规模约为 100 平方米，如果一个小镇的目标人口规模为 3 万，则小镇镇区的规模为 3 平方公里。按人均居住面积 30 平方米计算，该镇区的住宅面积规模为 90 万平方米。按商业面积配比人均

0.5 平方米计算，则商业面积为 1.5 万平方米。产业面积按镇区的 1/3 计算，容积率按 0.5 计算，则产业面积为 50 万平方米。公共服务配套面积按照 10%~20% 计算，则配套面积约为 35 万平方米。由此推算出一个理想的 3 万人口小镇的建筑占地规模约为 176 万平方米。居住面积占比约为 50%，产业建筑面积占比约为 30%，配套建筑面积占比约为 20%（见图 14）。

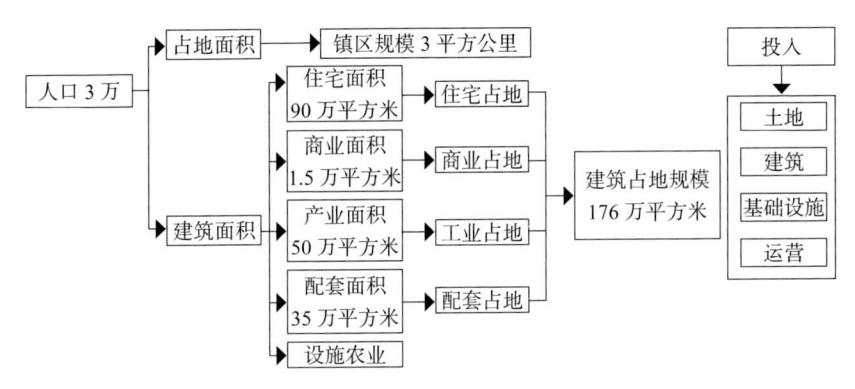

图 14　一个理想的 3 万人口小镇的占地规模

理想模型可以按照以上的比例关系建立一个估算模型，通过以上的数据结构，大致可以测算出总的投资成本和收入。在原有的建制镇镇区基础上建设特色小镇和新建一个特色小镇不同，也就是说，新建一个小镇拆迁量小，涉及的各方利益较为简单。如果是在原来的建制镇镇区建设一个特色小镇，那难度是可想而知的，因为原有的镇区有大量的老民居和旧厂房，有些镇区的老宅院还牵扯到公房、共管房，有很复杂的产权关系。所以，区域开发是一个渐进的过程，也是多方利益协调的过程。

产业小镇具备以下特性：

一是投资周期长。产业小镇的投资有一定的周期性，产业小镇与传统的房地产项目不同,房地产项目周期为两三年,小镇的项目最少10年。按照PPP模式的规定,期限不得超过30年。

二是土地和税收为主要收入来源。产业小镇没有社会资本进入前是由政府经营的,政府的收入是土地和税收,社会资本进入以后,开发商的收入形式可以更多样化,但绝不能忽略政府的主要收入来源,要树立区域运营的理念,土地增值是地方政府最大的收入来源,也是开发商的收入来源。同时,要服务好入驻企业并帮助其发展,企业上缴的税收越多,地方政府的收入越多,开发商的收入也越多。

三是团队最重要。运营产业小镇是持续发展的关键,房地产公司有资本,能够从各个机构挖人才。小镇是长期投资,运营是实现区域土地增值和赢利的关键。产业小镇的业务和开发区一样需要专业团队持续运营,让专业的人做专业的事。产业小镇的项目公司总经理相当于镇长,镇长的能力决定了小镇的发展潜力。产业小镇项目公司的负责人应当是在开发区做过多个岗位的或者当过"一把手"的人,负责人需要具备综合能力,有实战经验,有区域发展价值的判断力。

本章小结

本章从开发商和老百姓两个不同角度阐述了产业小镇的发展机制。产业小镇依托于产业园区,着重于招商引资、以产带镇、以镇促产。产业小镇属于区域经济,其空间功能主要包括产业区功能、居住功能、配套功能。产业小镇的形成机制主要在于承接城区产业的转移和自身产业的升级,开发商可以采用龙头企业带动模式和产业园区平台招商模式两种方式推动产业小镇的发展。

第五章 产品小镇

通勤小镇吸引的是居住者，产业小镇吸引的是企业，产品小镇是消费场所，吸引的是消费者。不同类型的小镇吸引不同的对象。对产品小镇来说，打造特色需要策划，策划亦是谋划，要有谋略有计划，需要根据消费者的需求打造产品小镇的特色。

偏远的享乐型产品小镇

产品小镇就是让客人花钱消费的场所。和产业小镇不同，产品小镇强调的是消费功能，例如，江苏的阳澄湖大闸蟹有名，昆山的巴城镇是远近闻名的大闸蟹原产地，每年来巴城镇吃阳澄湖大闸蟹的客人络绎不绝。

产品小镇更多是靠区域的整体运营发展经济的。例如，江苏的周庄古镇、浙江的乌镇，刚起步时，它们用门票收入带动经济发展，后期随着散客的占比增加，才逐步过渡到依靠餐饮、住宿等综合收入。特别是乌镇，它通过引入中青旅控股股份有限公司，合资打造休闲度假式的古镇，把乌镇西栅的居民整体腾空，之后"修旧如旧"，并充分利用古建筑打造了别具一格的民宿和会议场所。现在每年一次的国际互联网大会更是将乌镇打造成为高端国际会议的重要举办地。

产品小镇可以位于远郊，也可以位于偏远地区。之所以称之为产品小镇,是因为要把小镇做成吸引城市居民前来消费的场所。

小镇离市中心越远,消费者到小镇的消费频次会越低。出行消费属于人类活动的一种类型,丹麦著名城市设计师扬·盖尔(Jan Gehl)在《交往与空间》(Life Between Buildings)一书中将人的日常生活和活动大致分为三种类型:必要性活动、自发性活动、社会性活动。必要性活动包括那些功能性的活动,如上学、上班、购物、候车、等人、出差等。自发性活动则是指人们有意愿参与并且在时间、地点允许的情况下才会产生的活动,如散步、呼吸新鲜空气、驻足观望以及晒太阳等。社会性活动是指与人交往的活动,如工作交往、儿童游戏、交谈、各类公共活动等。[21]

显然,人们的外出消费活动既可以是必要性活动,也可以是自发性活动或社会性活动。要满足外出消费的需求,必须"有钱有闲"才行。消费活动的主要内容是休闲、购物、外出就餐、教育、娱乐(视听欣赏)、旅游、医疗、运动。

开发产品小镇需要根据不同的资源进行保护或利用。常见的资源包括自然资源和人文历史资源,自然资源是由山、水、林、田或独有的地质结构自然形成的地质地貌;人文历史资源是指拥有地方名人、传统文化、传统技艺、历史建筑风格等有别于其他区域的符号或特征。

产品小镇根据自然资源及人文资源的开发导向可以分为4类。一类是有自然资源且采用资源保护导向的生态休闲型小镇,包括滨海休闲小镇、生态小镇、森林游乐小镇等;一类是有自然资源且采用资源利用导向的康养休闲型小镇,包括康养小镇、运动小镇、医疗小镇、观光农场小镇、花海小镇、森林木屋小镇等;一类是人文资源丰富且采用资源保护导向的文化体验型小镇，包括民俗文化小镇、民间工艺小镇、特色小吃小镇、名人小镇、历史古镇等；一类是有人文资源且采用资源利用导向的度假休闲型小镇，包括乡村民宿小镇、乡村音乐小镇、茶艺小镇、陶艺小镇等。

根据以上分类，可以用自然资源、人文资源、资源利用导向、资源保护导向建立4个轴，形成4个象限4类产品体系（见图15）。

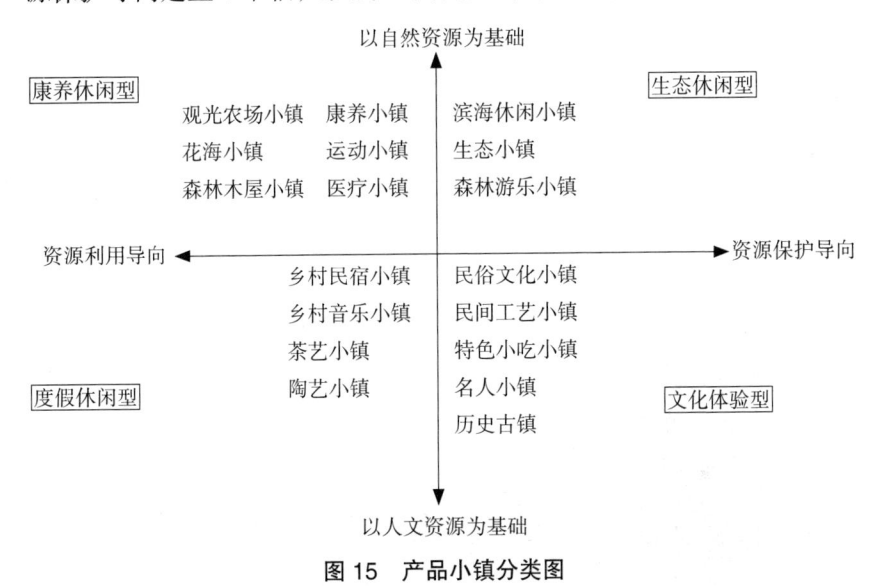

```
                   以自然资源为基础
                         ▲
康养休闲型                │                生态休闲型
      观光农场小镇  康养小镇 │ 滨海休闲小镇
      花海小镇     运动小镇 │ 生态小镇
      森林木屋小镇 医疗小镇 │ 森林游乐小镇
                         │
资源利用导向 ◄───────────┼───────────► 资源保护导向
                         │
             乡村民宿小镇 │ 民俗文化小镇
             乡村音乐小镇 │ 民间工艺小镇
             茶艺小镇    │ 特色小吃小镇
             陶艺小镇    │ 名人小镇
                         │ 历史古镇
度假休闲型                │                文化体验型
                         ▼
                   以人文资源为基础
```

图15　产品小镇分类图

无论哪一类产品小镇，其本质都是消费场所，其发展依靠人气。各类小镇的核心功能可能不同，但延展功能都是可以依托其特有的资源载体，融合发展其他的消费功能，以体育产业为例，依托山地、峡谷、水域等地形地貌及资源，可以发展山地运动、水上运动、户外拓展、户外露营、定向运动、养生运动、极限运动、传统体育运动、徒步旅行、探险等户外康体养生产品，推动体育、旅游、度假、健身、赛事等业态的深度融合发展。

案例分析：
新西兰皇后镇

皇后镇位于新西兰，地处瓦卡蒂普湖北岸，依山傍水，海拔高度约300米，人口仅为1.8万，其中，欧美人占80%，亚洲人占10%，其他人种占10%。

皇后镇有着悠久的历史。18世纪初，它是世界上著名的淘金地，很多华人也到皇后镇淘金，当时它被称为帆布镇，后期有一段时间淘金者转移。到19世纪70年代，采矿技术发展到可以粉碎石英石，淘金者又回到了皇后镇，并正式称之为"皇后镇"，意为"适合皇后居住的小镇"。

图16 皇后镇一景

毛利人是皇后镇的原住民，虽然现在已经现代化了，但他们的一些文化元素延伸到了餐厅或者旅游纪念品中。

皇后镇是一个度假胜地，一年四季都有其玩法。夏天，人们玩的是最先进的鲨鱼机车，可以坐上它像鲨鱼一样在瓦卡蒂普湖中心自由地窜上窜下，还能坐上蒸汽机驱动的游船，在瓦卡蒂普湖上悠闲地欣赏山湖美景，到达目的地，可以在湖边的庄园里享受美味佳肴，享用美餐后，还能欣赏当地的割羊毛和放羊表演。除了看这些表演，还能坐上缆车到山顶上欣赏蓝色的湖水、绿色的山野。山上除了有风景，更重要的是有各类丰富的户外运动项目，如滑翔伞、山地车、滑坡轮、蹦极等。各类空间都被开发成了人们休闲、娱乐、运动的空间。

图 17　左为空中跳伞项目，右为水上滑翔伞项目

　　商业喷射快艇的发源地也在皇后镇。在皇后镇码头乘坐"卡瓦罗号"喷射快艇，可以体验穿越休特弗河峡谷的惊险刺激。驾驶员用高超的驾驶技术故意让你体验差一点儿要撞上山崖的快感，人们发出的那种惊叫声穿透力相当高，自己可能脸都变形了还没注意到，但在高空的无人机会随时将惊险的画面记录下来。等游客体验完了，可以进入照相厅，选取自己的照片进行打印或制作光盘。

　　我感触特别深的就是那个新发明的鲨鱼机车，它能模拟鲨鱼在湖中自由落水的动作，这种刺激的体验是最让游客难忘的。我在地方报纸上看到那个鲨鱼机车的价格约为40万元，心里着实佩服皇后镇的新科技。科技创新不一定是为了提高工业生产力，有时用于娱乐休闲的高科技，也能提高现代服务业的生产力。

秋天是打高尔夫球的好时节,美丽的落叶将山峰映衬得格外绚丽。山色与湖水的色彩不变,运动项目也没有变化,只是喜欢打高尔夫球的人会更多一些。

冬天,群山白雪皑皑,无以计数的滑雪与雪板爱好者汇聚于小镇附近的滑雪场地。滑雪运动可以一直持续至春天。

皇后镇也是世界上最靠南的葡萄种植区。当地盛产名贵的黑皮诺、霞多丽、灰皮诺、雷司令与白苏维浓等葡萄品种。

这里有美酒,更有佳肴,皇后镇的美食之美味毋庸置疑,在山水环绕间,可以边品尝深海海鲜,边饮用极品佳酿,这绝对是一种天堂般的享受。

皇后镇的节庆活动是皇后镇冬之祭,在每年的6月底至7月初举办,为期10天,活动多达60项,主题包括体育、艺术、音乐、美食等。

每当回忆起皇后镇,那种天堂般的景象就回荡在我的脑海中,留下的每张照片都让我记起当时的欢乐景象并久久回味。这就是体验,一种留在脑海中的愉悦的记忆。

案例总结

新西兰皇后镇利用其独特的山水景观开发了丰富的户外运动项目,提供了精致的旅游线路和服务,开发出独特的高科技户外运动设施设备,不断创新娱乐方式,吸引世界各地的游客。无论是场景,还是各类户外运动和美食,每一处都体现了"享乐"的细节。

区位交通：属于世界知名旅游目的地，岛上建有机场，交通便利；

自然资源：瓦卡蒂普湖和海拔 300 多米的山脉；

文化资源：毛利人文化；

产业基础：葡萄种植、羊群养殖。

开发商如何选产品小镇

投资开发产品小镇，相当于要制造出一种特别吸引人的空间产品。由于空间是不可移动的，这种吸引力应当是非常强大的。吸引力就是要满足人的需要，人的需要有很多种，但归根结底，需要就是没有被满足的欲望。

人的欲望包括哪些呢？

古代所指的七情六欲，六欲是指眼（见欲，贪美色奇物）、耳（听欲，贪美音赞美）、鼻（香欲，贪香味）、舌（味欲，贪美食）、身（触欲，贪舒适享受）、意（意欲，贪声色、名利、恩爱）。到了近现代，人们把此六种欲望表达为求生欲、求知欲、表达欲、表现欲、舒适欲、情欲。求生欲是指努力活着的欲望，与此相关的词有饮食、温饱、健康、平安、安全、长寿等；求知欲是指想要了解知晓一切事物的猎奇心理，与此相关的词有了解、知晓、明白、探索、研究、发展、开创等；表达欲是想要把自己的见闻、想法、感受等告知他人，并获得他人认同的欲望，与此相关的词有诉说、倾诉、告诉、发表、表达、抒发等；表现欲是想要在人群中争强好胜，显示自己的独特性、权威性，并获得他人尊重和服从的欲望，与此相关的词有面子、荣耀、地位、名声、威信、权势等。舒适欲是尽量使感觉更舒适的欲望，与此相关的词有冷热、香臭、疲倦、爽快、痛痒、明暗、软硬等，此欲望着重于身体各感官；情欲是人对异性天生的欲望。

美国心理学家马斯洛认为人的需求是有层次的，人类需求像阶梯一样从低到高按层次分为五种，即生理需求、安全需求、社交需求、尊重需求和自我实现的需求。

选址三要素

空间产品不像工业制品那样有了原材料和机器设备就可以规模化生产。空间产品的原材料是空间所在的区位、交通、土地和建筑。以旅游为例，20世纪90年代初兴起的旅游是观光游，满足人的眼见欲，各类不同的风景成了最强的吸引物。到后来，飞机、火车、跨省旅游巴士等出行工具缩短了出行的时间，扩大了人们出行活动的范围。人们看多了，观光游就不再具有很强的吸引力了。也确实，观光游一两个小时就结束了，但到一个地方在路上就要花两三个小时，路上的时间比观光的时间还要长，渐渐地，休闲旅游、度假旅游开启了。相应地，国家为鼓励旅游，也开始有了法定假日11天、双休日104天，每年近1/3的时间可以被个人分配。之后，度假游、深度游产品开始出现，这也体现了人类追求舒适欲的本能，开启了新的"享乐主义时代"。

所以，开发商选择产品小镇取决于三个要素。

首先要考虑产品资源的能级。前面谈到过自然资源和人文历史资源，资源是相对的，对沙漠中的人来说，水是最宝贵的资源，而对身处江南地区的人来说，水并不稀罕。资源也有能级之分，有些资源是世界级的，属于世界唯一的，如我国的长城、秦始皇陵兵马俑等。有些资源属于跨省级的，如我国云南的花海、内蒙古的草原等。有些资源是省市内级的，如浙江的乌镇。在浙江省内还有很多其他古镇，但相对于桐乡市，乌镇就是唯一的。不同的资源能级面对的是不同的客群消费市场，需要予以评估。

其次要考虑区位交通资源的能级。资源靠近客源市场越近，越容易成功，如浙江的山水小镇要比安徽的山水小镇更容易吸引上海的客源。区位也是相对的，它可以通过客源所在区位与资源区位的空间距离来衡量。

同时，交通资源能级可以解决区位不利的问题。例如，黄山还没有开通机场，从北京坐高铁到黄山要 7 个小时，而九华山已经开通了机场，从北京坐飞机到九华山也就 2 个多小时，显然，对北京的游客来说，选择到九华山比到黄山要更便利。公共交通对区域来说也是稀缺的资源，不同的交通设施具有不同的能级，最高的交通能级是枢纽型的机场和高铁。其中，开通国际航班的机场能级最高，能带动国际客流。如果所在小镇的资源能级是世界级的，那就得考虑小镇所在的城市是否拥有开通国际航班的机场，如果已经拥有开通国际航班的机场，那就需要拓宽国际营销渠道，吸引开通其航班的国家的客户；其次，国内航线的机场和高铁线路能带动全国性或跨省市级的人口流动。如果所在小镇的资源属于跨省市级的，客源市场也应当匹配，面向跨省市的客源进行宣传；再次，如果交通设施是高速公路，它就依赖于汽车出行，对跨区域的车流具有很强的引流作用，特别需要关注高速公路的出入口。再下来是市内交通设施，包括地铁和市内干道，地铁是市内客流的交通枢纽，地铁站点可以作为换乘中心，对引导客流起到很重要的作用，如果所在小镇靠近地铁站，那市内居民前来消费的频次会大大提高，可以通过开通小镇到地铁站的短驳车解决从地铁站到小镇的交通问题。

最后，要看资源的本底。资源本底是指资源本身的完整程度及规模大小。资源本底决定了投入的资金成本和时间成本。例如，古镇之所以被称为古镇，并非因为小镇成立的时代久远，而是因为小镇格局、古建筑风貌、空间尺度、人文历史等保护相对完整，但是，如果小镇的古建筑被拆得零零落落，古镇中间突兀地建起了现代的高层建筑，那么即便有古建筑，其资源本底也属于较差的那种了。

吸引城里人消费的五大体验差异

随着城市的发展，人们对城市病的耐受力正在经受着考验，堵车成了新常态、空气污染严重，加上食品安全等问题一再出现，很多城市居民开始向往过去的农村，逃离城市的喧嚣和紧张的生活成了城里人的一种梦想。

也正是响应三四线城市的去库存政策，一二线城市的人们有了购买第三居所、第四居所的需求，但"理想是丰满的，现实是骨感的"。理想离不开现实的工作与生活环境，城市中工作机会更多，工作环境更好，而离城市越远的地方，人们越愿意去消费。

城市与产品小镇有着五大体验差异。一是场景不同，就像钱钟书在《围城》中描述的那样，城里的人想出去，城外的人想进来。城市里充满了建筑，人们看到的都是钢筋水泥，城里人到农村去，需要的是农村的场景，现在人们更向往与自然相融合的场景，类似于欧美国家的小镇，绿色的大草坪、枝繁叶茂的大树、蓝天与白云相间、暖色调的建筑与山体相融合的景观，或者大海沙滩等，这些场景无不彰显着大自然的美。

二是口味不同，城里人吃不到新鲜的食材，"生鲜""海鲜""河鲜"等名词中充斥着对城里人味觉的吸引。虽然城市里不缺吃的，但永远满足不了"新鲜的"口味。所以"原产地"是吸引城里人到偏远区域的一个原因。比如上海人开车4个多小时，就是为了到江苏吃阳澄湖大闸蟹，即使现在网购方便了，但只要到了那个季节，还是有成千上万的人驱车到那里去吃，只为了满足"新鲜口味"。

三是情趣不同，城里人的生活空间拥挤，而郊区空间宽广，充满野趣。举个例子，在城市里开车速度不畅，走一公里像蜗牛爬行一样慢，整个人处于高度紧张的状态，但到了郊区的高速公路，一脚油门踩下去，眼前一路畅通，没有太多的障碍物，人的心情自然是无比轻松舒畅，如果加上一点快节奏的汽车音乐，开车就成了享受。国外很多地方都流行租车自驾游，野营、露天电影、乡村音乐等与城里人不同的娱乐方式，可以激发那种宽广空间中的野趣。

四是心境不同，城里人是工作和生活都在一起，工作就是生活，生活也是工作，工作压力导致人与环境的联系成为一种情境反映，从而影响人的心境。到郊野小镇是为了放松心情，移步换景，与工作脱离，有些地方打出了"慢生活"的招牌，也是为满足城里人放松心情的内心诉求。

五是环境不同，城里人可能会有雾霾之忧和水质之忧，这让城里人更向往山野新鲜的空气、干净甜美的水。有些山区林地打出了"洗肺营地"的招牌，暗示到山野之地是为了呼吸新鲜的空气，益寿延年。有些地方把矿物质或微量元素当作资源来宣传，"富硒"大米等也能吸引眼球。还有些地方具有历史文化气息，被打造成古镇，人们到古镇中可以享受其历史风貌。

现在我国的城镇化率达到 57.35%，城里人的数量已大大超过农村人口，逃离城市却成了大多数城里人的梦想。城里城外的种种不同，正是激发城里人消费的原动力。为此，开发商选取产品小镇，以上吸引城里人消费的要素是需要考虑的。

案例分析：
德国巴登 – 巴登小镇

到了德国，映入眼帘的是满目的绿色，很少看得到高层建筑，建筑与自然相互掩映，人与自然浑然一体。我和当地导游聊天时，导游说起德国土地全面"覆绿"，哪怕一丁点裸土也会被种上绿草，也许正是因为这样，德国的很多小镇基本没什么灰尘。

德国的巴登 – 巴登位于黑森林西北部的边缘。德语里"巴登"是沐浴或游泳的意思，所以可想而知，这个小镇肯定有很多浴室。巴登 – 巴登位于奥斯河谷中，小镇的镇区沿着山谷蜿蜒伸展，背靠青山、面临秀水，放眼望去一片秀丽景色。

巴登 – 巴登拥有悠久的历史。古罗马人在奥斯河谷中发现了温度高达 69 度的温泉，他们就在原地兴建起了大型的浴池。1500 年时，巴登 – 巴登拥有 12 个大众浴场和 389 个小型浴室。17 世纪时因为战争，巴登－巴登几乎全城被大火烧尽，连山上的城堡也不能幸免，直到 18 世纪末这里才又兴旺起来。游客增加后，巴登－巴登又建起了很多辉煌的宫殿、别墅和高级旅馆，从而再次成为一个疗养胜地，到 19 世纪时，巴登－巴登已经被人称作"欧洲的夏都"。

巴登－巴登的温泉是食盐泉，可以缓解心脏动脉疾病、风湿病、妇科病和呼吸道疾病，功效广泛。正因为它有这样的自然资源，所以到了巴登－巴登不泡个温泉就像没来过一样，这里的泡温泉还很有特色，游客可以边浸泡在温泉中，边欣赏对面古老宏伟的建筑。

巴登－巴登拥有德国最有名的赌场。巴登－巴登赌场建于 1824 年，赌场建筑采用巴洛克式风格，外观端庄简洁，内部厅堂装修极其豪华。赌场允许游客自由出入，每天上午还有导游给大家讲解，赌场要求男士穿西装打领带，女士穿戴整齐。

巴登－巴登每年会在春秋两季举办两次赛马会，成千上万的观众会来观看赛马比赛。赛马在当地既是一种博彩活动，也算是一种社交娱乐活动，深受当地百姓和各地游客的喜爱。

在德国，一提到温泉度假，一般预计时间都会在三周左右。为了使游客在度假期间不感到厌倦，巴登－巴登提供了各类娱乐设施，包括剧场、音乐厅、美术馆等。作为高级的疗养地，巴登－巴登的商业定位也很高。商业街上满是世界一线品牌的商店，而且商店陈设很有特色，店门关闭后，商店会把商品展示在橱窗边上，用冷光灯照射，看起来就是一道亮丽的夜景。游客如果晚上到商业街，可以一边沿着街观看陈列的商品，一边选定商品，第二天再到店里购买。

巴登－巴登绿树成荫，闲暇时间漫步在宽敞的道路上也是一种打发时间的享受。

案例总结

巴登-巴登小镇围绕"温泉康养"打造了一个康养度假目的地，整个小镇围绕客人在小镇的三周时间提供各类服务。小镇的特点在温泉及其历史。同其他著名的小镇一样，巴登-巴登沉淀了几个世纪的历史。小镇承载着历史，也承载着当代人的习惯和生活。所以开发商选择小镇，必须认真考量小镇的自然资源和人文历史资源。

区位交通： 巴登-巴登设有火车站，到市中心约5公里路程，巴士等公共交通比较便利；

自然资源： 温泉、奥斯河谷；

历史文化： 古建筑、赛马、赌场等；

产业基础： 葡萄种植。

产品小镇需要战略定位

成功一定是有规律的。古北水镇近年来成了新一轮小镇开发的学习榜样，它是由陈向宏一手打造的，而陈向宏还是乌镇的操盘手。我和陈向宏曾有过交流，当年，我在上海新场古镇做总经理，陈向宏在浙江乌镇做总经理。他比我幸运，能够把西栅整理腾空，开始打造休闲度假功能的小镇，那时候他曾经招致很多非议，很多专家认为，古镇没有人居住就不能称之为镇，陈向宏顶住了重重压力，吸收上市企业中青旅入股乌镇，并一心一意打造心目中的休闲度假古镇景区。与其说陈向宏是一位企业家，还不如说他是一位匠人，乌镇成功后，他又转战古北水镇。人的一生短短数十年，我很敬佩他在长城脚下完成了一个新的作品。

古北水镇位于北京市密云县古北口镇，背靠中国最美、最险的司马台长城，坐拥鸳鸯湖水库，是京郊罕见的山水城结合的自然古村落。它与河北交界，距离北京市区1.5小时车程，距离承德市约45分钟。古北水镇建有43万平方米精美的明清及民国风格的山地四合院建筑，含2个五星级酒店，6个小型精品酒店，400余间民宿、餐饮及商铺，10多个文化展示体验区及完善的配套服务设施。

古北水镇的定位很清晰，它就是休闲度假产品，其项目特色在于新建的南方水乡古镇和伟岸长城的结合。

北方缺水，尤其是北京，小镇虽然有鸳鸯湖水库，但没有南方那样的水乡美景。古北水镇的定位就是"水"，然后是水镇，它将南方的水乡场景搬到北方，搬到长城边。古北水镇建成后，产品的特色已明晰，加上有中青旅投资，还有民宿管理公司合作，很快人气就上来了。

产品小镇属于市场行为，是一种战略定位，战略定位的方法包括差异化战略、规模化战略、高端化战略和品牌化战略这4类。

差异化战略

差异化战略要做到你无我有、你有我优。区域经济如果没有资源，就会进入完全竞争市场，如果是完全竞争市场，就很难和其他区域进行竞争。我国有两万个小镇，每个小镇的形态和功能分区都差不多，但如果没有形成差异,小镇就很难找出亮点、建立品牌。

要做到差异化,就要设置门槛,也就是让别人抄袭不了。对于产品小镇,功能定位可以相同,但特色一定不能相同。竞争是动态的,在形态上人们很容易模仿,所以一定要设置门槛。常用的门槛方式包括技术门槛、市场门槛、投资门槛。

技术门槛是指利用科技壁垒规避竞争者,例如,新西兰的皇后镇,它是旅游度假的产品小镇,同很多地方一样,有山、有湖、有森林,这类资源在全世界各地有很多,这些形态上的资源凸显不出差异化,但皇后镇将它的差异化定位在户外运动,尤其是需要高端户外运动设备的项目,通过不断地研发世界最先进的户外运动设施设备,提供最新鲜、最刺激的体验,最终形成技术门槛。

市场门槛是指借助资源确定小众化的市场定位来设置门槛,如拈花湾小镇,它坐落在无锡马山国家风景名胜区的山水之间,这里向来有"净空、净土、净水"之称,生态秀美,环境优越。拈花湾靠山面湖,更与灵山大佛依山为邻,可以说是得尽天地人文灵气。拈花湾的名称,源于灵山会上佛祖拈花而迦叶微笑的经典故事。拈花湾小镇打造的是一个自然、人文与生活方式相融合的旅游度假目的地,追求一种"身、心、灵"独特体验的人文关怀,让人们体验无处不在的禅意生活,从而开创"心灵度假"的休闲旅游新模式。拈花湾小镇定位于高端的"禅修市场",这个市场非常小众化,因而形成了特色,拈花湾小镇依托独有的佛家文化形成了市场门槛。

投资门槛需要大投资,如古北水镇采用大投资建成区域稀缺型资源,以避免新的竞争者进入。古北水镇由 IDG 战略资本、中青旅控股股份有限公司、乌镇旅游股份有限公司和北京能源投资(集团)有限公司共同投资建设，小镇总占地面积9平方公里，总投资逾45亿元人民币。①

要做到差异化，还要具备利用资源的能力。资源的唯一性、稀缺性和不可替代性造就了其独一无二的竞争优势。资源需要保护，更需要利用，有资源不一定能形成差异化，针对不同的客源市场，要诱导不同的资源利用导向，例如，张掖市的山丹小镇位于丹霞山脉周边，张掖市开通了高铁、飞机场，但游客量不足，事实上，丹霞地貌是我国相当稀缺的资源，但资源也需要被利用，那种戈壁滩的场景对南方人来说是非常稀罕的，这就需要张掖市去南方做宣传广告。同时，还需要把地方饮食和南方口味相融合，做一些调整，在服务上也进一步提升，把旅游景点资源进一步整合。

规模化战略

产品小镇卖的不是产品，卖的是服务，卖的是体验。产品小镇的规模化是指体验项目的规模化，和工厂的规模化不同。工厂的规模化是扩大生产量的规模，产品小镇的规模化是增加体验项目的数量。产品小镇是消费场所，消费者"有钱有闲"，他们在小镇上花的是时间和金钱。要使小镇能有足够的时间留住消费者，无论是哪一类小镇，都需要提供足够丰富的项目，让游客延长滞留小镇的时间。

有一次我到美国好莱坞游玩，接待我们的导游讲解得特别卖力，嗓子快哑了还在拼命地讲，我记得她说了一句："知道你们游客来一次不容易，我希望尽我所有的努力，让你们在这里玩得开心。"

---

① http://www.wtown.com/index.php/Xzsy/corporate_culture.

到了美国迪士尼，我看到它的格言是："体验为公众利益而不断提高和应用技术的快乐。"所以，在迪士尼，你体验的是科技应用带来的快乐，那里的员工充满了想象力。迪士尼的项目特别丰富，上海的迪士尼园区内目前涉及特殊设备目录范围的大型游乐设施就有10套，包括小飞象、喷气背包飞行器、旋转木马、旋转蜂蜜罐、雷鸣山漂流、加勒比海盗、七个小矮人矿山车、创极速光轮摩托、飞越地平线、小飞侠，还有30多个其他的小项目。这些项目林林总总，加上排队时间，一天能玩上五六个就很不错了，为留住游客，迪士尼的停车场距离游乐区还有好长一段路。在设计中，停车场用地相当于景区用地的40%。

我们的产品小镇门类众多，可分为休闲度假小镇、购物小镇、餐饮小镇、教育小镇、娱乐小镇、旅游小镇、康养小镇、运动小镇等类别，不仅需要依赖独特的资源去宣传，更需要丰富的项目留住游客，并激发他们的消费欲望。

在产品小镇的定位中，小镇可以选择与其本身资源禀赋相适合的功能，但主题要突出不同之处，项目必须多样化、规模化。

高端化战略

产品小镇面向的是大众游客，旅游是完全竞争市场，小镇需要从消费者的角度考虑各项出行成本。消费者也分为各种类型，需要细分。特色小镇需要大投资，也就有必要定位高端市场，瞄准大投入、高回报，缩小投资回报期。

以上海迪士尼为例，开园之初，有媒体给外地游客到迪士尼游玩算了一笔账，消费者的出行成本包括交通成本、时间成本、餐饮成本、门票成本、住宿成本、购买纪念品的成本以及娱乐成本等。

假定普通的一家三口，在非指定日购买两日联票玩两天，仅门票就要花费：700×2+530=1 930元；如果在园区内住一晚，住宿费最少也要花费850元；餐饮方面，按两天4顿饭（两顿午餐、两顿晚餐）来算，大约要花费：300×2×4+100×4=2 800元；纪念品方面，买一个中号的米奇公仔和一套迪士尼公主服大约要花费：240+498=738元；合计：1 930+850+2 800+738=6 318元。

只在上海迪士尼玩两天就可能要花掉6 318元，这还没有算上来回路费和《狮子王》的演出费。如果选择飞机出行，从北京飞上海的往返机票价格为每人1 500~3 000元，路途遥远的价格更高，这样玩一趟下来花费直接上万了。

毫无疑问，这是一次昂贵的旅游。本来很多人预测上海迪士尼做不起来，万达集团董事长王健林还曾经"叫板"迪士尼，称"让迪士尼20年内无法在中国赢利"。[1] 然而，华特·迪士尼公司发布2017财年二季度报告，上海迪士尼乐园已实现小幅赢利，将迎来第1 000万名游客。[2]

主题公园这个行业很特殊，上海迪士尼在开业之前就已做好了精密的策划与规划，在主题公园行业内，迪士尼必须保持第一。所以，迪士尼项目的制作成本非常高，而且为保持游客的重复入园率，必须不断地更新设备，保持新鲜感。迪士尼有条件也有必要去选择高端的客户市场，也正是因为迪士尼的定位准确，上海迪士尼取得了巨大的成功。

---

[1] http://finance.southcn.com/jrcj/content/2016-05-29/content_148478670.htm.
[2] http://cnews.chinadaily.com.cn/2017-05-27/content_29527640.htm.

品牌化战略

品牌代表了知名度、忠诚度和识别度。自从上海迪士尼开业成功，旅游业界就开始关注 IP 的重要性。上海迪士尼旁边有个康桥镇，康桥镇有一家酒店在迪士尼开业前就挂上了迪士尼酒店的店招，没想到过几天就遭到了执法部门取缔，它被要求拆除写有"迪士尼"的店招。IP 是受法律保护的仅有产权，有相当大的增值空间，走到迪士尼小镇内，一件成本十几元的 T 恤衫，卖价是 200 多元，而且根本不愁卖。

做特色小镇也需要 IP，做古镇旅游的人都知道，要培育一个古镇的知名度，如乌镇、西塘、同里等最少要 10 年，品牌要靠时间积累。很多知名的企业开发产品小镇获得了巨大的收益，其最主要的收益来自时间价值。

上海迪士尼还没建成，就在全国公开招标门票代理商，国内的知名旅游集团都纷纷前往争取。反之，如果一个刚起步的产品小镇，你竭尽全力去找旅游集团合作，对方还不一定理你。没有旅游集团的参与，新建的小镇是很难聚集人气的。所以，品牌化的价值是时间价值，它可以缩短产品小镇建设初期"引爆人气"的周期。

品牌建设需要从知名度、美誉度、忠诚度三个维度去打造。产品小镇本质上是消费场所，消费的频次和消费的额度决定了产品小镇的价值。要提升消费频次，就需要建立品牌。品牌属于产品小镇本身，品牌存于消费者的心中，这就是口碑。例如，上海的七宝小镇，长期以来被上海市民认为是上海小吃的特色小镇，一条街上都是各类上海小吃，七宝小镇的品牌就被植入消费者内心深处了。品牌也是一种信任关系，成功的品牌能够建立起产品和消费者之间的信任关系，并让消费者产生一定的依赖。这种信任也依靠着长期积累和相互影响的过程。简言之，品牌就是留在客户脑海中的能迅速得出的良好印象。

案例分析：

德国海德堡古镇

德国海德堡古镇位于内卡河畔，在法兰克福市南侧约80公里处。海德堡每年的游客量近300万，是德国小镇中游客量最多的。

海德堡占地109平方公里，居民14万左右，拥有欧洲最古老的大学之一海德堡大学，教师和学生有2.7万人。

海德堡的名字正式出现是在1196年的历史文献中，当时它还是个小城邑，1214年它成为法尔茨选帝侯的官邸所在地，之后战乱不断，但它仍然得到快速发展，1386年海德堡大学设立后，它逐步成为当地的政治、经济、文化重镇。"二战"时期，海德堡幸运地躲过了飞机的轰炸。如今它已成为德国的旅游重镇。

你可以登上国王宝座山，一睹耸立于内卡河上方约70米处的城堡风采。国王宝座山古城堡是海德堡之旅的必游地，整个古城堡掩映在绿色的山城中，红色的古城堡与山融为一体，鲜艳又不失古朴。

走进古城堡，听导游述说这座王权建筑的历史故事，可以了解到这里发生过的700多年王权争霸的故事。虽然我对这些名字并不是很熟悉，但能感受到做这里的主人不容易。现在这个城堡不再属于任何王权，它成了旅游景点，每个夏天，城堡都会举办宫殿节。宫殿节始于1926年，是德国南部的露天戏剧节，也是海德堡重大的节日庆祝活动。

海德堡的老街已被改造成了酒吧、酒店、商店，几乎全部商业化，但又没有过于浓烈的商业气息。踏上老街的石板路，街上显得很干净。听导游说起，这里的老街早上五六点就不允许汽车或自行车进出了，只能步行。每天早上的五六点之前，店铺的老板才可以开车进入老街运货、卸货。

沿街的店铺陈列商品也很精致，和巴登－巴登一样，到晚上关门时，商店的橱窗内会陈列店内促销的商品，用冷光灯一照，商品在街灯的映衬下，很是诱人，游客可以利用晚上的时间逛街，看看陈列品。

老街可以通往小镇的那座古桥，进入居民区，可以看到居民区的老百姓都喜欢在窗台上种花，居民区充满了生活气息。

在古桥边上，有一个猴子的面罩是专给游客拍照作为背景的，游客把头伸到面罩里，可以任意拍照。历史留给海德堡岁月的沉淀，海德堡的城堡和古桥散发着魅力，吸引着全球各地的游客。

图 18　海德堡风景

海德堡还有很多景点，比如集市广场，它是老城的市中心广场，由鹅卵石铺盖而成。广场中间有大力神海格立斯喷泉，广场周围有市政厅、谷物市场、圣灵大教堂和骑士之家等。

案例总结

海德堡的古建筑保存得相当完整,其小镇整体风貌与山体相融,山、水、城融为一体。美丽是小镇永恒的主题,历史增强其故事性,文化增强其艺术气息。海德堡的古镇保护理念值得我们国内的古镇学习。它没有那么多人为改造的痕迹,人们通过保护性利用的方式,将一个古镇打造成世界知名的旅游目的地,确实让人神往。

区位交通: 小镇距离法兰克福 97 公里,距离斯图加特 100 公里,距离慕尼黑 252 公里。海德堡与周边的曼海姆、维恩海姆两个小镇形成了德国中部著名的旅游文化圈;

自然资源: 山水相连,水域和 200 多米海拔的山体形成景观上的错位;

历史文化: 古城堡、古桥、海德堡大学等;

产业基础: 旅游业;

重大节事: 宫殿节。

产品小镇的核心是服务运营

产品小镇的开发和产业小镇一样可分为建设期、引导期、运营期三个阶段。产品小镇又不同于产业小镇和通勤小镇,产业小镇是建平台,招商是核心;通勤小镇是建环境,设计是核心;产品小镇是建空间,服务是核心。

产品小镇产业运营的四要素

第一个要素是产业空间的更新。通俗的说法就是要"腾笼换鸟",把原来的建筑腾空,再引入新的产业功能。我在负责上海新场古镇开发时就遇到过类似的难题,当时一条老街1 500米,两条河道南北东西纵横交错,小镇老街区共5 000户居民,但10万平方米的老建筑密布整个街区。新场古镇拥有上千年的历史,它拥有成片的古建筑群,历史风貌完整,小镇格局错落有致,水乡景观也是上海少有的资源。古镇原有的功能主要是社区,和石库门的房子一样,小镇上的房子也有很多房客,加上产权复杂,开发难度很大。后来,我们采用收购或租赁的方式,以经营权替代所有权,统一租赁,统一招商。

产业空间更新需要与之相适应的基础设施建设。新场古镇的商业和景点空间利用以沿街、沿河为主,然而一旦古镇进入旅游或商业开发阶段,原来的生活污水都会成为河道的污染源。水本来是水乡古镇的灵魂,一旦没有了魂,小镇也就失去本来的特色了。小镇的基础设施包括七大管线的入地,古镇老街宽度一般都在3~5米,七大管线下地,就要在老街上深挖,上海的土是沙土,一旦深挖,两旁的建筑会有沉降。小镇的基础设施建设属于非标产品,很多项目报建都很难,我们协调了多个部门,最终确定了完整的方案,采用"共用沟"的方式,有条不紊地将老街的管线建设完成了。

根据国家历史文化名镇相关的保护条例规定,古镇保护区内不能有新建行为,所以在古镇保护区内,除了基础设施外,还得投入进行河道整治、周边建筑的风貌改造等。鉴于这么大的投入,如何产出是个大问题。地方财政的财力很有限,项目如果没有一个合理的机制,是很难支撑整个古镇的开发建设成本的。

上海的古镇与浙江的古镇不同，浙江古镇大都依靠门票收入，上海的古镇不同，它们都不收大门票，改收小门票。大门票是指古镇区域设置出入口，进入景区就要收的门票；小门票是指在景区内的景点门票。2004年8月1日，七宝古镇实业有限公司提出对古镇收取10元门票的措施，以便对古镇的各类设施进行有效维护，并防止游客对古镇造成过多破坏。然而，自10元收费措施开始实施起，不少古镇商户对因收取门票而造成的游客减少颇有微词。半年后，由于经受不住舆论压力，七宝古镇取消了门票制度。

第二个要素是市场营销。旅游古镇是一个产品，一个产品必须要有价格，不同的产品有不同的产业链，在旅游产业链中，旅游景点将门票售卖给旅行社，由旅行社统一组织旅游路线，并将游客带到旅游景点。没有了门票，旅行社没有赢利载体就没有了积极性，很难推广。乌镇在开发东栅时，刚开始政府投资了一亿多元用于老街管线的改造和沿街风貌的整治，完成后对外收取门票，一年多就收回了投资。

所以在古镇旅游开始之初，门票是必须要有的。有人会问，那很多景点免大门票，收小门票行不行呢？这里的区别是，古镇大门票能够把整个古镇的风貌作为产品，古镇风貌本身就是资源，古镇内的文化景点如果没有亮点，很多游客就不愿意购买小门票。这样的话，旅行社也很难将古镇的旅游产品整体推出去。

古镇为形，文化为魂，每个古镇都有历史沉淀。将文化转化成项目，将文化融入古镇，将古镇作为文化的载体，这样形神兼备的古镇更容易得到游客的认可，例如丽江古镇中，有一位宣科的老乐者收费表演丽江的古音乐，到了丽江的人都喜欢去欣赏他的音乐，即便有些客人听不懂，也会埋单凑个热闹。

第三个要素是业态布局和策略招商。对一些新开发的小镇来说，如果人气不足，当地老百姓看不到游客，就没人愿意主动去做旅游业态。游客到古镇来，连个像样的吃饭的地方也没有。

任何产业都需要有一个引导期，这也类似于"先有鸡还是先有蛋"的问题。在刚启动的古镇景区，当地人对旅游业态还没有概念，许多商店的老板也一样，毕竟对原有的居住型小镇来说，旅游产业还是一个新生事物。

古镇有居民，所以是社区，古镇要做旅游，就要转变成景区。古镇既是社区也是景区，两种不同的定位代表着不同的理念和生活方式。古镇对外开放，引来了各地的游客，居民的生活就会受到干扰，有些居民不理解，就会反对古镇旅游，但古镇不发展，古镇的基础设施、生活条件等都得不到改善。为统一认识，我在上海新场古镇工作时，一方面组织古镇上的居民到已经获得成功的古镇学习考察，通过现场考察的方式影响居民的观念，引导居民的行为；一方面进行规划，优先鼓励当地人经营地方特色小吃等业态。

在引导当地居民发展新业态的同时，需要对外招商，引入新的旅游业态经营者进驻古镇。此时，需要着重分析整个产业链的分工与合作。旅游的产业链包括景区策划与设计、景区建设、景区运营、景区销售。景区运营包括餐饮、购物、景点、交通、娱乐、住宿、景区管理、文化创意。景区销售包括网上销售渠道和旅行社组团等。古镇既是景区又是社区，所以，在打造旅游产业初期，也必须依靠产业引导。在整个古镇旅游的核心产业链中，景点建设，景区内的交通，景区运营与管理（招商、物业、旅游业态及线路的规划、古镇的保护、节事活动的策划、文化创意、基础建设等），景区销售等功能是需要统一运营与管理的，其他的业务与功能可以引入专业商户来运营，当时我们成立了专门的旅游公司作为引导主体，景区内核心的业态及功能由古镇旅游公司来负责，其他的就对外招商。

周庄、同里、乌镇等古镇在初期也有类似的引导期，这些古镇在引导期就旅游功能分别成立了几家子公司，包括旅行社、游船、住宿等，在古镇旅游开发初期起到了很重要的起步引导作用。

第四个要素是独特的系列主题活动。独特的系列主题活动可以塑造区域的活动品牌，打响区域的知名度并集聚人气。基本上，有知名度的地方都有自己独特的节庆活动，如乌镇的世界互联网大会，周庄的庙会、戏剧节，上海南汇的桃花节等。主题活动需要坚持，节日不一定要花费巨资，但要有文化创意，如法国蒙顿的柠檬节把柠檬做成艺术展品，西班牙的番茄节把番茄当作游戏用的道具，云南的泼水节把泼水作为狂欢活动的游戏。主题活动不在于花费金钱的多少，而在于创意和坚持。有创意的活动令人难忘，有坚持的活动人们才会继续期待。

案例分析：
台湾信义青梅之乡

信义乡位于我国台湾地区南投县的深山之中，是台湾少数民族布农族的聚居地。当地人口有 18 000 人，曾经是一个经济贫困的乡镇。由于地处海拔 475 米的玉山山麓，信义乡交通不便，经常受泥石流的侵袭。虽然经济发展受限，但信义乡处于高山山脉，丘陵起伏，昼夜温差大，十分适合梅树的生长，因此信义乡之前主要依靠农业产业的发展，逐渐成为台湾最大的青梅产区，提供了台湾 80% 的青梅，被称为台湾青梅之乡。

1952 年，为了对梅子进行集约化生产管理，整合农业资源，帮助农民创收，信义乡成立了信义乡农会，之后的几十年，信义乡农会进行青梅产销辅导、苦茶油生产利用、葡萄推广种植等，推动设施农业栽培，使信义乡的各项产业均在台湾农产品中占有一席之地。1989 年，在农业转型、精致农业等农业发展战略观念的指导下，信义乡开始将梅子产业延伸至加工业，设立食品加工厂，不仅销售青梅产品，还销售经由加工形成的系列工业化梅子产品。2003 年，信义乡农会继续延伸产业链，做起了梅子酒庄，将青梅产品进行深加工，生产了众多青梅酒，并且结合当地布农族的文化特色，设计了一系列酒类品牌。2007 年，信义乡农会整合了梅子生产、食品加工厂以及梅子酒庄等资源，成立了第一、第二和第三产业相融合的梅子梦工厂，致力于推动信义乡休闲农业的发展。

主题园区打造

梅子梦工厂是"农业＋文创"的典型代表，是台湾第一家"会说故事的农业园区"。园区围绕特产青梅，结合酿酒文化、青梅产品加工、产品创意等主题，打造了九大主题板块，分别是梅子醋工坊、幸福酒窖、山猪迷路游憩区、长老说话伴手礼馆、忘记回家梅子酒庄、梅子跳舞工坊、TALUGAN 休闲驿站、玉山纸箱动物园、半路店和花语小径。其中的山猪、长老、忘记回家等元素，均出自当地布农族的文化典故。园区还设计了一系列卡通人物形象作为景观小品，为主题板块以及梅子酒、梅子农产品代言，十分生动可爱。

特色产品打造

梅子梦工厂中有 2 650 平方米的加工厂以及 1 650 平方米的酒庄，包含酒品生产线、品酒室、DIY（自己动手做）教室、产品检验、陈列贩卖大厅、仓储酒窖等功能。目前已开发梅子系列产品 180 余种，酒类产品 48 种。梅子产品包含陈年梅、紫苏梅、脆梅、Q梅、梅精、梅子酒、梅子果汁等，每样产品都有一个充满生命力的名字，如"小米唱歌""梅子跳舞""忘记回家""长老说话""山猪迷路"等。同时梅子梦工厂为每个主题产品设计卡通形象，赋予其文化含义，让它们更具吸引力。梅子梦工厂与台湾 7 家经销商店铺合作，销售梅子系列产品，它同时也与厦门的经销商合作，将商品推广到大陆地区。

系列活动打造

为推动梅子梦工厂作为休闲农业的吸引力，提升市场竞争力，园区每年 12 月下旬到第二年 2 月会定期举办"踏雪寻梅"系列活动；每年 3 月下旬至 5 月，则举办南投县"梅子节"系列活动，举办制梅 DIY、梅姿容颜摄影展以及梅产品展销等活动，成功吸引了成千上万消费者的眼球，引来媒体的关注。园区节庆期间平均日客流量达到 7 000 人，每日营业额达到 13 万元人民币。

以梅子梦工厂为连接点，信义乡农会串联了周边休闲农业观光园以及自然风景区，强化了旅游的深入度及丰富度，带动了周边旅游产业整体的发展。梅子梦工厂利用品牌设计、故事讲述、艺术再造等文创艺术，形成了一个具有归属感、娱乐精神和审美风格的品牌，成为台湾地区的典范品牌。

案例总结

信义乡长期以来是青梅产区,从1998年开始转型,从原来的种植基地转型升级,布局了加工厂和酒庄等产业新空间。

梅子梦工厂的业态布局以"梅"为核心,通过文化创意、生产加工将梅子的产品商品化、系列化,生产出各类零食和酒类。

梅子梦工厂以"信义本土文化"作为文化符号,以"梅"为媒,举办系列活动,推广信义青梅之乡的品牌。

区位交通: 位于山区,交通不便,但地处高速公路旁,可达性强;

自然资源: 拥有玉山等自然资源;

人文资源: 围绕当地少数民族布农族的民族文化进行品牌建设;

产业资源: 台湾最大青梅产区,农业资源丰富。围绕青梅打造梅子生产、青梅加工、梅子酒庄、创意工坊等第一、第二和第三产业相融合的梅子梦工厂。

区域运营的空间布局逻辑

除了产业运营之外,区域运营是小镇运营的核心。区域运营不同于产业运营,它的价值在于空间功能价值的提升,其主要载体是土地和建筑空间。所以，区域运营要树立资产运营的观念。资产运营也就是要算好账，拿好"底牌"，安排好出牌优先顺序，实现价值最大化。

产业规划要看方向，看未来，不拘泥于现状，理性分析产业的发展态势，寻找产业发展的关键环节和核心空间载体，进而确定空间布局和发展策略。

确定产业规划后，首先就需要"摸清家底"，对区域内每个地块的人口数量、户口数量、建筑面积、拆迁成本进行估算，确定每个地块每亩地的拆迁成本。

其次，要对地块进行场地分析和占地评估，从功能逻辑、空间逻辑、运营逻辑、价值逻辑4个维度进行空间规划。场地分析和占地评估的目的是价值分析，你可以从拆迁的难易程度、拆迁的时限和拆迁的成本来评估现有土地的价值，并按照成本列出项目清单。

功能逻辑是指对每个地块的功能，要从为游客提供服务的角度来考虑空间布局，如旅游区域内，游客一般喜欢在离开景区时购买纪念品，因为没有人愿意到景区时拎了一大堆东西再去逛，所以纪念品购物店一般都安排在出口处。旅游接待服务中心一般都安排在景区入口处，因为游客到了景区，入口处最显眼，这样也能将售票功能和服务中心结合起来。景区停车场一般都安排在道路的右手处，因为如果车辆进入区域左转会影响直行车的交通。购物的商业业态一般都安排在沿街，让游客在闲逛时，可以边欣赏老街的风貌，边购物消磨时间。休闲业态如喝茶、吃饭等都安排在沿河，可以利用沿河的景观打造休闲的氛围，体验小镇独有的水乡味道，让游客感觉物有所值，感受"吃的不是菜，吃的是环境"。

空间逻辑是从空间尺度，即从视觉效果的角度来考虑空间的布局，如在古镇景区内，古镇本来都已被密密麻麻的建筑布满，要建设的地标建筑（比如雕塑）安排在任何地方都显得不起眼。从美感的角度，一定要安排在入口的最显眼处，可利用广场空间来衬托。

运营逻辑是从企业运营的角度考虑，区域空间有些地方有广告价值，在一些重要的地点，如广场、景区入口等可以安排一些广告空间，用于开发未来的广告经营阵地。有些景区位于远郊，客源市场主要依赖汽车出行，就需要足够大的停车场。有些景区比较大，就需要考虑一些配套服务，如汽车租赁、自行车租赁等。

价值逻辑就是依据开发建设的进度，考虑土地或资产的利用方向和优先次序。区域运营是土地价值提升的过程，小镇在开发初期，价值还比较低，资产价格也低，一旦知名度提高，人气提升后，土地价值就明显提高，如果开发商只做了运营，不储备土地，等于"为他人作嫁衣"。所以，在分析土地价值的时候，需要区分土地价值的空间，确定启动区、储备区和改善区。启动区是开发商的核心展示区，其主要功能是形象主导，目的是在短时间内形成示范效应，树立形象，带动周边区域。区域开发不同于项目开发，涉及面较广，资金投入大，而启动区又相当重要，所以要集中精力、财力、物力办大事，率先启动。储备区是未来的利润区，在启动区建设期间，要完成地块的储备，一旦启动区完成，对外招商、对外宣传，人气来了，后面的储备难度会增加，成本也会加倍上升。改善区是指那些无法在短时间内开发利用或无法开发利用的空间，对这些空间需要采用其他的方式去改善，可以采用"穿衣戴帽"的风貌整治方式，使小镇的整体空间风貌更为统一。

案例分析：
意大利波托菲诺小镇

波托菲诺小镇位于意大利西北部地区、利古利亚海岸东面，靠近著名的法鲁灯塔，是典型的地中海风格小镇，也是名闻遐迩的旅游胜地。在意大利语中，"波托菲诺"的本意是"边界小港口"。

20世纪20年代，许多欧洲贵族喜欢小镇的气候和环境，怀着寻找独特而原始宁静的心态来到波托菲诺。他们建造了美丽的村庄，定居于此，使波托菲诺闻名于世。之后，陆续有更多的名人来到这里，包括意大利和世界各地著名的艺术家、金融家和政治家。

波托菲诺是一座让人感觉非常惬意的小镇，这里的建筑大都是3~5层的坡屋顶小楼，与周围的山水相合，形成高低错落的轮廓感，每幢房子至少有一扇窗户朝向蔚蓝的海景。小楼外墙全部采用红、黄、褚等鲜艳的颜色装饰，倒映在碧绿的海水中显得格外美丽。临海的山脚或建筑群落间往往会有一排白色躺椅，地面用天然鹅卵石铺就，周遭树荫环绕，在绿水青山间，可以享受"面朝大海，春暖花开"的意境。

政府修建的公共服务设施也都充满个性，采用鲜明亮丽的色调表现人们对生活的热爱。

大海是最美的景观资源，小镇商人利用海景资源，沿着海岸线建成了商业活动带，当地人热衷于开设咖啡馆、面包店等，各类店铺都是精心设计的，餐桌就近摆放在海边，连餐桌也充满了艺术感和愉悦的色彩感。

小镇拥有丰富的生活空间，特别是公共空间，三四米宽的小街让人感觉亲切，蜿蜒的道路适合散步。公共广场围绕着塔楼半围合分布，同样采用鹅卵石铺地，精致优雅。各种丰富的空间是小镇具有悠闲生活氛围的源泉，居民在公共广场举办各种活动，置身其中，你能体验到或舒适或静谧或开阔的感受。

图19 波托菲诺小镇鸟瞰照

案例总结

波托菲诺最吸引人的莫过于它迷人的海景和慢生活，手工艺和旅游业是当地的主要产业，其特色主要体现在特色的"工匠"（人文精神）、特色的景色（地中海海景）、特色的生活方式（健康、慢生活）。

区位交通： 波托菲诺位于意大利的远郊，交通不便；

人文资源： 小镇强调工匠精神，集聚了各类能工巧匠。政府在网站上为每位工匠设立了个人主页，这些工匠为小镇提供了人文符号，同时，小镇也能利用工匠的手艺开发各类旅游纪念品；

自然资源： 位于地中海的小港口，海景迷人，山水相间，气候宜人；

人口形成： 最初是贵族寻求精神家园开辟的新居所，在此基础上，陆续吸引了艺术家、工匠等人群，大部分艺术家和工匠厌倦了百无聊赖的、日复一日的、苦于为生计奔波的生活。小镇后来还吸引了名人以及各地游客；

规划： 注重历史传承和文脉延续，采用半围合式的建筑群落，以小镇广场为中心，建立公共的、开放式的活动空间，建立人性化尺度的街道；

配套及公共服务： 各类市政配套及公共服务齐全；

风格： 小镇有一种平和、朴实、宁静、浪漫、高雅的生活情调。

产品小镇的主要功能

产品小镇的本质就是消费场所,但要吸引外来人口到小镇来消费,小镇不仅需要特色,还需要有其独特的功能。

拍照功能

随着自媒体时代的到来,人人都变成了记者,每个人都有手机,都会拍照。拍照功能是产品小镇必须具备的功能之一。

要让游客拍照,首先要有景,其次要有角度。拍照主要是为了体现美感,镜头与物的远近、框架内物的构图、背景的衬托、拍摄的角度都会影响照片的美感,这就需要小镇精心地构思与设计用于拍照的景、物、背景和平台。

小镇的景可以体现出一种美感,在小镇镇区,景包括街景、墙景、水景、屋景,这些景是小镇的风貌,可以借助文化符号来体现。

图20 这张照片摄于成都的宽窄巷子,墙上挂了一幅幅有关成都赛马的照片。本来这个巷子的墙是属于室外弄堂的墙,但通过像家里装修一样,把照片挂在墙壁上,它也成了一道美丽的景观

图21 这张照片拍的是成都宽窄巷子的另一个墙面。墙上用砖塑造了一匹马的形象，马身有一部分是立体的，看上去就像一匹马在墙里没出来。墙是没有生命的，但艺术家把砖雕与墙壁融合在一起，就让墙有了生命力，看上去就有新鲜感，这样游客便想和它一起照个相

图22 这张照片是新场古镇老街的俯瞰照，从上往下拍的照片展现了一种不同的风景，但这个角度需要专门为游客提供一个用来拍照的观景台

图 23 这张照片是成都宽窄巷子老街上的一个墙面，墙面凹陷部分雕刻了"宽窄"两个立体字，它既是展示墙，也是一个给游客拍照留念的地标

体验功能

体验是服务的更高等级，是满足人类欲望的直接方式，是一种刺激，更是一种记忆。人的欲望首先在于感官刺激，拍照功能满足了消费者的眼见欲（视觉享受），但体验功能是要满足目、耳、足、鼻、口、手相关的多元欲望，以留下深刻的印象和回忆。

体验功能的实现方式可以有多种。一种是场景化的活动，比如在小镇区域内草坪上举办婚庆活动,通过场景化的方式,让消费者通过眼睛和耳朵感受场的刺激。

另一种是参与式的体验。通过游戏参与及交流互动增强体验,例如在云南丽江古镇,有一种"打跳"游戏,由两排人在音乐声中将竹竿作为游戏工具,游戏参与者站在竹竿中间,两排人用竹竿夹参与者的双腿,参与者跳起来躲避,被夹到腿就算输了。这种游戏很简单,但也很有趣,游客一学就会,经由工作人员辅导就可以自己玩了。这种互动式的体验既传播了当地的民俗文化,也带给游客非常深刻的印象。

此外,实现参与式体验的地方有很多,包括可以让游客参与制作陶制品的陶艺坊,还有手工制作食物的体验店等。这些体验活动能给游客留下深刻的印象。

图24 云南的"打跳"游戏,既可以作为表演,也可以作为游戏

餐饮功能

消费者到任何一个地方，餐饮都是这个地方必须提供的功能，餐饮包括小吃、堂吃、宴席等业态方式。随着电子商务的发展，网上订餐也成为现代人消费食品的一种习惯方式，但它对餐饮业的冲击不大，其中很大一个原因是餐饮业讲究现做现吃。

餐饮功能是消费场所的核心功能，有些地方甚至把餐饮作为招牌。例如陕西袁家村利用当地的特色小吃，打出了"关中印象体验地"的招牌。

参观功能

消费者到产品小镇消费，参观景点也是十分必要的。景点建设有几种做法，一种是将历史建筑空间做成历史人文的展示馆。例如，有些小镇就将小镇镇区原有的历史宅院做成展示厅，将小镇的名人、历史、古迹等陈列出来，让游客了解地方的历史特色。一种是将大的庭院与宅院结合，恢复场景做展示。如周庄的退思园将大的宅院和庭院修复，既保护了历史古迹，又做成了参观的景点，可以说是两全其美。

一种做法是利用热门电影拍摄的场地作为参观现场。如新场古镇曾是《色戒》的拍摄地，我在建设过程中就保留了拍戏的场景，让它成为游客热门参观景点之一。后来有很多电影陆续到新场古镇谈拍摄合作，我就提出可以免费提供场地，但拍摄结束后，需要保留电影拍摄的场景作为参观景点。再后来甄子丹主演的电影《叶问》在那里拍摄时，就保留了一部分拍摄场景供游客参观。

另外还有一种做法是利用民间收藏品做展示。由于房价涨得厉害，市中心民间收藏家的收藏品也成了他们的心头大事，毕竟把每平方米几万元的住房用来当收藏品仓库实在太奢侈了，很多住在市中心的收藏家也想把家里的收藏品展示出来，我在新场古镇工作时，就找到上海市收藏协会，把几位收藏家的藏品放在一个老院子里做展示。这种展示藏品丰富，特别有味道，既解决了收藏家的难题，也丰富了小镇的景点内容。

休憩功能

小镇需要提供一些休憩的设施设备，例如，在大热天时，可以在某个角落提供一些遮阳棚和座椅供游客休憩，遮阳棚还能喷雾降温，这种休憩功能是相当贴心的。

如果是在古镇内，可以将沿河的小路改造成廊道，供客人在河边休憩观景。

图 25　小镇河道两边的廊道，既是景观，也是游客休憩处

住宿功能

常见的住宿业态包括酒店、民宿、客栈等。小镇一旦有了对外的商务活动或旅游服务,就一定要提供住宿服务。

刚开始时,开发商可以考虑在小镇的外围建立经济型酒店或星级酒店来引导住宿产业,10多年前,我去西塘古镇时,那里没有夜生活,到了晚上黑灯瞎火的,游客没有地方可以住下来。当时西塘镇政府下决心在政府附近建立一个招待所,它既能为游客提供住宿服务,也能为政府接待提供便利。想不到政府招待所一开张,生意蒸蒸日上,显然是满足了古镇住宿的市场需求。当地老百姓看在眼里,也开始跟着做起了客栈,在此基础上,西塘古镇开始开发夜生活业态,开辟了一条老街做酒吧,酒吧一开,小镇上夜生活变得丰富了,很快各类民宿也开始兴起。

除了以上这些功能外,产品小镇还要有购物功能、娱乐功能和内部交通功能等,在此不一一详述了。

案例分析:
法国蒙顿小镇

蒙顿小镇位于法国南部与意大利接壤的地方,小镇依山面海,属于地中海气候,四季如春。蒙顿距巴黎960公里,距尼斯30公里,距摩纳哥10公里。蒙顿冬季居住人口不足3万人,而夏季居住人口达8万人(不包括游客)。

蒙顿小镇拥有法兰西热带风情,是法国的水果之城、法国的城市花园、欧洲名人的第二个家，1996年它被评选为法国"鲜花最丰富的地方"。

小镇因盛产柠檬而得名。每年2月的柠檬节是该镇最重大的节日，人们用柠檬或橘子做成各种雕塑，展示游行，非常热闹。

19世纪，蒙顿已经有举行冬季嘉年华的风俗，蒙顿的嘉年华闻名遐迩，当年许多王公贵族都闻名而来，连远在英国的维多利亚女王都曾大驾光临。在1929年时，一位饭店经营者想出了一个点子，在花园里把蒙顿的柠檬与花结合起来做展览活动，这次活动非常成功，于是接下来的几年内，这个展览扩张到街上，并增加了"柠檬与花车"巡演及"可爱的当地少女"表演等项目。终于，在1934年这项活动被正式定为"柠檬节"。

柠檬是法国蒙顿的特色农产品。在柠檬节活动期间，这里的柠檬不仅是用来食用的，还能被用来做成艺术造型吸引游客。可以看到，柠檬成了各类雕塑制作的原材料，这些柠檬雕塑成了小镇的一道亮丽景观。

柠檬雕塑的主题包括白雪公主和七个小矮人的故事场景、古董火车头、法国的埃菲尔铁塔、大象等。反正只要是能想到的，都能被做成各类艺术品陈展。

艺术来源于生活，更来源于艺术家。农业与艺术文化的结合增添了小镇的魅力。那种大自然哺育的农产品俨然成为小镇的文化符号，在每个节日用全新的面貌彰显其独特的魅力。柠檬这种金色水果把蒙顿装点得金光闪闪。除了有柠檬节之外，蒙顿还是一个海边小镇，这里的沙滩也是一道迷人的风景线。夏天，到海边游泳的人很多，其中大部分是来度假的。

微风徐徐，树荫下到处可以看到有人随意地躺在海边的绿草坪上，享受着阳光的照耀,享受着微风的抚摸。那种时刻没有时钟的打扰,人们很自然地随时光流逝享受慢生活,这样的美景,想来每个人都喜欢。躺在草坪上穿着比基尼的美女,也成了一道道迷人的风景。

海边安置了休闲公共座椅,这很人性化,不仅充分考虑到游客有躺着享受阳光浴的需求,还考虑到游客走累了想坐一会儿、休闲歇息一会儿的需求。

除此之外,这个小镇的魅力还体现在绚丽多彩的空间格局、蓝天白云、金黄色的建筑、绿色的山、多彩的鲜花构成的一幅幅美景中。

案例总结

蒙顿利用特色种植的农产品柠檬,打造出特色节事活动柠檬节,利用地中海海景和沙滩,开发休闲度假旅游。

蒙顿的柠檬节充分实现了拍照功能,柠檬艺术品色彩艳丽,形态更为壮观。

蒙顿将农产品作为艺术品来用,既消化了农产品,又能将农产品转化成艺术品,打造多样的柠檬景观,为当地小镇增加了旅游亮点。

区位交通:位于尼斯市近郊,与意大利接壤,交通便利;

人文资源:小镇的柠檬具有悠久的历史,每年2月的柠檬节更是做成了文化节、艺术节;

自然资源:位于地中海边,海景迷人、山水相间、气候宜人,沙滩具有很强的吸引力;

人口形成： 农民、艺术家、度假人群；

规划： 沿海布局沙滩、教堂、博物馆等；

配套及公共服务： 各类市政配套及公共服务齐全；

风格： 强调慢生活，阳光、空气和沙滩是其吸引力所在。

老百姓如何选产品小镇

老百姓选择产品小镇有两种需求。一种是消费需求，也就是根据自己的喜好选择消费场所。不同于居住地，产品小镇带给老百姓的是消费的体验。到一个小镇去，有的是一次性的旅游，有的是重复性的消费，来回次数的不同频率体现了每个人不同的消费需求。另一种是投资需求，也就是选择具有投资价值的小镇投资置业或投资开店。

对于消费需求，首先，网络查询是老百姓选择旅游目的地的首选方式。消费信息存在信息不对称。现在移动网络发达，通过手机可以快速地获取信息，而且，随着新媒体的崛起，宣传渠道也发生了质的变化。老百姓要获取产品小镇的信息，首选就是电子商务平台，携程网、驴妈妈网等网站平台都能为老百姓提供多样的选择。现在的网站也开始注重体验内容的更新，携程开设了攻略和游记板块，特别是游记板块，已经成了老百姓出行的贴心参考。携程的游记板块开通了基本的模板，能够让用户很清楚地了解旅游行程安排、主要的消费，还有一些注意事项等。

旅游是一种体验，也是一种记忆。旅游行业有句行话："上车睡觉，下车尿尿。到了景点拍个照，回家啥都不知道。"我自己也有亲身体会，以前经常到各地去旅游，拍了很多照片，照片虽然都是数码的，可以存在电脑里，但这些照片也容易丢，即便日后找到了，有些事也记不得了，但有了游记就不一样了。第一，我完成旅游后，第一件事就是回家写游记，把照片和体验心得都发到游记上，相当于把这些照片都存在第三方的电脑里。第二，这些照片和文字一起能够清晰地记录旅游的体验，照片与文字结合在一起就形成了留在脑海中的印象。第三，写游记也是公益行为，能够给潜在客群提供帮助和指引。毕竟游记和小镇景点的官网宣传不同，它记录的是游客在景点的亲身体验，具备更高的可信度。

其次是交通的选择，选择产品小镇的交通方式，先要查询它所在的城市，小镇不一定有高铁或机场，但小镇属于某个城市。只要找到开通航线或高铁的城市，就必定能找到小镇，可以选择乘坐飞机或高铁，先抵达城市，再抵达小镇。从城市抵达小镇一般靠高速公路，如果是跟团的，那就不需要担心，但如果是自助的，就需要考虑包车或租车。产品小镇一般区位偏远，公共交通不方便，叫出租车也难叫得到，交通问题是需要充分考虑的。

再次是行程的组织。观光游是把小镇当作一个景点，收门票的地方通常都是短途游的一种，基本上一两个小时就看完了。所以在选择产品小镇的时候，需要考虑产品小镇的项目有哪些，项目决定停留目的地的时间，例如，在周庄古镇，人们就是逛逛老街，一条老街走走看看也就需要一个多小时，当然，周庄里边还有退思园等，但那也只是走走逛逛。其他时间干什么去呀？上午到周庄，中午吃个饭，下午就可以走了。夜生活是留住游客的一种主要方式，西塘古镇有个酒吧一条街，年轻人在选择前往西塘时，就会考虑下午到古镇，晚上去酒吧，住一晚上，第二天再离开。

关于投资需求，产品小镇不仅是消费场所，它对老百姓来说还具有很高的投资价值。一般来说，没有开发商进入的小镇要靠政府推动很难，特别是地方领导的思路一变，后面就很难发展了。现在国家推出的 PPP 模式为小镇的开发建设带来了活力和动力。在体制上，政府的角色从原来的行政干预转变为社会服务，在机制上，企业以营利为目的，市场化能力更强，更容易持续性推动小镇的发展。

　　小镇的发展核心是靠人气，所以，投资者选择投资产品小镇有几种方式。一是购买商铺，在小镇启动初期就购入沿街商铺，可以借助小镇的商业发展对外出租商铺。商铺租金是获利空间较为丰厚的一种回报方式。朱家角商铺刚开始时 20 几平方米每个月租金也就 500 元左右，相当于每平方米每天 0.8 元，后来商业成熟了，每平方米租金就达到每天 6 元。显然，商铺的租金回报是较丰厚的。二是做商业业态经营，可以寻找发展较为成熟的小镇老街做小吃、文创工作室等业态，关键是要找到人气最旺的地段。一般来说，小镇人气最旺的地段都会有公共空间、观景点或其他重要节点，如在古镇核心区域的古桥边，在小广场旁边或小镇的河边。这些节点都能集聚人气。三是购买住房，小镇上的房屋最有价值的莫过于老宅院，最好是带有小花园的，这样的老宅院以后可以开发成民宿，也可以自住，在小镇人气上来之前极具投资价值。

　　当年我在开发新场古镇时，有一件事让我印象特别深。2007 年，有一位老人要转售老街的公房，卖得很便宜，20 多平方米 2 万多元，公房没有所有权，所以就相当于转卖公房的租赁权，当时我一个朋友知道消息后没有买，想不到过了几年，这房子的价格就涨了十几倍，朋友后悔不已，所以投资需要眼光。

在目前郊区城镇化的发展背景下，要找准节奏，敢于出手，特别是要找到都市近郊有开发商进入的小镇进行投资。

本章小结

产品小镇是享乐的产物，是消费场所，需要注重产品小镇的服务运营和区域运营，打造个性品牌，从享乐的角度满足消费者的欲望，提供丰富的享受功能。

纵观国外特色小镇的成功案例，有许多共性值得归纳总结：一是小镇的空间尺度，小镇几乎没有高层建筑，除了原有的教堂、古建筑外，小镇里的建筑高度与树木相差无几，不会显得突兀。二是风貌景观，小镇的主要格调包括景观风貌和建筑风貌。景观风貌体现在山（海拔 300 米左右）、水（海、湖、河）组合和树木草坪的组合。建筑风貌主要体现在建筑外立面的色彩上，大部分是红、黄等暖色调，建筑色彩与绿色相协调。三是小镇的生活配套功能大部分都较为完善，包括学校、医院等公共社区服务功能。四是小镇的城镇意象，国外这些特色小镇无一例外地都有自己独有的标志物，美国麻省理工学院的教授凯文·林奇（Kevin Lynch）把城市的空间意象归结为 5 个要素，即道路、边界、区域、节点和标志物。标志物既是精神堡垒，又是辨别方向的地理符号。五是环境及氛围，每个特色小镇都很注重环境和氛围的营造，特别是利用自然风光塑造休闲、高雅、舒适的美丽环境，同时，利用每个地方的特色文化打造具有地方特色的节事活动，形成快乐的生活氛围。

第六章 田园综合体

饮酒·其五

陶渊明

结庐在人境，而无车马喧。
问君何能尔？心远地自偏。
采菊东篱下，悠然见南山。
山气日夕佳，飞鸟相与还。
此中有真意，欲辨已忘言。

新型城镇化与田园综合体

我花了 4 年多时间研读西方欧美国家的城市化理论，查阅了数千篇国内外有关城市化理论的文献。美国城市化进程走过了 200 多年，人家也曾经历过与我国同样的问题。开始是依赖汽车出行，但"摊大饼"造成城市问题严重，特别是"摊大饼"建设占有了大量农田，美国从 20 世纪 90 年代初开始推行精明增长，城市必须限定边界，保护农田和自然景观。各个城市开始推行相关政策，城市与农村变得边界分明。城市推动高密度用地、混合用地、绿色出行；农村推动规模化生产，改善社会服务体系，推动农机合作社、专家一体化服务等，让更多人走向城市。机械化极大提高了生产力和科技发展水平，通过单品种规模化生产，我们改善了深加工水平，多余的产量还能出口输出。

城镇化的目标是实现城乡一体化。实现城乡发展一体化，目标是逐步实现城乡居民基本权益平等化、城乡公共服务均等化、城乡居民收入均衡化、城乡要素配置合理化以及城乡产业发展融合化。

目前城乡居民收入差异较大，但基尼系数在逐年递减。我国已经是世界第二大经济体，鉴于城乡差异，要推进新型城镇化。新型城镇化以人为本，旨在解决农民的需求。我国的城镇化是让农民享受到逐步完善的福利制度，享受区域开发的红利。特色小镇是一个很好的载体，它通过区域经济发展提高地方农民的收入。特色小镇最大的要求就是产业化，通过产业带动就业。对农民来说，最大的要求不是进城，而是就近城镇化，解决社保问题和就业问题。

田园综合体也是拉动农村消费、提升农村产业升级、带动农村发展、提升农民收入的重要载体。国外没有田园综合体之说，我国的田园综合体是在城市化率达到 57.35% 之后，由国家有关部门主导的。田园综合体的核心是让农民参与，但田园综合体不是城市综合体，它和城市综合体的区别表现在五大方面。

一是两者的空间载体不同。田园综合体以农田的室外空间为载体，城市综合体以室内空间为载体。

二是两者的区位不同。田园综合体位于农村，城市综合体位于城区。

三是两者的用地性质不同。田园在农村，农村是集体用地；城市是国有建设用地。

四是城市综合体已发展成熟，田园综合体刚起步，还在探索其模式的过程中。

五是田园综合体要考虑农民增收的问题，城市综合体不需要考虑农民问题。

两者也有相同之处，例如，消费者都来自城市、功能要求多元化。所以，不能简单地把城镇化理解成农民进城或者是把农村建成城镇。我们的目的是要实现农业强、农村美、农民富。

案例分析：
陕西袁家村

袁家村位于陕西礼泉县，距离西安约一小时车程，号称"关中第一村"，背靠九嵕山，毗邻昭陵博物馆。袁家村始建于北宋。"先有宝宁寺，后有袁家村。"宝宁寺乃皇家寺院，唐天宝年间为守护昭陵供奉香火而建。袁家村依托宝宁寺形成了村落，现有60多户人家，200多人，总面积0.5平方公里，耕地面积620亩。

近年来袁家村成为旅游新"网红"，主打关中民俗和美食文化。每逢节假日及周末，袁家村游客摩肩接踵，万人停车场车水马龙，场面十分壮观，仅2017年春节假期袁家村就接待游客136.5万人次。随着民俗游的火爆发展，袁家村吸纳了周边区域约3 000人在此安家置业，带动了周边10个村和旅游沿线1万多农民致富。一时间，袁家村成为关中大地上被争相模仿的对象，据不完全统计，近两年陆续复制袁家村做法的地方在陕西就有70多个。

袁家村的特色是各类民俗和小吃。除了最大的"关中印象体验园"外，街上还有药坊"同顺堂"、醪糟坊"稻香村"、豆腐坊"卢氏豆腐"、茶坊"童济功"、磨坊、酒坊、剪纸坊等。各类作坊间夹杂着各种小吃店，锅盔、煎饼、油饼、菜卷、麦饭、面条、醪糟等关中地方风味小吃应有尽有。

民俗体验是最独特、最吸引游客的节目。在布坊里，游客可以亲自动手，尝试一下纺线、织布的乐趣。在辣子坊，如果你愿意，可以自己烧一勺热油，亲手做一碗油泼辣子，夹一个很袖珍的饼，一口吃掉，免费品尝。榨油师傅用古老传统的压榨方式，将清亮的菜籽油从油坨中挤出；陈醋从盛着醋糟的缸底沥沥流出；刚刚制成的老豆腐热腾腾的。走在仿古街上，每一个店铺都会带来不同的感动和惊喜。

体验项目还有很多。比方说街上的酒吧，只要进了门，一小盅"十里香"或者"女儿红"美酒就端到了你面前，免费品尝，想喝多少都可以，直喝得人不好意思，而店主和服务员总是笑眯眯的、细声细气的，没有半点吝啬心疼的表情。往往这时，游客口袋里的钱却急不可耐地往外"蹦"。

案例总结

袁家村是田园综合体的一个典型案例。袁家村利用农村载体，将民间文化与地方小吃结合，以此进行利用和开发，通过体验坊等形式展现地方特色。由于邻近唐太宗昭陵，与知名景区形成功能互补。袁家村出名后，各地前来学习的人有很多，但没有一个能真正成功的。袁家村的竞争优势不仅在于外在的"硬件"，更重要的是内在的"软件"，优势的核心是袁家村对小吃的运营管理。首先，原料供应是统一的，保证了食材的安全；其次，每家店主都承诺建立诚信体系；再次，不允许业态重复，对于生意差的店，在总收入中给予补贴；最后，建立民间裁决的机制，不公允的事情由地方老长辈裁决。

区位交通：位于知名景区的旁边，作为配套功能，有效引入客流，交通不是很便利；

产业基础：餐饮功能和民俗体验结合；

特色：小吃丰富，体验项目丰富，吃得安全。

乡村振兴与田园综合体

目前，我国很多农村还处于小农经济阶段，小农经济的特征是散、乱、弱。"散"是农村用地不集中造成的。我国农业耕地 18 亿亩，人均耕地 1.4 亩，远低于发达国家水平。[22] 用地不集中更导致了农村居住分散、耕地分散。居住分散使得公共资源、基础设施投入成本大量增加，农民无法享受到与城市居民相同的生活设施，耕地分散就无法规模化，生产力得不到提高。"乱"是由于农民数量众多，农民在选择种植品种的时候没有判断，一方面品种过多，无法标准化、机械化，另一方面容易盲从，市场供求关系不稳定，经常发生今年蔬菜价格上去了，大家跟着种，明年蔬菜供应量上去了，价格回落，很多蔬菜烂在地里卖不出去这样的事。"弱"是指农村存在空心化趋势，很多年轻人离开农村到城市打工，留下了老人、妇女和孩子。于是，没人种地成了时下社会农业生产的主要矛盾，20 世纪 70 年代出生的不愿种地，80 年代出生的不会种地，90 年代出生的不提种地。

我国的流动人口已达到 2.4 亿，农村人口向大城市集中，都是抱着"淘金"的梦想。农村人都有一种风险意识，要防"三年风四年雨"，指的是怕遇到天灾没有收成，所以习惯了储蓄，越靠近农村的地方，个人储蓄意识越强。

要让农民变居民，还是需要就近城镇化。核心是集中居住，提供城镇化的基础设施和公共服务资源，解决社保问题。这些工作的前提是需要分区域、因地制宜。在东部地区，推动城镇化没有大问题，因为东部有大城市或城市群带动。有难度的是西部地区，西部交通不便，也缺少大城市，胡焕庸线为东西部人口密度画了一条界线，西部地区投资商不愿意去，当地政府又缺少资金，怎么办？

人口密度越低，房价和土地价值越低，这是普遍规律。贫困地区的土地相对来说并不值钱，地方政府也没钱，投资商又不愿投资，这就需要国家出面协调区域联动发展，联动发展不同于对口扶贫，它是通过计划和市场相结合的方式推动区域发展，实现贫困地区的自我发展、自我平衡。

新时代的农业产业发展离不开高科技，农业科技包括农业互联网、农业环保、农业精深加工，甚至农业的生物质能源领域。

我曾经去澳大利亚莫里市考察学习，莫里市一个9 000公顷的农场，工人只有10个，大部分生产劳动是依靠机械完成的。我们国家有很多地方也已经实现了机械化，但精密程度还不够。

在农业产业链环节中，农业科技不仅涉及种植环节，还涉及农业产业互联网。仅农资产业就有近2万亿元的市场规模，农产品流通有近5万亿元的市场规模，再加上农村金融，农业互联网的规模将达到10万亿元。[23]

欧美国家注重发展生物质能源。德国于2011年开始推动生物质能源建设，建了8 000多个沼气厂，为大部分农田种上了玉米等能源作物，在偏远农村建立了能源自给中心，使农民能够享受到和城市居民一样便利的生活。[24] 我国在生物质能源领域则刚刚起步。

我国很多城市已经进入后工业化时代，大量的土地遭受污染，需要修复，农业土壤的修复产业也将有1.4万亿元的市场规模。

十九大报告提出了乡村振兴战略，以"产业兴旺、生态宜居、乡风文明、治理有效、生活富裕"为总要求。乡村振兴战略也是从区域经济的角度出发，将农业和乡村结合起来，系统地提出了新时代中国特色社会主义的乡村振兴道路。

农业是靠天吃饭的产业，受地理环境影响巨大。城乡一体化的核心在于乡村所在的区域位置以及城市与乡村的整合能力，通过产业带动就业、宜居留住居民、文明促动乡情、治理形成自治、富裕提升幸福。

新型职业农民要"爱农业、懂技术、善经营"。要想让年轻人回农村种地、爱上农业，首先要让他们能赚钱。各个地方招商引资都说要养商、富商、引商，也就是让来投资的企业发展起来，赚了钱，再吸引其他投资商过来。农业也少不了这个过程，这就需要改变农民原来的面貌，培育新型农民，让各地方政府树立致富新农民的典型。其次，要建立地方农业社会服务体系。地方政府可以建立"农机合作社"，为新农民提供机械服务，同时建立专家咨询体系，为新农民提供指导，让农业发展不是件难事。地方政府对农民的补贴也要改为投资，要长期投资那些爱农业、懂技术、善经营的"高知农民"，和他们绑定在一起，帮助他们赚钱。

田园综合体是在新型城镇化的背景下出现的，其核心是让农民充分参与乡村建设，乡村振兴战略的提出更是把田园综合体推向了新的高潮。田园综合体已经被纳入财政部鼓励的PPP支持范围，它也将成为乡村振兴战略的重要空间载体。

案例分析：
日本轻井泽

日本的轻井泽被称为"东京的后花园"，距东京 130 公里，1997 年开通新干线后，它到东京的时间缩短为 1 小时 10 分钟。人们在东京居住、工作，在轻井泽休闲、放松。轻井泽占地面积 165 平方公里。常住人口 8 000 户、19 005 人，其中外国人 367 人（中国人最多，有 81 人）。居民的就业结构中，从事第三产业的占 83%，从事第二产业的占 14%，从事第一产业的占 3%。全年游客总数为 843 万人。

田园综合体要打造成旅游目的地，形成对城里人特有的"吸引力"。区位是旅游目的地的基础因素，距离大城市近、交通便利能为目的地带来更多的流量。历史上，在日本江户时期，轻井泽是京都到东京必经之路中山道上的驿站之一，后被加拿大传教士肖恩发现，作为避暑胜地吸引了更多外国人。轻井泽真正的蓬勃发展源于 1912 年开通铁路，自此到达轻井泽的外国人数量呈爆发式增长。它围绕度假区兴建起了大批西式建筑和配套设施，比如教堂、高尔夫球场、网球场等，但那时季节性的避暑产品仅面对度假人群三个月左右，这令商业街区的商户和酒店经营者感到担忧。

于是，当地政府提出开发冬季旅游项目，酒店投资者大力响应。继晴山酒店完成第一家人工降雪滑雪场后，多个滑雪场陆续建成。1963 年，轻井泽争取到了第 16 次国民体育大会冬季滑冰比赛的举办权，当年滑雪游客接待量超过 50 万人次。后来轻井泽又陆续承办了世界短距离速滑选手锦标赛、长野奥林匹克运动会冬季比赛大会等。依靠政府引导、企业投资运营，依托度假村建设人工滑雪场、高尔夫球场、马术俱乐部等系列体育设施，通过国际和全国体育赛事的举办，轻井泽构建起一条完整的度假产业链，从而转型为全年性的度假胜地。

轻井泽划分了各类区域，以独特的主题吸引不同层次的游客。比如文化艺术体验区、休闲运动区、温泉休闲区、农业风情区、盐泽湖亲子体验区等。

文化艺术体验区包括历史风貌区和新艺术体验区，历史风貌区展示轻井泽的历史建筑和历史风貌，体验历史风情，漫步三笠大道和银座街宛若置身于中世纪欧洲；新艺术体验区兴建了大贺音乐厅、千住博美术馆等空间，各类美术馆林立，每个月固定举办活动，吸引了大量东京文化艺术爱好者。

休闲运动区集聚了高尔夫球、网球、骑马、滑雪等运动项目。王子集团在此打造了酒店群落，与当地最大的奥特莱斯和滑雪区相连。游客可以一站式享受购物、滑雪、温泉、SPA（水疗）以及住宿，这里也非常适合亲子出游。

温泉休闲区由星野集团围绕温泉开设了举世闻名的虹夕诺雅高端酒店，吸引国内外高端度假客人。

农业风情区则打造农业市集，吸引崇尚"有机健康"生活方式的游客到来。

盐泽湖亲子体验区提供各类亲子体验，吸引了众多亲子家庭、文艺青年和对日本文化感兴趣的游客。该区域交通较其他分区更为不便，主要作为"自然＋艺术"主题的补充。

轻井泽的发展得益于日本政府推动的乡村振兴经济的开发模式，

由国家规划大型盛会及相关的公共设施，配套硬件和软件，并刺激民间投资与消费，重视公共的实体空间，比如商业街、酒吧、博物馆等，为人们提供交流的空间。虽然一些区域有开发集团，但它们也会秉承开放的思路吸引度假村流量和打响品牌知名度。除酒店为封闭区域外，其余公共设施向所有游客开放。知名的石之教堂、高原教堂、星野温泉（蜻蜓之汤）、榆树街小镇、村民食堂、野鸟森林和冬季限定的滑雪场等都散落在各个分区，开放给公众游览。

案例总结

轻井泽作为日本政府推动的田园综合体，以打造旅游度假目的地为目标，围绕城里人的各类需求，划分不同区域，由政府主导、民间投资，将"有机"的田园作为"健康"的农业本底，逐步发展成"东京的后花园"。

区位： 东京近郊；

交通： 新干线、高速公路等；

资源： 温泉、山脉。

休闲农业与田园综合体

田园综合体实质上也是休闲农业的一种产品形式。目前，我国休闲农业产业规模迅速扩大，发展内涵不断丰富，类型模式异彩纷呈，已成为经济社会发展的新业态、新亮点。

田园综合体的本质是休闲农业

2016年我国休闲农业营业收入超过了5 700亿元，比2015年增加1 300亿元，同比增长30%，全年接待游客近21亿人次。国庆黄金周期间，全国休闲农业游客接待量为1.29亿人次，占同期旅游人次的69%，休闲农业越来越成为市民假日出行旅游的首选。

休闲农业成为旅游投资的新亮点和新热点，政府积极采取PPP模式、众筹模式、"互联网+"模式、发行私募债券等方式，加大对休闲农业的金融支持；东部地区投资持续发力，西部地区投资快速升温，民营投资主体地位更加稳固。农耕文化是休闲农业的灵魂。休闲农业发展较好的地方，普遍都重视对传统农耕文化的挖掘保护和开发利用。各地立足当地和民族的农耕文化、民俗风情、历史村落、特色民居，使休闲农业的文化更加浓厚、呈现出的色彩更加绚丽、韵味更加充足。休闲农业在优化自然景观、聚焦经典线路的同时，与其他产业的融合更加深入，不断叠加和释放新功能、新体验，地域传统文化、科普教育、养生养老、信息技术、节庆活动、乡村社区等，成为产业延展增值的新领域，形成了独具特色、内容丰富的产业融合体，创意创新更加丰富。创意创新成为休闲农业快速发展的持续动力。各地围绕产品创意、包装创意、活动创意、景观创意、营销创意等，开发出一批充满创造力、想象力和感染力的创意创新成果，增强了休闲农业的吸引力，延长了休闲农业的产业链，增加了休闲农业产品的附加值，提升了休闲农业的发展动力。

田园综合体是休闲农业"老三样"的升级版。休闲农业的"老三样"以"吃农家饭、住农家院、摘农家果"为招牌吸引城市游客。田园综合体则以乡村的综合功能吸引城市游客消费，打造城里人到乡村休闲度假的后花园。在发展主体上，从农民自发发展，向农民合作组织以及社会资本和工商企业热情参与并积极涌入转变；在空间布局上，从零星分布、分散经营向集群分布、集约经营转变；在服务设施上，从传统、简陋、功能单一向设施化、信息化、智能化转变；在发展定位上，从休闲观光单一功能向休闲度假、教育体验、养老养生、餐饮住宿、文化传承等多产业一体化经营转变，注重功能衔接和特色互补，突出服务功能，强化休闲体验；在融资形式上，从以自有资金或直接借贷为主，向对接、登陆资本市场转变。

休闲农业的"七二一规律"

休闲农业行业内有个"七二一规律"：十个休闲农业项目，七个失败，两个惨淡，一个成功。其中很大一部分原因在于很多项目上马时缺乏商业模式的设计。农村的用地包括基本农田、一般农田、宅基地和农村集体建设用地（见图27）。基本农田按照法律规定只能种植粮食、蔬菜或作为中试基地[①]；一般农田允许种粮食作物、经济作物、饲草作物，允许建设施农业；宅基地和农村集体建设用地目前还未能直接入市。回归土地的本质，农田种养靠的是农产品，我国加入世界贸易组织后早已进入国际化的农产品竞争，西方发达国家的低成本农产品早已让低质量的农产品无法抬头。我国的农民人口比例占总人口的43%左右，6亿多农民都靠天靠地吃饭，看到什么价格高就种什么，跟风严重，

---

① 中试基地指用来进行中间性试验的专业基地。——编者注

周期性明显，所以种地理论上赚钱，实际很难赚钱。城镇化给农村土地带来了空间经济的机会。城市拥挤、空气差，再加上食品安全等问题，使城市居民向往农村生活。从土地产出的角度看，这时候土地产出的不是农产品，而是整体的景观、场景、氛围和生活，是无形的服务，其核心是"客流"，赚的是餐饮、住宿、娱乐、门票等综合收入。

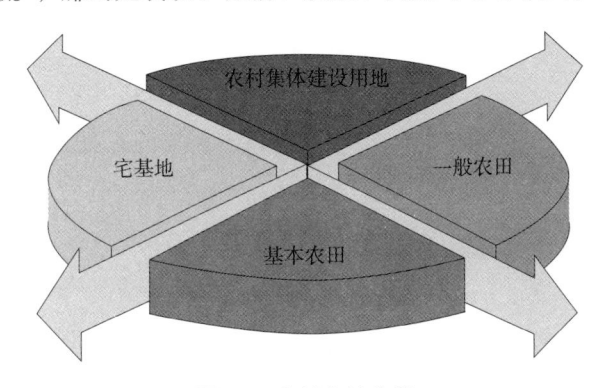

图27 农村土地分类

如此，就得注意农旅结合，游客是休闲农业的主要客群。有农有旅似乎全面，但还不够，毕竟我们的城镇化有个历程，很多城区也都有农田，农村地区在我国太多了。自然风光的山水还看不完，为什么要来农业区域？也就是说，拼完了姓"农"的项目后拼什么？我们可以想象一下迪士尼。迪士尼没到浦东以前，谁能想象川沙这个地方会有那么多游客去玩？人们现在去了那里也不记得川沙这个地名，只记得上海迪士尼，是迪士尼文化赋予了区域独有的魅力。

山水景观为何吸引人，因为山水有其独特的自然属性，具备唯一性、稀缺性、不可替代性，也可以称之为资源。好的 IP 可以成为区别于其他休闲农业区的符号，深入游客的记忆。

有很多人以为，酒香不怕巷子深，所以不会考虑营销问题，而且以为散客就够了,不需要组团客源。任何一项投资都是有成本的,尤其是资金成本。投资回报期很重要,人气是解决收入的主要因素。显然,营销也同样重要。在休闲农业区建成时,一定要与专业的旅游销售企业开展广泛的营销活动。

田园综合体是乡村旅游的升级产品

2017年的中央一号文件提出:"支持有条件的乡村建设以农民合作社为主要载体、让农民充分参与和受益,集循环农业、创意农业、农事体验于一体的田园综合体,通过农业综合开发、农村综合改革转移支付等渠道开展试点示范。"

根据以上文件解读,田园综合体主要体现在"空间、组织、功能"三个方面。首先,田园综合体是建立在乡村建设的基础上,也就是以乡村为空间载体的;其次,其组织形式是以农民合作社为载体,农民充分参与和受益;再次是功能,体现出综合性,集循环农业、创意农业、农事体验于一体。由此,从文件字面理解,田园综合体的本质还是乡村旅游。

田园综合体和城市综合体的概念相似,城市综合体强调的是城市生活的多功能,其受众是城市居民,田园综合体强调的是乡村旅游的多功能,其受众也是城市居民。

生活的多功能包括购物、商务、休闲、教育、娱乐、社交、餐饮等综合功能,这些综合功能形成室内的活动空间,谓之城市综合体。乡村旅游的多功能又是什么呢?传统的旅游功能包括食、购、游、行、住、娱,对于乡村旅游,还可以加上城市居民需要的乡村观景、农村休闲、农事体验、亲子教育、民俗文化、创意农业、健康养生、社交、度假等功能，其空间形态应当是室内和室外的结合，即基于农村宅院聚落的室内空间和室外乡村空间相结合的综合体。

城市综合体在城市区域，一般位于居民区生活圈内10公里左右，而田园综合体在乡村，距离城区较远，有的在近郊30公里左右，有的在偏远地区100公里以外。空间距离是降低城里人日常出行消费频率的要素之一。田园综合体的吸引力在于乡村资源，资源是相对的，乡村对城市而言并不稀缺，我们的城市是通过农业用地转性而建成的。大家对农村并不陌生，但城市居民所向往的往往是城市生活所不能满足的自然空间。

这些自然空间的属性虽然是农村的，但对城里人来说，他们需要的不是农村生活的脏、乱、差，而是农村生活的美、净、洁。为此，田园综合体作为一种城里人旅游消费的场所，就需要从城里人的角度出发，做好农村的景观，成为城里人向往的景区和农村生活的度假区。

我国台湾地区在2010年8月出台了一部专法《农村再生条例》，其中规定10年设置1 500亿新台币（相当于313亿元人民币）的农村再生基金，全部投入农村，用于有秩序有计划地照顾农村的村民。台湾推行的《农村再生条例》是成功的，其核心在于两个要素，即资金和人才。

我们的农村需要资金，更需要人才。2017年6月农业部、财政部共同颁布的《关于深入推进农业领域政府和社会资本合作的实施意见》，将田园综合体列为PPP项目的重点项目试点之一，其后又发出《关于开展田园综合体建设试点工作的通知》《开展农村综合性改革试点试验实施方案》《促进乡村旅游发展提质升级行动方案（2017年）》等文件。

我国的城镇化率已达 57.35%，"房子是用来住的，不是用来炒的"，各路房地产资本在城市的用武之地会越来越少，相反乡村是一个空白领域。随着农村土地确权的推动及土地管理法修改完成，资本进入农村也是水到渠成的事。

案例分析：
田园东方

田园东方项目位于"中国水蜜桃之乡"无锡市惠山区阳山镇，它由东方园林产业集团投资 50 亿元建成，是国内首个田园综合体项目。项目规划总面积为 6 246 亩，于 2013 年 4 月初启动建设。田园东方以"美丽乡村"的大环境营造为背景，以"田园生活"为核心目标，田园东方与阳山镇的发展融为一体，将生态与环保的理念贯穿其中。

田园东方分为三个板块，即农业板块、文旅板块和社区板块，主要规划有乡村旅游主力项目集群、田园主题乐园、健康养生建筑群、农业产业项目集群、田园社区项目集群等。农业板块以桃林为本底，打造桃文化，田园东方的农业板块共规划四园（水蜜桃生产示范园、果品设施栽培示范园、有机农场示范园、蔬果水产种养示范园），三区（休闲农业观光示范区、果品加工物流园区、苗木育苗区），一中心（综合管理服务中心）。

文旅板块由台湾清境集团的原创团队担纲，着手重新梳理阳山的自然生态和拾房村的历史记忆，还原一个重温乡野、回归童年的田园人居，将生活与休闲品味相互融合，打造活化乡村、感知田园城乡生活第一品牌，占地约 300 亩。

图 26　田园东方的拾房村一景

社区板块是别墅区，也是田园东方项目赢利的主要来源，通过售卖别墅赚取利润。由于田园东方位于无锡，距上海较近，亦靠近景区，很多上海人喜欢购买田园东方的别墅当作投资，购买后委托出租做民宿。

案例总结

田园东方是国内开始建设得较早的田园综合体，其核心是"农业+社区"，由于其地处无锡近郊，又邻近 5A 级景区，有一定的区位优势，田园东方项目的核心赢利点是别墅销售。

区位： 太湖边，无锡近郊；

资源： 阳山镇的千亩桃园。

田园综合体的空间构成

田园综合体位于农村，农村土地按所有权性质可分为集体土地和国有土地；按土地利用类型则可分为耕地、园地、林地、牧草地、水域、居民点用地、道路用地、未利用地等。

一般来说，平原地区的农村土地可分为集体建设用地、宅基地和耕地三类。集体建设用地分为集体经营性建设用地和集体非经营性建设用地。集体经营性建设用地是指村级集体用于建设厂房发展工业的土地。集体非经营性建设用地指的是村集体拥有的学校、仓库场、诊所等公共服务用地。宅基地是指农民用于建立民宅居住的土地，有些地方农民除了有宅基地外，还有口粮地和自留地，宅基地也属于集体建设用地，但宅基地地上房屋及构筑物属于个人。耕地还包括基本农田和一般农田。基本农田和一般农田都属于村集体所有，村社员只有承包权。《中华人民共和国宪法》第十条规定："农村和城市郊区的土地，除由法律规定属于国家所有的以外，属于集体所有；宅基地和自留地、自留山，也属于集体所有。"《民法通则》第七十四条则规定得更具体："集体所有的土地依照法律属于村农民集体所有，由村农业生产合作社等农业集体经济组织或者村民委员会经营管理。"

基本农田是有保护条例的，《基本农田保护条例》是经国务院1998年12月24日第12次常务会议通过，1999年1月1日起施行的。条例规定有四类耕地应当划入基本农田保护区实行严格管理，包括：经国务院有关主管部门或者县级以上地方人民政府批准确定的粮、棉、油生产基地内的耕地；有良好的水利与水土保持设施的耕地，正在实施改造计划以及可以改造的中低产田；蔬菜生产基地；农业科研、教学试验田。

同时，该条例规定基本农田有"五不准"，包括：不准非农建设占用基本农田（法律规定的除外）；不准以退耕还林为名违反土地利用总体规划，减少基本农田面积；不准占用基本农田进行植树造林，发展林果业；不准在基本农田内挖塘养鱼和进行畜禽养殖，以及其他严重破坏耕作层的生产经营活动；不准占用基本农田进行绿色通道和绿化隔离带建设（见图28）。

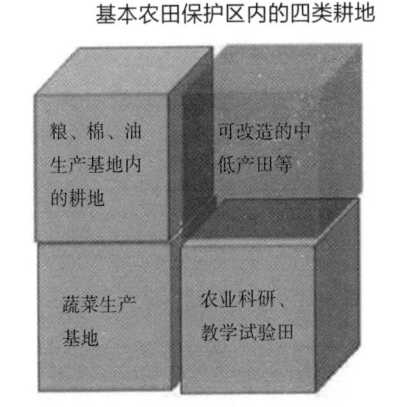

图28 基本农田保护区内的四类耕地及"五不准"

基本农田是指根据一定时期人口和社会经济发展对农产品的需求以及对建设用地的预测，根据土地利用总体规划而确定的长期不得占用的耕地。应该说，基本农田是为了满足一定时期人口和社会经济发展对农产品的需求而必须确保的耕地最低需求量。基本农田是受法律保护的，其用途有明显的限制。基本农田就是种植区域，是无法改变的。未经国务院批准，基本农田不得改变其使用性质。

一般农田是指包括规划确定为农业使用的耕地后备资源、坡度大于25度但未列入生态退耕范围的耕地、泄洪区内的耕地和其他劣质耕地。一般农田经过审批程序后，可用于征地建设范围。

显然，这四类用地是目前我国田园综合体可以使用的四个阵地。基本农田受到限制，其用途最窄，一般农田相对用途更广，但它也只是室外空间，相对来说，用途也有一定的限制，宅基地是已有的建筑空间，但存量少，如果游客人数多了，就需要再利用集体建设用地来弥补。

案例分析：
日本田舍馆村的稻田画

青森县田舍馆村早在1993年就成立了稻田画研究所。该村位于日本的偏远地区，交通极为不方便。为了更方便游客欣赏到青森县田舍馆村气派的稻田画，日本建立了弘南铁道弘南线的"稻田画车站"直通田舍馆村。

所谓的稻田画，是用常见的"现代稻米"以及被日本农民称为"古代稻米"的黑稻米和紫稻米等不同品种的稻米，根据设计好的布局种植而形成的精致画面。水田艺术是日本特有的一种艺术创作形式，人们将水田当作画布，在水田里种植不同色彩的水稻来描绘美丽的图案。这种用稻米种植出来的室外艺术起源于20世纪90年代初。1993年，青森县南津轻郡田舍馆村的人们为了振兴当地经济，开始了这种艺术创作。

田舍馆村的水田艺术分两个创作区。其中，第一创作区长143米、宽103米，其面积为1.5公顷。迄今为止，这里的人们每年都会挑选不同的主题进行创作，其主题包括日本和世界的名画、日本的传说和历史典故、动画片和电影等广泛的题材。

创作水田艺术时使用的水稻，除了日本种植的一般食用品种之外，还有据说曾生长在古代的观赏用原种水稻等其他品种。人们用绿色、黄绿色、深紫色、黄色、白色、橙色和红色这 7 种颜色的 10 个品种的水稻来描绘图案，其中 5 种水稻品种是青森县产业技术中心农林综合研究所改良开发的新品种。

稻田画的内容由田舍馆村和工商会等共同决定，每年 5 月"种"下水稻画时，需要村委会的 80 名职员全体出动。确定了要描绘的内容后，首先通过插画来制作设计图，然后在脑海中想象从观景台上较低的角度看到的画面，将设计图修改成竖长的绘画。按照这张设计图，确定好不同种类水稻的种植范围，然后在水田中打下木桩，拉上绳子，然后再由 1 200 名活动参与者耗时半天时间插秧填满画面。

只要在不同的区域种植指定色彩的水稻，初夏水稻成长后，就能看到设计图上描绘的图案。观赏期是 6 月前后至 10 月前后。其中，7 月和 8 月的色彩最鲜明，因此也是欣赏水田艺术的最佳季节。

弘前站周围有很多餐馆，从田舍馆村返回弘前市后，一定不能错过的是田舍馆村所在的津轻地区的特产大米和美味的地方特色菜。"味噌烤扇贝"是一种味噌口味的美食，将较大的扇贝的贝壳当成锅，在里面放入日式高汤、扇贝、鸡蛋、大葱等食材烹制。此外，还有一种用蔬菜炖煮的叫"粥之汁"的美食，也是该地区有名的地方特色菜，这道美食在味噌的汤汁中加入了白萝卜、胡萝卜、牛蒡、蕨菜、油豆腐和高野豆腐（冻豆腐）等，可以和这里带有淡淡甜味的米饭一起品尝，味道搭配得很好。

在水田艺术的发源地田舍馆村，每年有超过 35 万人来这里欣赏其作品。大自然的力量和人们每年付出的努力和智慧孕育了宏大的水田艺术。

案例总结

田舍馆村将水田作为艺术来创作，将农田原有的种植功能转化提升为农田的艺术价值功能，将农田变为艺术空间，这种多彩的稻田画本身具备一定的难度，也具有"唯一性"，从而吸引了各方游客前来观赏。

本来平常的稻田，就因为色彩的改变而成了风景线。由于从来没有人尝试过改变稻田的功能，田舍馆村做了世人从未尝试过的事情，所以他们成功了，但他们也为此付出了艰辛的努力。

区位：偏远地区；

交通：原来交通不便，后来修了铁路；

资源：没有特殊的资源，只有稻田；

特色创意：将稻田当作画布，描绘自然色彩的景观。

策划有 5 个目标，规划有 9 个维度

田园综合体与城市综合体的不同在于田园综合体大部分是室外空间，而城市综合体大部分是室内空间。室外空间的经营容易受天气环境的影响，显然，田园综合体的运营要比城市综合体的运营更有难度。

田园综合体离不开策划，在策划中必须充分考虑 5 个目标，即"新、奇、特、优、廉"。新就是要"你无我有"，要做到在一定时期内，具备在周边区域范围内的竞争力。奇是指"从 0 到 1"，以创意突破传统，创造奇迹。特是指"百里挑一"，也就是要和周边比较，具有不同的吸引力和特色。优指"你有我优"，也就是在类似产品竞争态势下，提升质量，形成比较优势。廉是指成本优势，在类似产品竞争态势的背景下能够降低成本。

策划解决定位问题，规划则解决落位问题。落位属于空间布局和区域运营的范畴，田园综合体的空间落位不仅要充分考虑项目的落位，更要着重考虑区域的运营。具体可以从田园景观、农产品的品类选择、主导功能、品种数量、项目内容、农村场景、建筑风格、民间文化、民俗活动 9 个方面进行思考。我这里把这 9 个方面总结为 9 个维度，即田园观景化、品种主题化、功能增强化、种类规模化、内容亲子化、场景生态化、风格独特化、文化项目化、活动娱乐化。

田园观景化是指将田园的景色做成景观，既能满足游客的视觉享受，又能激发游客驻足观看甚至留影的欲望，其目标就是把乡村变美。

品种主题化是指选取有特色的农产品品种，将其转化成地方特色，形成规模种植，打造当地的特色种植品牌，同时让特色农产品形成主题。

功能增强化是指强化田园综合体的某一个单一功能，如袁家村的"吃"、杭州裸心谷的"住"、上海宝山樱花节的"观赏"，单一功能明确，更容易让游客接受且快速甄别。

种类规模化是指选择农产品的品类时，选取品种较多的品类。形态和色彩丰富的品种可以形成规模，通过品种的规模化，可以强化和渲染主题，通过品种的多样化，可以开发利用各类游乐项目和旅游产品。

内容亲子化是指以"亲子"为主题，围绕亲子内容，开发各类具有农村特色的游乐项目。

场景生态化是指以温泉、绿草坪等具有意象的场景营造生活气息，打造城里人向往的生活方式。

风格独特化是指以当地的传统建筑风格为主基调，统一地方的建筑风格和田园风格。

文化项目化是指将当地的传统文化用旅游项目的方式融入旅游空间，形成独有的人文特色，吸引城里人体验。

活动娱乐化是指举办各类以娱乐为目的的活动，让游客感受乡村文化的特殊体验。

案例分析：
英国"伊甸园"——从无到有的经典策划

策划先于规划。策划的核心在于特色定位，从产业链角度，整合资源的角度，对田园综合体做出主题定位、区域功能定位、形象定位和产业定位。

策划田园综合体要先从客源市场的角度挖掘资源内涵、提炼主题。从策划的角度，一定要把区域价值拔高，或从无到有，或借题发挥。英国"伊甸园"位于英国的康沃尔郡，原先康沃尔郡是一个废弃的采石场，但英国的策划大师把一个废弃的采石场策划成了一个全球最大的温室。

采石场本来不是资源，但全球最大的温室就是一种独一无二的资源。这个温室是单体温室，它的特点是单体规模最大，其面积相当于35个足球场那么大。另一个特色是其中生长着10万多种来自世界各地的植物。这两个特征让"伊甸园"的温室成为世界独一无二的生态旅游景点。

任何一个伟大的创意都不是以赚钱为出发点的。康沃尔郡"伊甸园"项目的创始人蒂姆·斯米特（Tim Smit）在1994年首次产生了这样一个想法：在一个已经受到工业污染和破坏的地区重建一个自然生态区。他希望通过环境再生，建造一个与世隔绝的人间"伊甸园"。"伊甸园"的设想属于主题定位，10万多种来自世界各地的植物是伊甸园的特色，而要容纳这10万多种植物，非得有个温室才行。

有了主题定位，总体定位就出来了：要做成世界最大的温室，与世隔绝的自然生态区。再之后是功能定位，即旅游目的地，其延展的印象定位是巨型温室和丰富的自然植物。

策划完成后就是规划，策划出来的梦想需要在现实中实现。"伊甸园"项目总投资折合成人民币为73.7亿元。它规划了8个巨大的充满未来主义色彩的蜂巢式穹顶异型温室，每4座温室连成一组，在一定的光照条件下，这些大温室看起来时而像巨大的、闪闪发亮的肥皂泡，时而又像是昆虫的复眼，乍一看又以为是一堆巨型的青蛙卵或者巨大的昆虫幼虫。这个穹顶状建筑内仿造地球上各种不同的生态环境，展示了不同的生物群，容纳了成千上万的奇花异草。

康沃尔郡"伊甸园"项目是围绕人类和植物息息相关的主题来选择植物的。园内的各种植物都是精心挑选的，这些植物还能帮助调节室内温度。当温度变得过热时，植物可以释放更多的水分来降低温度。

各馆内除了植物之外,还有各种适应不同生态区环境的鸟类、昆虫和爬行动物等,帮助消灭害虫,控制生态。

这是一个集科学与娱乐为一体的博物馆,通过它,人们可以了解更多的生物学信息,它是后工业时代环境再生的绝佳范例。

案例总结

"伊甸园"的核心载体是温室,即展示区,其核心展示内容是 10 万多种世界各地的植物。温室里的植物很多是英国人无法在本土看到的,这本身就是其吸引核。温室不大,仅 15 公顷,但其植物的种类数量代表了一种规模。

除了核心展示区,"伊甸园"还有室外的自然生态区,其构成相对简单。从"伊甸园"的官方网站可以看到,它在运营中,强调很多动态功能,如植物教育、科技研发、户外运动,甚至还有每年一次的啤酒节活动。鉴于其空间有限,这些会通过一系列的设施来实现。另外,为满足游客的拍照需求,"伊甸园"还在项目中建了很多雕塑,以此强化自然和谐的景观。

策划的具体方法和做法

田园综合体的策划包括三个要素,即吸引核、功能延展和配套服务。这三大要素都需要通过 5 个目标去打造,通过 9 个维度去思考。这一节就详细讲述策划田园综合体的具体方法和做法。

NO.1 吸引核

第一种做法：观光牧场
用地性质：一般农田

我国开始鼓励开发观光牧场旅游，可以利用一般农田建设观光牧场。MOKUMOKU农场在日本很有名，该农场占地仅200多亩，但每年游客达近百万人。MOKUMOKU农场在农场里饲养以猪为主的小动物，当然这些小猪类似于宠物，是专门用于观赏的，还有马、羊之类的动物。

现在的城市都已成了钢筋和混凝土的代名词，为了防疫，有时菜市场内都不一定能看到一只活的鸡或者活的鸭，城里已容不下活禽。能在城市里保留的动物只剩下了各种宠物。物以稀为贵，自然界的动物是大多数城里人向往的，所以动物园是城市里很重要的景区，但动物园的动物只能远观，不能亲近，在这种前提下，那种可以和人互动的小动物成了新的市场热点，观光牧场可以以亲子为主题，围绕着大都市建造，成为让人们亲近自然的有效空间。

以前，我国的种和养是分离的，养殖的不了解种植的，种植的不了解养殖的。为促进畜牧业发展，我国对各类农业区域做了总体规划，同时，也开始鼓励观光牧场的发展，鼓励种养一体化发展。

根据我国有关规定，养殖场所凡未达到生猪存栏100头以上；奶牛存栏10头以上；肉牛存栏30头以上；肉羊存栏100只以上；兔存栏500只以上；鸡、鸭、鸽子存栏2 000只以上；鹅存栏500只以上；鹌鹑存栏10 000只以上；蜂存栏80箱以上的养殖户，不能称为《动物防疫法》第20条所规定的养殖场。该规定排除了小规模养殖场要求办理《动物防疫条件合格证》的前置条件,从而为小规模养殖场办理工商营业执照扫清了障碍。

第二种做法:稻田画和迷宫
土地性质:基本农田

《基本农田保护条例》规定,基本农田只能用于粮食种植、蔬菜种植及中试基地等用途,由于基本农田水利好,作物长势好,规模种植可以选取单品类种植。为创造独特的吸引力,即便采用单品类种植也能够打造出田园景观。

自然界的魅力是无穷的,日本的稻田画为农田绘上了绚丽的一笔,既然稻米的品种差异可以形成彩绘画,小麦、玉米等也一样可以。美需要发现美的眼睛,更需要创作美的双手和智慧。在稻田画这件事上,日本田舍馆村走在了思想的前列,之后,我国很多地方也借鉴田舍馆村,学习稻田画,但似乎并没有像田舍馆村那样引起轰动。

日本田舍馆村从1993年开始研究稻田画,在7种彩色稻米中,有5种是他们自己开发的品种,这也充分说明,我们需要学习他们的创意,从创意中得到启发,学习他们把稻田做成景观的做法和方法。同时,我们也可以进一步把它发展成3D稻田画作,或者把稻田的烂泥路做成跑道,使之成为跑步爱好者的跑步公园,或者做成农田迷宫等。

第三种做法:花海
土地性质:一般农田

农田不仅具有生产功能,还具有观赏功能。就比如耕地的老黄牛不能犁地了,还能站在田地里供人观赏,农田也一样,它可以通过种植具有观赏价值的植物来吸引城里人。法国格拉斯小镇的农田里就种植了大量的鲜花吸引游客，由于小镇所处区域的气候、环境等各方面条件适宜各类花草生长，所以格拉斯小镇一年四季都能保持有不同的花海。

现在城里人对美的自然事物更为亲切，各个地方都在推行以花命名的节日，例如，上海市就有樱花节、桃花节。这些节日大都借助开花的那几天时间来吸引游客，效果明显。上海樱花节的举办地是在宝山区的顾村公园，2016年3月18日开幕至4月17日结束，共接待中外游客162.6万人次，单日客流量最多为16.88万人次；湖北武汉大学2015年3月22日樱花盛开，三天就迎来了10万游客，门票收入高达60多万元。如此高的人气充分说明了城里人对鲜花的热爱，哪怕是油菜花，也能成为热门的节日主题。

花期大都集中在春天，人们往往会在春天选择去郊外踏青。不管哪一种主题的鲜花，只要成规模了，都能吸引到游客。当然，最好能做到一年四季都有花开，这需要根据当地不同的土壤环境和气候选好品种。

第四种做法：蔬果园
土地性质：基本农田或一般农田

蔬果泛指蔬菜和水果。常见的蔬果有胡萝卜、番茄、草莓、黄瓜等，这些蔬果有很丰富的营养成分，如胡萝卜中有大量的维生素A，番茄中有番红素等。胡萝卜和黄瓜可以大面积室外种植，而番茄和草莓需要室内种植，并有一定的技术要求。

以往，蔬果种植仅仅用于采摘，采摘活动应接不暇，这对原来的乡村游或农家乐来说是很不错的吸引核，但对田园综合体来说，它需要有功能提升、价值提升、模式提升等。除采摘之外，可以利用蔬果的品类主题，做成主题乐园，做成博物馆，或做成节日活动。

德国的草莓主题儿童体验农庄建立于1921年，占地8公顷，坐落在德国波罗的海沿岸的伯克绍夫小镇。售卖区只是体验园的一部分，此外还有制作区、游乐区、采摘区、动物乐园区等。该乐园是一个集农贸市场、水上陆地游乐园、攀岩架、小动物园、采摘园以及水族馆为一体的大型体验乐园，大多数前来游玩的人是奔着草莓的衍生品而来的。

第五种做法：多品种水果采摘乐园
土地性质：一般农田

水果作为经济作物，利润较高，但种植水果的采摘难以机械化，而且保鲜时间短，容易腐烂。如果规模不是很大的话，水果采摘是很容易吸引城里人到农村体验的活动，但水果采摘品种如果单一，受众也可能会单一，可以采用多品种水果采摘来吸引城里人，较为妥当的办法就是让每个村民种植不同的树种，并分开设置不同的采摘园，如苹果树、桃树、梨树、樱桃树等，各类品种可分区进行规划，游客可以选择自己喜欢的水果乐园去采摘，由于品种多样，采摘园之间相互不产生竞争。采摘园边上可以设立水果专卖区，将高等级水果对外集中售卖，其余的提供给游客自行采摘娱乐。

第六种做法：鱼塘变观景湖
土地性质：一般农田

鱼塘也是可以利用的资源，农村的鱼塘不少见，基本上，很多鱼塘都有一个大水面。水面也是农村可以利用的资源，鱼塘养鱼是生产用的，不会注重景观化和美化等问题，但如果是田园综合体，就需要从游客的角度出发，把农村的水塘打造成各类景观，如荷花池、景观湖、湿地等，自然又有一番独特的风味。

　　北京顺义区的后沙峪罗马湖湿地公园位于顺义区后沙峪镇罗各庄村东北，包括东湖和西湖两部分，属于顺义新城龙道河水系治理的一部分。据称，罗马湖是原来顺义区两个村庄——罗村、马村的两个鱼塘合并治理而成的，刚开始，顺义吸引了大量的艺术家，他们在顺义开了很多艺术工作室，政府也为了改善周边环境对这里的水环境进行整治，因为水塘是罗村和马村两个村的鱼塘合并而成的，就命名为罗马湖，也不枉有这么好听的名字，罗马湖改造后，四周形成了很好的湖景观光带，也吸引了很多国际品牌餐饮入驻，有意大利风味、马来西亚风味、德国风味等，世界各地的风味围绕着罗马湖，游客共享湖光水色。可惜，在建餐饮区时当地政府没有考虑停车问题，一到高峰期，这里的停车成了大问题。估计当时的领导也没想到水景也是资源，会成为吸引核。这也充分说明了自然生态的重要性，现在的人"有钱有闲"，但缺少的是欣赏小时候那种美丽的生态景色的机会。两个鱼塘能被打造成"国际范儿"的生态景观，着实也说明了乡村游升级的价值。

第七种做法：吸引"吃货"
用地性质：宅基地

　　工业制品是可复制、可量化的。工业化时代消除了很多地区差异，地区间的建筑风格、景观风貌、着装风尚等都在日益趋同，作为游客，你到了一个地方，除了有些方言你听不懂之外，其他如日用品、食品、衣物、交通工具等在各个城市几乎找不到差异。

除地方方言外，还能存在差异的就属当地的饮食了。北方以面食为主，我去西安时，吃过当地的饺子宴，有各种各样的馅儿，到了内蒙古，就吃牛羊肉，到了广州，就吃各式各样的早茶，东南西北各不同。对一个游客来说，到了一个地方，如果不尝尝当地的特色菜，就和没去过那里一样。

我们的农民很质朴，但他们除了家常菜，还会做好多的特色地方菜或地方小吃。农村不只有农田，还有更有乐趣的事，农民除了干农活儿，还研究各类菜肴。陕西袁家村就是一个非常好的案例，袁家村以美食吸引人，打造了"关中印象"，从而成为吸引各地人群、满足食欲的消费场所，是"吃货"的圣地。

第八种做法：乡村特色建筑群落
土地性质：宅基地

工业化时代的建筑风格趋同，很多地方为打造不同的建筑风格特色，会把欧美建筑"山寨"到国内，在国内建造起"洋建筑"，虽然欧美化了，但实在有些不伦不类。中国的传统建筑非常有特色，有些落后区域的建筑还保留着传统的历史风格，有时需要感谢那些地方经济落后，正因为经济落后了，房地产开发慢了，拆迁少了，也就保存了很多具有不同风格的乡村建筑群落。

随着中国梦的兴起，建筑风格也作为中国文化的一个重要符号受到重视，落后地区的建筑虽然称不上"高大上"，但这些保留完整的村落在岁月的沉淀中留下了很多印痕和历史的厚重性，也散发出了地方人文历史的特色。例如安徽黄山的宏村、浙江的诸葛八卦村等。这些村落依然保持着传统的中国风格，还拥有历史遗留下来的文化资源，后期当地政府的保护与开发使这些乡村建筑群落重新焕发活力、远近闻名。我国有很多这样的村落。

第九种做法：手工技艺作坊
用地性质：宅基地

在工业时代之前，传统的手工技艺是我国经济发展的主要驱动力，后来由于工业时代的发展，手工艺逐渐没落，至今，很多匠人由于后继乏人，其技艺正在消失。为抢救这些逐渐消失的文化，国家出台了非物质文化遗产保护的有关鼓励政策。随着我国经济的兴起，个性化消费时代到来，手工技艺再次回到经济舞台，个性化、订制化是主要需求。

景德镇是我国著名的陶瓷手工艺基地，景德镇地处黄山、怀玉山余脉与鄱阳湖平原过渡地带，是中外著名的"瓷都"，与广东佛山、湖北汉口、河南朱仙镇并称为明清时期的中国四大名镇。

陶瓷是陶器与瓷器的统称。"陶""瓷"并称反映了这两类器物之间的联系与区别。从广义上说，陶瓷包括陶器、瓷器、炻器，现广泛用于日常生活、工艺美术。

手工技艺需要与日常生活用品相结合，需要将传统文化元素与时代生活相结合。这样才能留得下、站得住、传得开。手工是非常个性化的物品，凝结的是创作人的个人心血和思想。正由于这种特性，手工艺品是艺术品，也是绝品，没有重复，只有唯一。手工技艺的核心是"粉丝经济"，"粉丝"是小众的，所以手工技艺还需要教育和培训，就如法国的格拉斯小镇，它开设了专业的香水师学校，将制作香水的技艺标准化、职业化，这样的技艺才便于传承，因为它培养了大量的"粉丝"。我国的手工技艺小镇有很多，但能做成类似于景德镇的很少，主要问题还是缺少一套体系去支撑。例如，手工技艺在于人、技与艺三个要素。很多地方将非物质文化保护放在第一位，过于强调传承，而缺少了利用。

手工技艺作为一种非物质文化，它具有三个特征。第一个特征是文化符号。如陶瓷，物为形，形为符。作为一种符号，它可以被提炼并加以利用，可以通过设计，将这些符号添加到现代用品中，如将陶瓷作为符号印刷在T恤衫上，将陶瓷作为符号做成巨大的雕塑，形成景观，将座椅做成陶瓷外形，将鼠标垫做成青花瓷外形等。如此种种，都是将符号形态化，并融入生活日用品中。

第二个特征是价值。不同的手工技艺代表了文化所具备的不同的价值，陶瓷在历史上属于高端用品，这个印象早已印在老百姓的脑海中，所以陶瓷这种文化符号的价值层级就已确定，它需要被应用在相应的场合，以体现其本身的符号价值。

第三个特征是规范。手工技艺中的"技"和"艺"代表了文化所具有的规范。每一种技艺都有工序和相应的器具，更有相应的技法。我在新场古镇工作时，有一位70多岁的石壶匠人就对我说，他希望把这门手艺传下去，要将他的工艺用视频录下来，让所有愿意学习石壶雕刻的人自学。如果说，手工技艺能赚钱了，哪有不喜欢学习的？关键是传统的手工技艺做的是工艺品，购买的人少，收藏的人更少，所以学的人也就少了，但如果能把工艺品做高端了，让技术和工艺标准化，使之融入现代生活制品，就可以让更多的人收藏购买。

No.2 功能延展

吸引核就是打造旅游的吸引力,但游客来了之后,如何延长游客滞留的时间是个大问题。可以这么比喻,如果把之前的乡村游比作乡村的小卖部,现在的田园综合体应该就是把小卖部升级成郊区大卖场。小卖部功能单一,郊区大卖场则要求有更多的功能延展和服务项目,可以让游客选择。

从功能的角度,吸引核解决了田园综合体的旅游功能,"田"和"园"是吸引核的主要载体,同时,游客需要的是更多的必要的服务功能,这些服务属于延展功能,包括文化、科研、教育、康养、运动五大功能。

文化功能

文化功能是指通过将农村事物艺术化,向消费者传递视觉美感的能力。乡村游的"老三样"是指采摘、钓鱼、农家乐,时代变了,城里人更需要自然气息,需要农村与自然的艺术美感,我们要通过增强艺术美感,满足消费者更多的消费需求。

第一种方法:自然艺术雕塑

农田最大的特点是空间大,无论是平面空间还是立体空间,都留有很多空白,这时候,巨型的雕塑放在哪里都会成为显眼的景观。农田缺乏美感,它一旦与自然艺术雕塑相结合,就会如装修过一样,获得艺术气息和艺术美感。

例如,在英国"伊甸园"的树丛中,就设置了一些人物造型、小动物等雕塑与周遭的自然环境融为一体。这种艺术气息透露出来的不仅仅是美感，更多的是意味深长的信息。如图29，在树丛中，一位思考者的雕塑与周围的树木融为一体，思考者趴在草地上，其身上的色彩与树干的颜色相近，思考者左手托着下巴，脸上戴着晶莹的面具。这样的场景能够让游客产生强烈的画面感，迅速吸引游客的注意力。

图29　英国"伊甸园"内的艺术造型

雕塑在农田中能够形成空间尺度，可以构建景观，可以让人欣赏，也可以作为拍照的背景。雕塑是艺术，将艺术植入农田，就可以提升区域的文化价值。

第二种方法：稻草人艺术

最早的稻田艺术就是稻草人，那时候，庄稼人为了防止小鸟吃稻谷，会在田间用稻草扎出一个人的样子，穿上衣服，竖一个竹竿，远远看上去像农民站在田地里守护农田。

如今，这种稻草人也能够被艺术化了。早先，人们用稻草做成各类动物，看上去非常高大，把它们堆在农田里，远远看去，非常壮观。后来，大家发现稻草也能染色，就这样，用染过色的稻草做成塑像，虽然材料不同，但看上去的美感和质感更有特色。现在还有专业的稻草人艺术企业专门策划和制造稻草人。

第三种方法：文化墙

如果农田都可以成为美丽的艺术空间，我们也可以发挥艺术想象力和创造力，将每一寸墙面空间打造成独一无二的美感地带。很多偏远地区的房子都保留着泥砖泥瓦的传统风格，有些甚至还有些破落，但在艺术家眼里，再破的屋子，也可以打造成特有的文化景观。

西北地区的土屋在没改造前看上去可能是破落的，但使用一些瓦罐装饰，可以让墙壁看上去更别致，加上水泥等现代材料，就能营造出画面感，形成景观。

对南方的很多青砖造的房子，可以在墙面上雕出砖雕，图30的砖雕从墙上伸出来，看上去像马要从墙里逃出来一般。另外，也可以用凹凸的手法在墙面上刻字，把砖雕与青砖墙结合起来，让它们融为一体。

图30　砖雕

除了这些，对于那些较长的围墙，还可以请艺术家采用彩绘的方式将地方文化画在墙上，看起来就如画卷一样。

诸如此类的方法还有很多，包括涂鸦墙、农民画墙等，涂鸦墙允许游客随意在墙上作画或签名，农民画可以喷涂在墙面上，更具农村特色。方法不同，但目的都一样，都是为了给游客带来不同的视觉感受。

第四种方法：创意农产品

乡村文化的另一个载体是农产品，除了新的品种之外，文化创意也可以赋予农产品不同的生命力，例如，台湾地区有农户生产方形西瓜。传统的西瓜是圆形的，大家也习惯了圆形的西瓜，但方形的西瓜确实少见，这就属于创意农产品。台湾农民能生产出方形的西瓜，原理也很简单，就是在西瓜成形后还没长大时给它套上一个方形的模具，这西瓜没改变基因，没改变色彩，西瓜还是西瓜，但外形变了，就显得特别新奇，于是在市场上特别受欢迎。

另外一种创意是在农产品上刻字。这类农产品可以是葫芦、南瓜之类的。通常在葫芦和南瓜个子小的时候就可以刻上"福禄寿喜"的字样，等它们长大时，刻在上面的字也会长大，等成熟摘瓜时，这瓜已不再是瓜，而是艺术品，更是礼品，其价值就不言而喻了。

还有一种创意是把农产品变大，有些农业科研院校有巨型农产品的种子，如原来的小南瓜可以长成巨型南瓜。甚至有些农产品的种子被命名为太空种子，它们去太空里兜一圈儿回来后，种子就变大了，长出来的就是巨型的农产品，巨型黄瓜、巨型番茄、巨型辣椒，应有尽有。这些农产品沾了太空的光，就很受大众的喜爱。

第五种方法：创意包装

每个城市都会经历从农业时代过渡到工业时代，再进入后工业时代的过程。在不同阶段的城里人，对事物的审美观不一样。以往"土得掉渣儿"或许能够吸引老一辈消费者，但现在的年轻人更注重的是外观。农产品的创意包装日趋重要，人们要饱"色"欲，更要饱"口"福。创意包装需要融入设计，要从一个或多个精准独特的创意视角去设计。

我们目前的农产品大都是初级农产品，要将其独特的性能和视角提炼出来，并加上创意的包装形式。农产品的性能包括口感、形态、色彩等方面，而产品的独特性能，如养生、清火、祛湿等，这些属于创意的基础视角。要做好农产品包装，需要充分考虑完整的内容、出色的视觉呈现、产品性能的充分体现以及制作成本合理等方面的要素。

1. 文字内容：要体现设计内容的完整性、创意点呈现形式的独特性，文字精练优美，读起来上口易记等；
2. 创意的视觉呈现：整体构图美观、包装外形独特、视觉表现理念新奇等；
3. 产品性能：要体现安全性、结构合理性、携带便利性等；
4. 包装成本以及产品价格的性价比：材质选用的合理性、成本控制的合理性。

我国的休闲农业刚刚起步，田园综合体是乡村游的升级版，需要更多的年轻设计师加入休闲农业产品包装设计的队伍，美的事物能满足人的视觉欲望，更能刺激消费。年轻人更能懂年轻人需要什么样的包装与"范儿"。

第六种方法：三民文化表演

民族、民间、民俗文化源于农村，农村是三民文化的载体，在田园综合体内，需要提炼一种最容易传播的文化艺术方式，融入旅游要素，让游客充分体验到浓郁的乡村文化。例如，江南地区的越剧、四川的川剧等。地方戏是一种有特色的文化表演形式，可以通过当地的文化表演团，将文化带上田园综合体的舞台。

另外，表演方式可以多种多样，有一种创新的方式，即将地方的曲艺表演节目做成表单，像点餐一样，提供点曲服务。古代有些地方的餐馆在提供菜单的同时，也提供曲单，消费者可以一边吃饭，一边听着琵琶弹奏、和着弹唱的评弹，有滋有味地享受地方特色。

常见的曲艺表演形式是舞台表演。有些地方的曲目很难懂，唱戏的人很卖力，但听的人很吃力，这需要重新考虑戏曲表演的意义是娱乐大众还是娱乐自己。我有一次去夏威夷考察学习，那里的波利尼西亚族文化很有特色，特别是打鼓表演，为了让游客体验当地的特色文化，表演者将复杂的打鼓表演形式简化，转变成了打鼓体验式表演。表演者先介绍了手中的鼓等地方乐器，然后随手敲了一段节奏，之后邀请游客上台参与，教游客当场学习击鼓，一边教一边讲解，虽然短短的表演仅十多分钟，但通俗易懂，大家印象深刻，很快就学到了他们击鼓文化的精髓。

培养"粉丝"比纯粹表演更重要。我去过几个地方看地方戏曲表演，确实听不懂他们唱的内容，时代不同了，需要与时俱进，要让地方戏曲表演简化、娱乐化、体验化。保护与利用是两个不同的概念，既不相同又不相悖。所以，文化表演形式也需要精心策划。

教育功能

田园综合体的教育功能体现在促进人与自然的关系上，通过自然教育活动、亲子活动、文化体验等活动方式对游客及社会发展产生影响。通过教育功能，可以改善人与自然的关系，帮助城市居民和农民掌握基础的植物知识、动物知识，深入理解人与自然和谐相处的理念。

第一种方法：亲子活动

亲子活动是实现教育功能的通常做法。现在城里的孩子可能不知道米是从哪里来的，更不用提花花草草，也不用提农村的家禽了。家长很愿意抽空陪孩子去亲近自然，但苦于平日奔波，缺少陪伴孩子的时间。亲子活动可以由农场组织，以家长与孩子的互动参与为主，让孩子在快乐的氛围中学习自然知识。

这些活动可以是放风筝、画画或者劳动体验等。如在日本MOKUMOKU农场里，农场提供了体验室、工作室等，让小朋友可以亲手制作猪肠，制作猪肠的过程也是教育的过程。

第二种方法：单类多品种展示

动植物的世界中有很多是不为人知的，英国"伊甸园"集结了10万多种世界各地的植物，种类多、品种也多，人们很难把所有的品种都记下来，"伊甸园"就挑选了几类特殊的植物品种与游客制造互动，组织植物知识教育等活动。

植物世界精彩纷呈，每个品类也有很多品种，例如，在山西省小店区孙家寨益丰蔬菜品种示范园里，种植展示了全球253种番茄，每年4月种植，7月可以采摘，一直持续到11月。

番茄种类繁多、颜色不一、形态各异，由于品种丰富，更能引起游客的兴趣，单品类多品种的博览园本身就可以变成一个生动的植物知识展示教育基地。

另外，单类农产品的标准化也能产生不同的视觉美感，我原来在上海孙桥农业科技园区工作时，我们每年出口番茄给香港的超市，为保证质量，我们专门制作了番茄的采收标准，尺寸、色泽都有一定的标准，堆放在一起特别漂亮。

图31 左为各类不同品种的番茄，右为采收标准统一的番茄

如今，都市农业开始发展，很多人虽然喜欢番茄，但担心农药使用等问题，有些城里人开始喜欢阳台农业，在阳台上种植番茄。面对这些市场需求，田园综合体内可以开设相关课程，将植物种植知识传播出去。

第三种方法：市民农园

市民农园是一种寓教于乐的农耕方式。英国的市民农园较多，城里人愿意在郊区的农村租一块地，平日里委托村里的农民统一打理，到周末或假期，城里人就喜欢到农田亲自动手参与农事。

我国目前也有市民农园，也有所谓的共享农场。基本原理相似，也是为满足城里人与土地亲密接触的欲望。

科研功能

科研功能是指通过提升研发能力，不断创新农产品，让科研不断推动并提升田园综合体的竞争力。

第一种方法：组培实验室

研发新品种可以提升种植竞争力，组培实验室通过植物组织培养幼苗来引进和培育新的种植品种。组培实验室建立后，能够不断地帮助周边的农场主育苗。同时，也可以将组培苗做成旅游纪念品。

第二种方法：农残留检测

食品安全是城里人所关心的最大的问题，例如袁家村在经营小吃一条街的过程中，对原材料供货的管理十分严苛，要求统一原料供应，这也是为保证食品安全，保证袁家村经久不衰的健康小吃街口碑。为让游客吃到放心的农产品，可以在田园综合体内设立专业的农产品安全检测实验室，提供检测项目。检测的目的是让游客放心，也是想提高田园综合体的服务品质。在田园综合体内建立食品安全检测实验室既能保证内部的农产品安全管理，也可以为周边的区域提供安全检测服务。

第三种方法：农产品加工工艺

初级农产品附加值低且不易保存，这是当下农产品的普遍问题，田园综合体专注于某一特色品类或品种，有利于深度开发。每个品类的农产品都能在全国各地的农学院找到专家，通过与专家结盟，和学校合作设立一些课题，可以共同推动农产品新品种研发和农产品加工工艺的研究。

康养功能

康养旅游通常被界定为"通过养颜健体、营养膳食、修身养性、关爱环境等各种手段，使人在身体、心智和精神上都达到自然和谐的优良状态的各种旅游活动的总和"。

第一种方法：粗粮膳食

现在的城里人吃惯了细粮，肠胃功能明显退化。粗粮是提升人体消化能力的最好方式，农村有糙米、灶头饭，还有不打农药的蔬菜，更有新鲜的空气和广阔的视野。通过饮食调理，可以改善胃肠道的功能。饮食中要讲究荤素搭配，田园综合体可以提供营养配餐，让游客的身体得到合理的调理。

第二种方法：园艺疗法

园艺疗法源于美国的心理疗法，城里人生活压力大，精神紧张，在农村里生活一段时间，可以让城里人学会养绿植，通过种植过程纾解自己的身心压力。农田空间很大，农村的场景本身就可以让城里人放松精神，再加上园艺师的讲解，城里人在了解生命意义的同时，会进一步改善精神状况。

第三种方法：农事劳动

我觉得最好的体力劳动就在农村，我小时候跟着父亲一起种菜、挑担，那种身体的愉悦不仅来自丰收的喜悦，更多的是自己身体内部细胞被激活以后产生的真实的快乐。

田园综合体最有田园风格的康养方式就是和农民共同劳作，在农事劳动中体会劳动的艰辛，体会农事劳动所带来的快乐。

当然，农事劳动如果是被当作康养功能的一个项目来策划的话，就需要精心策划，特别是农事劳动需要简易化，且根据游客的不同状况选择农事劳动的类别，其场景也应当具备随时可以体验的条件，通过道具来完成体验。

运动功能

第一种方法：梅花桩

运动需要场地，农田虽然宽广，可一旦涉嫌让土地硬化，就属于违规行为，会受到土地监管部门的干预，但为了让农田更为有趣，就得充分利用空间，设置一些新鲜有趣的运动项目，让游客体验农田运动的野趣。

梅花桩不受土地用途的限制，但要考虑梅花桩的高度，确保游客的安全。在梅花桩边上，也要设立警示牌，提示安全娱乐等。

第二种方法：低空飞行

基本农田的用途有限，但低空飞行可以突破土地用途的限制，利用基本农田的地上空间提供运动项目。

低空飞行在国外很多见，国内也开始兴起，国内的低空飞行娱乐审批也逐渐放开限制。低空飞行既是一种运动，也是从最佳视角观赏农田风景的空中载体。

低空飞行的工具包括滑翔伞、滑翔机、三角翼、热气球等。这些项目都有专业的企业在运作，可以将这些项目逐步引入，丰富娱乐的内容。

图32　左为滑翔伞，右为三角翼

第三种方法：有轨滑索

有轨滑索在农田两边用固定的楼塔固定住，形成高低差异，游客可以顺着滑索由高到低滑动，体验在空中俯瞰农田美景的新鲜感。有轨滑索占地面积不大，游览的观景效果极佳。在设计时，要充分考虑到田园景观，楼塔可建立在林木中，避免楼塔建在农田中间过为突兀。

第四种方法：农田迷宫跑道

农田是平面的，玉米作物是立体的，为了增加农田的运动氛围，还可以将农田化为迷宫，设置跑道。国外有些农场就利用玉米地相对较干、病虫害少的优势制作迷宫通道，这样既不影响耕种，也不影响游玩。

第五种方法：冲关游戏

到了夏天，水上乐园是必不可少的运动项目，现在已经有很多提供水上乐园建设服务的企业，合作方式也简单，企业在夏季租赁农场的场地，利用简易的塑料器具灌上水就可以开展冲关游戏等项目。

以上几种方法都是从农田空间利用的角度来考虑项目的策划，农田中的运动其实还有很多，从城里人的需求出发，围绕"农"字，还有很多的项目可以策划，例如，水沟里捕鱼、沟渠里钓小龙虾、挑担比赛等。

No.3 配套服务

观景台

移步换景可以让游客从不同角度欣赏到不同的风景。农田规模大，由于农田本身具有生产功能，不能通过园艺造景等方式来美化，所以需要充分考虑不同角度的景观与风貌。

现在人人都是记者，自拍杆推出以后，自拍更代表了一种时髦，用一句时髦的话来说："地球人都会自拍了。"但拍照需要不同的角度，农田景观当然也需要设置观景台，让游客从不同的角度去欣赏和拍照。

第一种方法：用无人机拍照

有些游客在游玩项目时无暇自拍，这时候，无人机就可以派上用场，可以利用无人机在空中给游客拍摄照片，如果游客要索取照片，可以收取一定的费用。

第二种方法：在滑索楼塔设置观景台

农田属于平面式的风貌，而登高摄影是最佳的观景角度。在农田边角处设立滑索楼塔，便于游客登高望远，纵览全貌。建设楼塔的难度不高，现在从事相关行业的人也有很多。

第三种方法：在民宅阳台设置观景台

民宅相对于农田来说，也有一定的高度，可选取一个角度，设立观景台，让游客在观景台上欣赏田园风光或拍照。

餐饮

餐饮是旅游的必备功能，对田园综合体来说，它也是必需的配套服务功能。

第一种方法：田头餐厅

越来越多的城里人喜欢到田地里"现摘现做"体验鲜食。现在的城里人就喜欢体验不同氛围，例如，人们不喜欢在家里喝咖啡，反而喜欢去咖啡店里喝，所以说，喝咖啡享受的不只是咖啡，还有氛围和环境。在田园里就餐是一种与众不同的体验，可以借助田园景观，依托现代温室建设休闲场所和餐饮场所，强调"现摘现做"。

第二种方法：自助式餐饮

田园综合体有生产功能，可以直接供应新鲜的、安全的食材，这本身就是优势，加上田园风光，更是别有特色，可提供小火锅或者沙拉等自助式餐饮服务。小火锅服务可以提供每位游客一个小火锅，让游客自己挑选田间种植的蔬菜。沙拉服务可提供给游客相应的餐具，由游客在现场采摘蔬菜、水果等，并自己制作沙拉食用。

第三种方法：院落式露天餐饮

现在很多城市的街区都有露天餐饮，一到晚上，很多餐厅就把桌椅搬到室外，让顾客享受夜幕的视角和空旷的消费空间。农家院的露天餐饮也很有味道。

乡村院落的露天餐饮环境是城里人在城市里享受不到的，农村里家家有个小院子，小院子里可以架上葡萄架或丝瓜架，在葡萄架下享用农村的美食，那种意境和感觉是另外一种乡野情趣，如果小院子在山坡上，可以利用山坡的高度，提供观赏山景的就餐环境。

葡萄架和丝瓜架的材料可采用木质、竹质或其他条块较为整齐的材料，看上去需要有一定的质感和美感。露天餐饮最忌讳的是苍蝇和蚊子之类的，需要整治好周围的卫生环境。

娱乐

农村的娱乐功能也需要相应的载体，娱乐是延长游客在田园综合体滞留时间的重要功能，主要通过项目来体现，除了之前提过的利用设施策划的一些运动项目之外，也可以利用农事活动策划一些参与性较强的娱乐活动项目。

第一种方法：垂钓活动

垂钓活动内容较为丰富，包括钓鱼、钓龙虾等活动方式，场地可以是在稻田、沟渠、水塘等。钓鱼需要养鱼的池塘，我曾经去过一个农家乐，这家农家乐的老板采用了一种促销手段，很受游客欢迎。他在农家乐里养了一大批散养鸡，还建了一个大鱼塘。他宣布，在他的农家乐里钓鱼的顾客，可以免费得到一只鸡，每次钓鱼时间为一小时，每小时100元，钓到鱼可以拿走。这样一个促销手段，吸引了大量来钓鱼的客人。大家过来钓鱼，即使许多人钓不到鱼，也能免费得到一只散养鸡，何乐而不为？老板还能租鱼竿、卖鱼饵，生意兴隆。老板私下里说，他这么做主要是为了卖鸡，按小时收费，大家钓不到也不会埋怨，心想拿只鸡回去，心里也平衡了，来钓鱼的人多了，鸡的销路也就解决了。

钓龙虾活动举办起来相对容易，现在提倡稻田养虾，一水两用、一田两收，可以将龙虾养在稻田里，吸引游客到稻田里钓龙虾。小龙虾产业在中国是个大产业，湖北潜江县以稻田养小龙虾为特色产业，每年产值20多亿元，带动相关产业90多亿元。小龙虾能够和餐饮结合起来，游客在稻田钓到的小龙虾当场下锅，游客可以在民宿里享用。

钓龙虾的另一种方式是在稻田的沟渠里钓龙虾，小龙虾养殖在沟渠里，游客可以站在沟渠的两旁垂钓。

第二种方法：农事体验活动

农事体验是将种田当作一种乐趣，例如插秧是一种体力劳动，也是最具农事体验的活动，农民需要在农田里插秧，但作为旅游体验活动，游客不一定真的需要在田地里插秧，毕竟城里人大都不熟悉农田，农田里的蚂蟥会吓坏他们的,所以需要给游客提供一个舒适的体验环境,如在室内举办插秧互动游戏,屏幕和田里的秧苗(道具)连接起来,可以分成几排,让游客体验不沾水的插秧活动。这种多媒体互动的好处是在室内,不足之处是受场地限制,玩起来不过瘾。

设计农事体验活动必须为城里人设身处地地考虑,特别是游戏活动的环境,基本要保障安全、卫生、健康。以插秧游戏为例,在设计插秧活动时,还可以将插秧场地做成一个沙子围成的区域,或者用安全的松土作为基底,要确保没有小昆虫,可以安全地让游客在区域内体验插秧的乐趣,同时,在游戏过程中,还可以加上欢快的背景音乐等。

随着科技发展,开拖拉机耕地也能用游戏机来体验了。室内的游戏机可以丰富各类农事活动的体验,这还需要有专业的游戏公司多开发一些新颖的游戏机产品。当然,这些游戏机必须是在室内使用的,需要具备一定的游戏空间。

第三种方法:食品制作体验

农村的食物多种多样,特别是农村的小吃特别丰富。制作小吃的过程充满快乐,例如制作面条,把面粉揉成团,用擀面杖擀平、擀薄,边擀边加面粉,再切成条。有些地方做面条还能用双手拉伸的方式做,称之为拉面。又如南方的云吞、北方的面馍馍,都有一套新鲜的制作方法。

小吃的制作体验要有专门的体验室,也需要策划和设计,每个体验室可以安排一个区域,需有个小灶头、几个凳子,需有专门的老师教学,现做现吃,特别有意思。

第四种方法：文化娱乐

农村的游戏是城市弄堂游戏无法比拟的。农村的游戏有很多，如跳橡皮筋、拔河、过家家、推铁环等，有很多游戏可以参考黄金明写的《乡村游戏》一书。

田园综合体里也能提供乡村游戏，问题是一定要有组织者。哪怕是一个小的游戏，也需要一个组织者。同时，需要提供相应的器具和设备，如需要提供一个可移动的音响设备，便于活动组织者主持整个活动等。另外，还可以设立一些奖项，激发大家参与游戏活动的积极性。

图33　农村的游戏

住宿

住宿是旅游的配套功能，田园综合体的住宿也需要浓重的乡村气息。随着新型农业经营主体的出现，很多白领、科研院校的科研人员和规划设计人员回归农村，他们爱农业、懂技术、善经营，他们回归农村后，以"乡建"为名，在各地对农村的农宅进行规划和设计。

第一种方法：民宿

民宿是利用农村原有的民居，通过艺术的方法进行美化设计，提供给游客居住的一种方式。民宿的特点是民宅变酒店，农民变服务员。在整个运营产业过程中，农民是关键。

建筑形态可以采用规划、设计和改建等方式快速实现，硬件方面一次性投入后可以不变，但持续运营依靠的是服务，核心是人。农民原有的生产方式转变后，从农民转变成职业服务人员要有一个过程。所以，在建立民宿后，如何教育农民，转变农民思想，让农民变身职业服务人员，这是民宿长久运营的关键。

民宿建完后，还需要注重服务的品质，如床不能再是农村原有的床，要有创意，符合城里人"图个新鲜，住得舒适"的需要，包括换洗服务等，各项服务需要和城市里酒店提供的服务一样有质量。让住民宿成为一种舒适的、健康的乡村生活体验。

第二种方法：木屋

自然是美丽乡村最直接的形态，原木是自然赐予人类最好的建筑材料。欧美国家倡导绿色、生态、可持续发展，特别是在丹麦等国家，木屋非常普遍。我国的林木资源丰富，但对木屋的开发还处于初级阶段，人们对木屋的体验也还在探索中。创新、协调、绿色、开放、共享是我国发展的五大理念。木屋是"绿色"的重要载体，开发田园综合体也可以利用林木资源建设木屋，提供木屋的住宿体验。

第三种方法：房车营地或露营

除了木屋，比较灵活的住宿服务还有房车营地或露营。房车营地是提供房车停靠的重要旅游方式，在欧美国家相当流行，我国才刚刚起步。我和一位专业从事房车营地工作的老板聊过，他认为我国房车最大的难题是车牌，由于我国城市实行车牌制度，房车这一概念还没有被确认为交通工具，这也是阻碍房车发展的重要因素之一。

房车营地需要建立停靠地和停靠设施，特别需要有一个停车桩，用于接上下水等基础设施。只要有场地，这些事房车公司都能解决。

露营比房车方便得多，只要提供一片绿草坪、一个帐篷就能解决游客的住宿。

场地

场地是公共的活动空间，也是集聚人气的核心区域，每个旅游景区都需要提供一个公共的游客集聚场地，让游客能够聚集、交流。

第一种方法：篝火晚会

我曾到过内蒙古草原，感受过内蒙古人的热情与豪迈。内蒙古的篝火晚会有一个大场地，在场地中间堆一堆柴火，柴火上架一只全羊，夜幕降临，周边的音乐声响起，主持人向游客讲述草原的烤全羊故事，然后点燃了柴火，在红红的火焰燃起时，大家欢歌畅舞，一起唱着具有内蒙古风情的豪放歌曲，一起围着火堆跳起了粗放的舞步，那种场景确实相当令人难忘。

小时候在农村看露天电影是一件很时髦的事，现在的室内影院虽然音响效果好，但没有露天电影院那种独特的乡土氛围。记得那时候，村里来了放映员，大伙儿赶紧抱着小板凳，到人群中排队，去得早的就排在前排，来晚的就得在后排站着。放映员来到仓库场，搭起银幕，把放映机、音响设备搭好,夜黑了,放映就开始了,那种看电影的场景比现在室内电影院的体验更有味道。那时候村里人没有其他娱乐方式,露天电影就成了最为丰富精彩的夜间娱乐项目。

图 34　内蒙古乌海市篝火晚会现场

第二种方法:露天电影院

现在的露天电影不再是公益服务了,但现在已经有了专业的露天电影院运营商,从设备到片源服务一应俱全。田园综合体只要提供类似的场所,和专业的露天电影放映公司合作,就能够丰富农村的夜生活,激活农村的夜色魅力。

第三种方法:烧烤派对

派对是城市社交的一种流行方式,在欧美国家最为流行,大部分家庭都喜欢邀请亲朋好友一起到农村开派对,现在我们的有些景区也提供了诸如此类的服务。

烧烤派对服务主要是提供烧烤器具的租赁服务和场地出租服务。这种休闲的场地对家庭聚会有一定的吸引力，它不一定需要地面硬化，但场景很重要。

第四种方法：节事活动

场地配套的另一个方法是节事活动。空场地可以采用花车巡游等方式作为一个旅游项目。例如在上海迪士尼园区内，其中的一段道路就被做成了迪士尼动画明星巡游的表演区，在固定的时间巡游表演，吸引了众多游客。

创办节事活动需要有热闹的气氛和文化氛围，例如，西班牙有个地方举办番茄节，他们的番茄不是用来吃的，是用来扔的，由于扔番茄没有损伤人体的危险，大家也喜欢，这种节日远近闻名，同时还消耗了大量的番茄。

第五种方法：戏台

有些农村地区还保留着传统的曲艺，只要有传承人，就能够将曲艺文化传承下去并传播开来。可以利用村落的一个场地建立戏台，这样既为场地留有空间，也可以赋予场地表演的功能。

第六种方法：亲子场地

农村最大的好处是田多地广，但农田利用的最大难度是用途受限制。为赋予田园综合体更多的功能，可以在场地上建立一些亲子游戏设施，不占用建设用地，通过设施来丰富项目内容。

在北京郊区有一个洼里乡居的著名亲子乐园景点，村里利用空闲的土地建立了大量的供孩子游玩的土坑游戏区域，里面有滑梯等设施，这些场地的亲子娱乐设施非常丰富，是家长带孩子亲子度假的好去处。

第七种方法：萤火虫营地

萤火虫代表着浪漫，曾有一首叫《萤火虫》的流行歌曲把这种浪漫传递给了更多的人，萤火虫营地也是吸引年轻伴侣露营的一大卖点。

交通配套

田园综合体的服务对象是城里人，所以要充分考虑交通配套，要考虑到城里人的体力和耐力，合理设置交通路线和工具，让城里人玩得尽兴，走得轻松。

城际交通

城里人是田园综合体的"财神爷"，田园综合体要让城里人来玩儿，就得让城市与农村的田园综合体之间的交通变得更为便利，提升两地人口的流动频率。

第一种方法：直通车

田园综合体都在农村地区，交通是个大问题。我曾经到一个国家级农业园区去参观，没有开车，坐公交倒腾了好一阵子，要回去时，周围竟然叫不到一辆车，打开百度地图，地图显示距机场仅20分钟，距市中心40多分钟，于是我打开打车软件，等了一个多小时也打不到一辆出租车。虽然要赶飞机，我也只能干着急，显然，这个国家级农业园区的交通是非常不方便的。

田园综合体也属于区域经济。很多购物中心刚开业时，为了给周围居民提供便利的交通，配备了免费直通车，从各个小区接顾客到购物中心。田园综合体也一样，需要从交通便利的角度考虑客源市场与区域间的交通问题。

第二种方法：短驳车

短驳车是指利用周边的地铁站、高铁站、高速公路出入口、机场等交通设施，开通田园综合体到站点或出入口的直达车辆，便于游客直接抵达田园综合体的一种交通组织方式。

直通车和短驳车都是为了便于散客出行。田园综合体开园初期还是需要以团客为主，团客过来就没有那么多的麻烦。类似于拼车，组团的旅行社会提供相应的旅游线路和车辆，对游客组织来说，这样可以减少田园综合体的很多成本。

田园综合体内部交通

田园综合体不是城市综合体，它占地面积大，点与点之间的距离较长。提供园区内的内部交通，有利于促进游客到各个点的活动频率。

第一种方法：小火车

现在有很多景区旅游交通公司开发出了一些便利的交通工具，如小火车，这种小火车架有轨道，可以架在稻田的上空，也可以在地上沿着步道设置合理的路线及停靠站点，并进行收费。小火车这类交通工具类似于一些著名景区的观光游览车，一次性投入，长期回收。

第二种方法：观光游览车

除了小火车还有游览车，现在很多厂家可以生产观光游览车，但它也需要有一些外观设计，在外形上增加一些农村的元素，看上去更符合田园风格。

第三种方法：车辆租赁

游客到了田园综合体，目的就是放松身心，所以可以提供一些交通工具，例如自行车、多人自行车等，便于游客在田园综合体内自由行动。

车辆租赁服务一般都需要押金，游客在使用完成之后归还押金即可，这种方式在各个地方都有类似的服务，现在也比较通用。

停车场

对于人口密度较低的区域，出行大多依赖于汽车，为便于游客抵达，可以在田园综合体设置停车场，停车场涉及建设用地，为降低成本，也可以利用一般农田采用生态砖的方式建设生态停车场。

标识

景区都设有标识，田园综合体是旅游载体，也需要按景区的方式来打造乡村旅游，由于农村地广人稀，在组织旅游时，务必要做出清晰的导览标识。

第一种方法：分区导览图

乡村也有乡村的意象，乡村标识符号包括乡村地标、主要干道、主要村落等。在田园综合体内，由于区域大，需要有相应的导览图，将一些重点项目、主要干道、主要村落、广场、地标等标示出来，目的是让游客能清晰地辨识所在的位置。

第二种方法：景区标识

田园综合体还需要用景区的标识为游客提供指向服务，这些标识可以有多种，通过设置一些景区的标识，可以清晰地告诉游客具体的路线和方向。

第三种方法：田园综合体应用软件

现在做个应用软件也方便了，可以借助百度地图，用应用软件引导游客在田园综合体内旅游，最好能加一些讲解词或者项目介绍、田园综合体的服务资讯等。

无线网络

无线网络现在无处不在，但农村的无线网络还不稳定，田园综合体要提升服务，无线网络是必要的配套服务功能。

田园综合体的运营管理

田园综合体的建设没有什么大的难度，形象建设比较容易，但后期的运营才是关键。毕竟前期的策划、规划、建设都要花钱。花钱容易，赚钱难，运营要收回前期的投入，所以运营是田园综合体成功与否的关键环节。田园综合体的运营主要包括营销、服务、物业、持续策划四大块内容。

营销

田园综合体的营销不是简单的销售。营销包括市场宣传、促销、销售等多方面，按照 4P 理论，营销包括产品（product）、促销（promotion）、渠道（place）、价格（price）4 个要素。

田园综合体不同于一般的乡村旅游，由于需要提升环境、基础设施、生活配套等，增加了大量投资，所以门票是回收投资成本的重要方式之一。

田园综合体的营销和景区营销不一样，田园综合体强调功能，景区强调景观，在营销时，田园综合体要重点突出功能。这需要在宣传时注重提炼，通过文字和图片提升田园综合体的功能形象。

渠道是田园综合体营销的重要手段，建立田园综合体的营销渠道关键是要认清田园综合体的本质。田园综合体是为城里人服务的，城里人是消费者。所以，旅游营销是"批发"游客的生意。

第一种渠道是和当地的旅游地接社合作，由旅行社到社区组织游客前往田园综合体游玩，田园综合体的门票价格可以给旅行社一定的优惠。当然，在田园综合体没有出名前，旅行社组团是有困难的，很多旅行社还不愿意和田园综合体合作。这时候，田园综合体需要让利，尽量给足旅行社利润空间，提高旅行社组团的积极性。

第二种渠道是和公交公司合作，商量由公交公司开通定点"冠名"直通车。公交车是普通百姓出行依赖的重要交通工具，公交公司开通直通线路，可以联结各个小区到田园综合体的直达车，便于城里百姓出行，相当于开启老百姓抵达田园综合体的便利通道。可达性是区域发展的第一要素，以上海迪士尼为例，迪士尼在上海落户后，上海开通了地铁 11 号线直通迪士尼，地铁 11 号线贯通上海嘉定区、长宁区、黄浦区、静安区、浦东新区，相当于把整个上海的人流接通到了迪士尼，加上还有直通迪士尼的高速公路，人流、车流都可直达迪士尼，它不红火才怪呢。

第三种渠道是新媒体宣传。现在的新媒体渠道众多，如今日头条、新浪微博、企业网站、微信公众号等，这些新媒体传播速度快，宣传推广直接有效。特别是很多游客喜欢晒自己的"美照"，田园综合体在造景、美食方面多做做活动与文章，自然有游客替你在他们自己的媒体账号上宣传。

第四种渠道是与快消电商合作。美团、大众点评、携程、淘宝、驴妈妈等都是专业的电商平台，田园综合体需要建立与这些电商的合作，借助这些电商渠道，帮助推广。

第五种渠道是跟各类协会和学会建立合作关系，争取成为各类协会及学会举办论坛的首选地，每次开会，可优惠提供住宿以及农产品。协会的团购量大，影响力也大，借助各类会议，也能促进各类农产品的消费量。

第六种渠道是和地方政府建立合作关系。田园综合体按照旅游管理的要求创建 A 级景区，就可以得到地方政府在宣传方面的资助，有些地方还有创建景区的财政补助，而且经旅游局批准后，可以在主干道上建立交通指示牌。田园综合体是"农业＋旅游"的载体，受农委支持，可以向农委申请相关的财政补助。这些资源需要田园综合体加以综合利用。

服务

田园综合体是一种市场行为，顾客满意才会乐意掏钱消费。做好服务是田园综合体持续经营的要素之一。服务是无形的，是需要顾客感知的。服务是站在顾客的角度思考，减少顾客体力和脑力的消耗，提升顾客感官体验的一种形式。

有一次我们去一个田园综合体参加开业庆典，当天天气晴朗，当地政府在草坪上搭起了舞台，可是因为昨天下了雨，草坪上的水还没干，观众坐在草坪的折叠椅上十分不安，毕竟他们来的时候都穿着光鲜的衣服，有些人还穿着名贵的皮鞋，大家踩在湿湿的草坪上，不时溅起水花，泥泞的草坪还把大家的鞋子弄脏了。

田园综合体的室外环境不可控，上面这件事如果提前有所准备就不一样了，例如，如果提供一次性鞋套，观众就能在参加活动时避免弄脏鞋子，这些细节就能体现服务水平。

田园综合体的服务着重体现在以下几个方面：

一是购票服务。购票对进入田园综合体的游客来说是一件重要的事情，团客通过中介服务机构或网络早就购买了门票，但对于到田园综合体的散客来说，便利性也相当重要。在淡季，人们排队也没有问题，但在旺季，一旦人挤人，场面就不好看了，所以对于购票服务，也需要有应对政策，建立多种购票方式，如杭州灵隐寺门口，买票只要扫微信二维码即可，进入非常方便。

二是接待服务。接待服务包括服务散客和团客，散客是指自行前来的游客，团客是指旅行社组织或借助渠道前来的游客，对于不同来源的客人，接待服务也需要有所区分，对自行前来的游客，尽量提供自主性的服务，田园综合体内通过旅游服务中心提供咨询服务，在入口处提供导览服务和导览图服务，让游客自主选择。团客则需要田园综合体提供相应的有组织的服务形式，需要提供导览员，提供讲解服务，合理组织游线服务，提供游览车服务，尽量避免让团客产生陌生感。每次接待都要精心组织，给游客留下良好的服务印象。

三是现场服务。现场服务与接待服务的区别在于需要对接好团队项目，团队项目的现场服务也很重要，由于田园综合体很多项目是在野外，在参与性项目中，需要有主持人解释规则、主持项目。一方面需要照顾到每位现场游客的感受，另一方面也需要表演者在现场激情互动。每个项目的主持人都有义务也有责任用富有激情的语言激发游客的互动参与。

四是卫生环境服务。室外的卫生环境要比室内更难以把控，田园综合体一旦有游客到来，必然会产生大量的垃圾，需要引导和教育游客爱护环境卫生。可以有几种做法，一是在田园综合体的入口处提供垃圾袋，叮嘱游客自行将垃圾带好，保护农田的环境。二是在人群聚集的几个点多安放垃圾筒，在农田也可以设置一些与田园景观相匹配的垃圾筒。

五是如厕服务。吃喝拉撒是游客最基本的事，田园综合体地方大，需要从游客的角度提供如厕服务。通常，要在大门口设置一个大的厕所，田园综合体的一些重大项目旁也需要设置厕所，以便于游客如厕。另外，导览员在靠近一些重要节点时，也应该询问游客是否需要如厕。

物业

田园综合体需要物业管理，常规的物业管理包括保洁、保绿、保安。除了这三项传统的物业管理之外,田园综合体还需要种植管理。

保洁管理内容包括垃圾处理等。田园综合体一旦对外开放,垃圾处理是免不了的事,特别是游客随意丢弃的塑料制品,这些都需要田园综合体及时清理。需要保持道路整洁、厕所整洁、其他公共区域整洁。保洁工作可以聘请当地的农民完成。

保绿管理内容包括:公共区域的绿化需要浇水、剪枝、植保等,这些都需要专业人员进行管理。

种植管理内容包括:种植区的种植、植保、收割等。田园综合体的农业种植区需要专门成立农业部门去管理或维护,如果是招商引进了负责规模种植的企业,后期的种植管理就没那么费事了。

保安管理内容包括:警示标识的维护与管理,对一些区域内的河道,需要保安加强巡逻,如果小朋友由于监护不力,掉入河道发生事故,其后果相当严重;加强夜间的巡逻,田园综合体建成后,后期的设施设备需要维护,并通过夜间巡逻防止被盗;紧急事故的处理,举办活动期间需要制订详细的安保预案,在发生意外事故时,也需要采取相关的措施。

持续策划

市场热点是在不断改变的,田园综合体的项目也一样,刚开门营业的一段时间内,可能会热闹一阵子,但后期新鲜感就会过去,这就需要持续不断地策划,不断地更新亮点项目。

持续策划主要包括三个方面:

一是策划活动。策划活动包括节事活动、促销活动和营销活动等。

节事活动是指利用田园综合体本身的特色农产品来创办节事，如各地举办的"桃花节""油菜花节"等。促销活动是利用国庆节等国家法定节假日或旅游淡季推出的产品促销优惠活动。如在五一劳动节推出番茄采摘优惠活动，采摘活动收费由原来的每人50元一次降为30元一次。这类促销活动并不是拍脑袋凭空想出来的，而是需要根据田园综合体的客流量周期，计划好相应活动的成本，然后再对外推广，目的是有效提升客流量。到了淡季，为吸引游客，田园综合体可以推出的促销活动包括民宿优惠、餐饮优惠、项目优惠等，这也需要有机组合，根据项目的吸引力和成本来策划实施。

二是策划项目，项目策划是经常性的工作，很多娱乐项目不是依赖大型设施的，这些项目可更新程度高，成本也低，这就需要根据市场热点需求进行不断的策划，如世界杯足球赛期间，世界杯是个热门话题，但世界杯也能和田园综合体拉上关系，比如可以策划在田园综合体的空场地内制作一个大足球，供游客拍照留影，同时，也可以策划田园足球点球赛等活动，吸引游客。

三是策划产品，田园综合体生产的大部分是初级农产品，初级农产品的附加值相对比较低，为提升农产品的价值，需要利用文化创意和食品加工等方式策划具有地方特色的旅游食品或纪念品等。

案例分析：
美国马萨诸塞州农场的玉米迷宫

美国马萨诸塞州波士顿附近有很多农场种植玉米，其中最有名的是一家名为理查德森的冒险农场，自2016年始，该农场主投资1 500万美元研究农场景观，他采用 GPS（全球定位系统），利用玉米种植精心绘制了《星际迷航》的玉米迷宫。《星际迷航》迷宫占地 29 公顷，长度 16 公里。由于《星际迷航》电影曾风靡美国，美国游客特别喜欢。

理查德森冒险农场提供了丰富的活动项目，包括 15 米高的瞭望塔观光、小猪赛跑、南瓜饼、迷宫赛跑、大型索道滑行、推草车等 20 多个活动项目。

玉米迷宫游玩主要集中在秋季，适宜各个年龄段的人参与，在万圣节还有特别开放的夜间探索迷宫，也就是"闹鬼农场"手电筒夜间迷宫体验活动。

由于迷宫较大，通常要花几个小时才能走出去。有人称这里的迷宫是全世界最难的迷宫，进入玉米地的游客几乎没有不迷路的。不少农场还有专为小朋友设计的小迷宫，只需 10 分钟就能完成。

图 35　15 米高的瞭望塔

《星际迷航》的玉米迷宫有相应的主题，游客可以通过游戏学习相关知识。一般进入迷宫前，游客要拿着几个谜题，他们要找到所有的谜题盒子，解答完上面的谜题，才能找到走出迷宫的道路，出门还可以领奖品。在迷宫里穿行，如果真的迷路了，可以到玉米地中的眺望塔看看方位。

最早的大型玉米迷宫于1993年创立于美国宾夕法尼亚州，并迅速在欧美、日本等地流行起来。打造玉米迷宫需要利用电脑和GPS设备，先要画出迷宫草图，并将草图输入电脑，然后利用GPS设备标记坐标经纬度进行播种。

播种完成后，迷宫还需要定期修剪维护才能保持原样。虽然工作很烦琐也很辛苦，但它取得了比种植更大的经济效益。

案例总结

美国的玉米迷宫是现代高科技与农业结合的典型案例，如果没有导航系统的帮助，不可能绘制完成高精度的玉米迷宫。玉米迷宫和日本的稻田画一样，其本质是让农田景观化、娱乐化，目的是吸引城里人。

区位：波士顿近郊；

交通：高速公路、干道；

资源：玉米迷宫。

本章小结

本章阐述了田园综合体的策划方法,并提供了很多丰富的项目策划案例。

田园综合体的客户是城里人。要吸引客流,策划比规划更重要,策划是谋划,是定位,规划是优化,是落位。田园综合体需要让农田成为乐园,让乡村成为家园,让农民成为职员。

第七章 特色小镇与田园综合体的商业模式

商业模式是指一个完整的产品、服务和信息流体系，包括每一个参与者和他在其中起到的作用以及每一个参与者的潜在利益和相应的收益来源和方式。目前，特色小镇与田园综合体开发的商业模式主要是PPP模式，本章将以PPP模式为主，分析PPP模式的概念以及各类小镇和田园综合体的收入来源等。

PPP模式

PPP是"公共-私营-合作机制"（Public-Private-Partnership）的英文首字母缩写，是指为了建设基础设施项目或是为提供某种公共物品和服务，政府按照一定的程序和方式，与私人组织（社会力量）以政府购买服务合同、特许经营协议为基础，明确双方的权利和义务，发挥双方优势，形成的一种伙伴式的合作关系。双方通过签署合同明确权利和义务，以确保合作顺利完成。它是一种由社会力量向公众提供市政公用产品与服务的方式，目的是提高质量和供给效率，最终使合作各方都实现比预期单独行动更为有利的结果。

PPP的项目融资需要明确合作项目的投入与收入机制。PPP其实就是政府和社会资本合作的简称，它一般是公益项目，需要经过财政能力评估、物有所值评价、实施方案三阶段。

PPP的最大难点是社会资本如何对应政府的资金池。政府收入主要包括土地、税收和非税收收入三种。根据财政部规定，每一年度，全部 PPP 项目从预算中安排的支出占一般公共预算支出的比例，应当不超过 10%。

地方政府的钱从何而来

第一，税和费。税费基本是稳定的，地方政府不会因为想干更多的事而去收缴更多的税费，社会资本与地方政府合作后，就会设立资金池，社会资本能够帮助地方政府招商引税，增加地方财政收入，地方财政收入增加了，资金池的资金来源也就解决了。

第二，转移支付。中央政府能用于转移支付的财政资金有限，而且僧多粥少，自然会出现"跑部钱进"这样的乱象，但转移支付的整个资金盘子有限，主动权也并不掌握在地方政府手里。

第三，土地财政。人口密度越高的地方土地价值越高，人口密度越低的地方土地价值越低。越是不发达地区的土地越不值钱，真正缺钱的地方政府未必能靠卖地取得财政收入。

第四，地方政府发债或者地方融资平台。原来地方政府发债是开放的，但现在被限制了，要求不超过一般公共预算的 10%。

第五，PPP 模式，也就是地方政府为了弥补财政实力和基建需要之间的资金缺口，借力社会资本合作投入基础设施建设。

在上述渠道中，地方政府拥有主动权的只有税费、土地财政、发债（融资平台）和 PPP，这四者也就是过去 15 年来地方政府解决事务的主要手段。

财政部设定 10% 的财政支出作为 PPP 支出上限的规定，实际上是为了约束地方政府实施 PPP 的行为，避免地方政府利用 PPP 变相举债。在推广 PPP 模式的同时设定支出上限，不仅反映了财政部门的风险意识，更反映出财政部门意识到地方政府应用 PPP 的目的可能与中央政府推广 PPP 的初衷不同。

中央政府推广 PPP 的目的包括：

1. 推进经济结构战略性调整，加强薄弱环节建设，促进经济持续健康发展，迫切需要在若干重点领域进一步创新投融资体制，充分发挥社会资本特别是民间资本的积极作用（《国务院关于创新重点领域投融资机制鼓励社会投资的指导意见》）；
2. 鼓励和引导社会投资，增强公共产品供给能力，促进调结构、补短板、惠民生（《国家发展改革委关于开展政府和社会资本合作的指导意见》）；
3. 加快新型城镇化建设、提升国家治理能力、构建现代财政制度（《关于推广运用政府和社会资本合作模式有关问题的通知》）。

地方政府与中央政府的出发点和关注点不同，对地方政府来说，PPP 在一定程度上体现的是融资功能，也就是借社会资本的钱为地方政府办事。中央政府推广 PPP 和地方政府应用 PPP 的目的性差异，使在财政支出中设定 PPP 项目的支出上限成为必要的举措。中央政府既鼓励地方政府采用 PPP 模式提供基础设施和公共服务，又设定支出上限以避免地方政府过于依赖 PPP 的融资功能，从而防范财政风险。

配额制

设定财政支出的一定比例作为 PPP 支出的上限，其实质就是配额制。明确在财政支出中 PPP 项目支出的占比，也就是明确如何将这 10% 的份额分配到不同年度的各个项目上。

首先是年度之间的分配。2014—2017 年已经做了不少 PPP 项目，而 2018—2020 年也需要做 PPP 项目，此外是否还需要给 2021—2030 年留出足够的支出份额呢？如果支出上限早早达到，那么以后年度的 PPP 项目支出就只能依靠财政支出增量部分的 10% 了。支出份额在不同年度间的分配，在实践中体现出来就是"跑马圈地"，当届地方政府尽可能争取 PPP 项目，而不会管下届地方政府是否有份额。

其次是项目间的分配。在年度份额被适当界定后，支出的份额就在不同项目间进行分配。当若干项目需求，比如市政道路、海绵城市、黑臭河治理、综合管廊、美丽乡村、特色小镇等，在同一年度提出，该年度的份额在这些项目中该如何分配就成了问题，项目的先后顺序如何，项目的份额占比又如何？项目份额的分配不是由谁来决定或者有什么规则来判定的，根据相关规定，PPP 项目的前提是入库，也就是纳入发改委、财政部的项目库，谁入库谁就可以申请被纳入预算，谁就可以申请补助，这进一步刺激了各部门对配额的重视。

特色小镇与 PPP 模式

如果用简单的语言描述 PPP 模式的话，它就是"小政府，大社会"，让社会资本介入政府的公共项目。从积极的一面来看，它是地方政府搭台、企业唱戏，但实质上是地方政府将最多30年的地方管理权交给社会资本，地方政府不需要投资一分钱，也没有任何风险，所有的投资风险都在社会资本身上。社会资本是以营利为目的的。推动PPP模式一定要实现共赢，这样才能吸引民间资本投资特色小镇。

自2016年下半年特色小镇兴起后，各路房地产商纷纷进入特色小镇领域，不管是国企还是民企。特色小镇就是一面旗帜，一个广告语，它可以优先选择自然风光最优美的地方，以特色小镇为名，首打"住宅"品牌。我去参观2017年4月中旬的北京春季房地产展示交易会时，宣传资料上印的是"特色小镇"，到了现场，哪有什么特色小镇，纯粹就是楼盘，无非是部分楼盘的名字换成了"特色小镇"。显然，随着国家部委不断加强的重视，特色小镇已经受到社会各界的关注，但对于特色小镇的内涵和定义，大家还不甚理解，对于特色小镇到底怎么做，社会各界也是各执己见，没有一个定论。

特色小镇建设中的"房地产化"问题正在引起政府部门的警惕。正在进行中的第二批全国特色小镇推荐中，住建部明确要求不得推荐以房地产为单一产业的小镇，并要求被推荐的小镇需实施并储备一批质量高、带动效应强的产业项目。

住建部提出的"去单一房地产化"是避免房地产开发商借特色小镇之名，行纯粹房地产之实。房地产业一直是我国的暴利产业，以单平方米计价，每平方米能卖10万元的产品，唯有房地产。

随着我国的城市化发展达到一定程度，建设用地趋紧，国家也开始注重控制房地产业，自"房子是用来住的，不是用来炒的"提出之后，各大城市出台了"限购"政策，社会各界对"土地财政"也产生了非议。

特色小镇正是在这样的背景下提出的。在这样的前提下，只有资金实力雄厚的房地产商能担起如此重任。问题是特色小镇不依靠"土地财政"怎么赚钱？

根据前文描述的分类，特色小镇按照区位远近，可分为通勤小镇、产业小镇和产品小镇。不同的小镇有不同的定位和产业。为此，在策划PPP模式时，需要考虑相应的投入与产出。

特色小镇PPP模式是以特色小镇项目为合作载体，让实力较强的企业参与到项目建设中，从而实现政府建设特色小镇的目的，与此同时还能为社会资本带来一定的投资回报。其特征主要表现为：

1. 采用PPP模式的特色小镇项目是一种特许经营项目，我国的土地不是国有的就是集体的，特色小镇的开发权和经营权都是地方政府所有的。通过PPP协议，地方政府允许开发商介入特色小镇的建设，但特色小镇的财产权归政府所有，地方政府只是将特色小镇项目的建设、经营和维护交给社会资本。

2. 特色小镇是区域运营经济，不是房产项目经济，PPP模式是地方政府和社会资本之间的长期合作行为，其最终的目的是提升区域经济发展。所以，特色小镇投入大、回报期长，这是它的特性。

3. PPP模式是一种利益共享、风险共担的机制。所谓利益共享是指政府和社会资本在共享特色小镇的社会效益之外，也可以使社会资本获得比较好的经济收益。双方要建立共担风险、共享利益的合理分配机制。

也可以说，PPP模式类似于开发区模式，一般来说，开发区都有管委会和地方政府成立的国有开发公司，管委会负责项目审批，国有开发公司负责投资、建设、招商、运营、维护等工作。PPP 模式只是把开发区的两个单位转换成镇政府与社会资本共同成立的项目公司而已。这个项目公司也是融资平台，需要向社会融资，通过合理的开发运营获得收入，滚动发展。

通勤小镇与 PPP 模式

通勤小镇区位优势明显，通常是位于大都市近郊、车程在一小时以内的区域。通勤小镇的目标是疏解中心城区的人口。通勤小镇接受的是优质人口的溢出效应，为此，通勤小镇需要打造良好的生活环境，提升区域生活品质，吸引城区人口入住。

通勤小镇的投入包括基础设施、公建配套、生活配套、环境治理、社会管理设施及旧区改造等。通勤小镇的目标是吸引高端人群，所以各项投入也应当依据人口数量来计算。通过目标人口设定，要确定改造面积、新建面积、拆除面积，随后再依据相关的建筑量投入相应的基础设施。

公建配套指的是学校、医院等公共服务的建筑空间，有些区域没办法吸引公办的名校，可以由开发商建设私立学校，这些投入也应一并计算进成本。

生活配套指的是公园、绿地或商业街、购物中心等建筑空间，这些生活配套是增值的，对于新进入的人口来说，不仅这里的房价要比城区低，生活的便利性也要达到城区水平。

环境治理是指对河道、街道、干道的整治。现在的河道大都不再通航，有些河道长期没有得到治理，变为黑臭河道了，需要整治，河道周边还可以种植一些绿树、绿草地等，使河道变洁净。另外要保持街道整洁，保持交通干道平整、畅通。

社会管理设施方面，要合理配置治安摄像头、垃圾箱、公共的凳椅、公共厕所等有利于社会管理的设施设备。

旧区改造有两种，一种是对危房区域进行整体拆除改造，一种是对老旧的小区进行风貌改造，通过穿衣戴帽，也就是采用建筑外部装修的方式使其面貌更新。

以上投入是可以依据项目成本合理计算出来的，通过设置计算模型，就可以把投入部分计算出来。

收入来源是PPP模式的重心。一般来说，通勤小镇的财政收入来自两个方面，一是税收，二是土地溢价。通勤小镇理想的模式可以参考美国的格林尼治小镇，格林尼治在建镇之初是吸引基金从业人员，把较低的房产税作为吸引他们迁移到小镇居住的重要筹码，先把他们吸引到小镇上，其后，基金从业人员再把公司引入小镇。所以，在考虑小镇未来的产业时，通勤小镇可以先着重定位人群，再考虑产业落位，逐步引导产业集聚。

产业小镇与 PPP 模式

产业小镇的主要特征是接受城市产业转移，对小镇的PPP模式来说，其核心是增加地方财政收入。要增加地方财政收入，招商引资是少不了的，这时候，产业小镇就相当于开发区，而开发区能吸引企业落户的核心是政策。

目前，无论是国家级开发区、省市级开发区还是区县级开发区，它们都已经成熟，原有开发区的卖地模式早就将开发区的土地卖得差不多了，开发区的企业除了那些要被淘汰的，剩下的就是由于综合成本过高而需要从城区搬到远郊的工业企业。现在的开发区也面临着转型升级，也在探讨如何从过往粗暴的卖地模式过渡到房东模式或股东模式。

所以对于产业小镇，其真正的机会是级差地租，也就是区位土地价格之间的差异。对刚起步的产业小镇来说，获取一定比例的低成本工业用地是核心。同时，要划定工业园区、社区及配套建筑的比例，确定未来的产业发展空间。

产业小镇的运营模式包括卖地模式、房东模式和股东模式。在招商过程中，也存在两种不同的模式，即龙头模式和平台模式。龙头模式就是招商龙头企业，再招引配套企业来打造产业生态圈，平台模式则是围绕一个产业招商引资，形成产业集聚。

产业小镇的投入与通勤小镇有所不同。首先是重点不同，产业小镇的投入部分包括工业园区建设、社区建设、配套建设。其次是招商对象不同，产业小镇的重点是招引产业类企业，通勤小镇则重点招引人才。对企业来说，吸引"企业入驻"的要素要比"人才入住"的要素复杂得多。再次，产业小镇招商引资依靠的是政策，在产业还没有成熟的区域，政策是招商引资的核心要素，在产业已成熟的区域，机制和产业生态圈是吸引企业入驻的核心要素。

综上所述，产业小镇的 PPP 模式，就是帮助政府增加财政收入的合作关系，在合作过程中，形成企业的赢利机制。这其中，开发商的产业招商能力是小镇未来成功与否的关键。

产品小镇与 PPP 模式

产品小镇是消费场所，其核心是促进消费，提升地方经济发展。产品小镇要围绕消费做文章，围绕前来产品小镇消费的客流做文章。

产品小镇与通勤小镇不同，通勤小镇吸引的是居住的"人口"，产品小镇吸引的是来消费的"人次"。产品小镇是依赖其优势资源而打造的消费空间，所以，产品小镇的 PPP 模式重点是人气，它是通过人气带动的经济发展模式。

产品小镇拥有特色资源并依赖于经营，以此拉动人气。在设计运营模式中，门票是首要的计费依据，没有门票，小镇很难进入销售渠道。产品小镇的人气上来了，后面的商业也会被带起来。

在产品小镇的起步阶段，如有可能，尽量要和大型旅游集团合作，就如当初的乌镇和中青旅合作，如今的古北水镇也和中青旅合作一样，起步阶段靠的是旅游集团的渠道将人气带起来。有了人气，后期的商铺、民宿也就相应带动起来了。

有些人可能有疑问，难道非得要门票？难道非得和大型旅游集团合作？袁家村现象怎么解释？袁家村没有门票，也没有和大型旅游集团合作。

袁家村和古北水镇的区别在于时间成本。袁家村依赖于当地村支书，靠的是行政与社会力量组织，它从 2007 年开始逐步积累 IP，经历了这么多年才发展出了今天的人气，但我们也清醒地看到，其他区域模仿袁家村都没有成功，因为袁家村总投资少，靠的是村支书这个人。古北水镇是纯粹的投资项目，是由中青旅、IDG 资本、乌镇旅游公司、龙湖地产等合资打造的项目，总投资 40 亿元，如果依赖长期经营，资金成本也非常高，所以古北水镇的战略投资合作模式缩短了投资回报年限，营业三年内就回收了 7 亿元。

对消费者来说，知名度是选择消费目的地的标准之一。当初上海迪士尼还没建成时，迪士尼就已在中国的各个媒体造势，而迪士尼本身就在中国拥有很强的品牌知名度，所以它刚进入上海，就已经得到了全国各地游客的期盼，迪士尼开业一年，游客量就已超过 1 000 万人次。显然，品牌知名度对一个区域来说是相当重要的影响力因素。

田园综合体与 PPP 模式

田园综合体是乡村旅游的升级版，是城里人的后花园。适合打造田园综合体的区位就只能是大都市旁边的农村区域，或者拥有特殊自然资源（山、水、林）的偏远区域。从区域经济的角度来看，田园综合体的核心功能是满足城里人向往去农村放松心情的需要。田园综合体对地方政府来说，其业绩贡献表现在农业变强、农村变美、农民变富。

田园综合体和产品小镇一样，也属于消费空间，针对城里人的消费需求，田园综合体更注重"体验"。

田园综合体受制于用地限制，农村的用地大多是一般农田和基本农田，而室外消费受季节的影响很大。所以，能够利用的空间要么是在一般农田建设温室，通过温室的室内空间提供游客的活动空间，要么是在一般农田中实现景观化或者利用一般农田建游乐设施，增强娱乐功能，或者利用农宅做民宿和餐饮等。

田园综合体的投入主要是景观的打造、特色农产品的种植、土地整理、规模化农田的水利建设、温室建造、民宅改造和其他娱乐设施的建设等。

田园综合体的收入主要依赖门票、餐饮、项目、住宿等综合收入。在PPP模式中，亦需要体现游客量的增加，这也是地方政府与民间资本共同努力的目标。

农业部和发改委于2016年12月联合发文支持农业领域的PPP，农业部与财政部于2017年5月又联合发文明确农业PPP支持的项目，其中，田园综合体是重点支持项目之一。田园综合体的开发模式可以有以下三种。

农业本底

田园综合体是乡村旅游的升级版，农业本底决定了田园综合体的旅游资源，如田园东方处于无锡阳山镇，阳山镇主产水蜜桃，水蜜桃就成了当地的农业资源，它就是当地农业资源的本底。

农业资源的本底规模决定了田园综合体的规模，会在一定程度上影响田园综合体旅游功能区域的配比结构。

田园综合体的开发模式可以采用"核心+配套"的分区模式，将农业本底作为核心区，其他农业的开发，如循环农业、创意农业、生态农业作为延伸，加上农产品的加工销售、科研、教育、医疗、培训等其他产业拓展，并以农业观光、体验、休闲、度假等功能作为配套。

这类开发模式的投入在于产业开发，属于产业升级类。一是提升从业人员素质。原有的农业本底具备后，需要转变农民角色，让他们由原来面朝黄土背朝天的农民转变成向市民提供服务的职业农民。二是将农产品的产业链拉长,让它从第一产业延伸到第二产业甚至第三产业,形成第一、第二和第三产业联动,结合田园综合体的旅游功能,形成农业产业的生态圈。

乡村休闲

乡村休闲也是吸引城里人的要素之一,乡村休闲是依托乡村空间,利用闲暇时间,以各种娱乐方式让人获得身心调节与放松,达到身体保健、体能恢复、身心愉悦的效果。

所以,在田园综合体也需要推崇"享乐主义"。要利用农村与城市生活方式的不同,创造快乐的农村生活方式,为城里人提供休闲服务。

乡村休闲属于乡村复兴的范畴,要从头到尾打造。从环境美化、文化创意、基础设施、生活方式、娱乐方式等各方面进行整体策划和设计,农业和农民要变成代表"快乐、健康"的符号。

这当中,农宅的规模决定了休闲业态的配比关系。将农宅院落作为田园综合体的核心,农田就需要做成各类采摘园、垂钓园或观光园。

乡村休闲项目可融合农业观光、游乐、休闲、教育、运动、体验、度假、会议、养老、养生等多个功能。

这种开发模式的核心是改变乡村原有的生活空间,原来的农民住宅要变成旅游休闲和农村文化展示区域,成为城里人到乡村休闲的产业空间。在具体开发中,可根据各自地脉、文脉等具体情况,侧重打造其中某一项或几项功能,形成各具特色的乡村旅游休闲项目,从而带动整个区域的发展。

乡村生活配套

农村与城市的不同在于生活配套的不同，出行不便、生活不便等成为农村人生活的最大不便，吸引城里人到农村的要素之一是农村与城市环境的不同，乡村生活配套的投资包括乡村特色商业街、乡村购物中心、乡村度假酒店等综合性的投资，乡村的交通方式投资包括共享单车、公交车、轨道交通车等，这些配套公共设施的建设将提升区域的品质。

这种开发模式的核心在于原有乡村的人口规模要足够大，居住不能分散，可以采用几个村"并村"的方式集中建设，并以此提升乡村生活品质。田园也可以成为配套，比如可以开发利用农田，使农田成为景观化、休闲化的区域，结合教育、运动、康养、文化、科研等衍生产业功能，打造"田园社区+观光农业+休闲农业"的乡村综合体。

田园综合体产业链的扩展与构建是农业核心竞争力的物质基础。其重点内容是综合体内的生产与加工业转型升级，服务业丰富发展，在农业生产、农产品加工、服务业紧密融合的基础上再派生新产业。因此，综合体产业链的扩展既要高度重视产业链的高端性，又要强调经济效益、社会效益、生态效益与资源效益的全面性。

政府与项目公司的分工

PPP模式类似于政府与民间资本的联姻，有了联姻协议，还需要双方共同经营，经营就需要涉及双方的分工，同时，也需要双方共同引入外界的产业和资本来跟进合作。

按"谁投资谁受益"的原则,双方需要将 PPP 项目的各类工作内容、投入机制进行分解,并进一步明确双方的工作分工。表3是我在新场古镇工作时,对古镇内的工作内容进行的具体解构。

表3

区域	内容	投入分析	资金来源	主体
核心保护区的保护与开发	古建筑保护	以重点宅院为点,包括宅院内居民的安置腾空以及修缮等费用	政府财政	政府
	环境整治:(1)水环境,包括截污、清淤、纳管、支河贯通;(2)风貌整治,即对一些近代房屋进行风貌改造,通过整治做到与古镇环境相和谐	水环境治理方面,政府有专项资金,风貌整治是为启动旅游,可由政府和开发商共同投入	政府财政和开发商投资	政府/开发商
	市政基础设施,包括老街石板路改造、管线下地	改善民生的投入属于政府财政项目,可纳入建设财力统筹	政府财政	政府
核心保护区的保护与开发	旅游基础设施建设,包括停车场、公共厕所、核心区的景点建设及标识等	旅游基础设施属于经营类投入,可由开发商投入	开发商投资	开发商
	核心区资产收租收购及招商	资产腾空由开发商负责,社会资本投资经营	开发商及社会资本	开发商/投资商
	社会管理,包括镇区内行车控制及停车管理、老街商业业态的规划、业态引导政策编制和审批、镇区内居民违章建筑整治、民居改建审批、居民晾衣问题以及河道保洁、道路保洁等	社会管理属于当地政府的责任,仅需支付一定的人员及办公经费。同时,旅游产业初期需要地方政府的创业补贴,鼓励当地百姓进行旅游创业	政府财政	政府
	旅游景区运营及管理	景区经营与管理是市场行为,包括市场营销、景点接待及管理	开发商投资	开发商

（续表）

区域	内容	投入分析	资金来源	主体
风貌协调区	拆迁安置及地块储备等地块开发的前期工作	风貌协调区的建设涉及区域的经营，土地是国有的，其经营主体应当是政府所有的国企。地上开发可以由社会资本投入，但其建设与经营可由政府审批管理	开发商投资	开发商
	风貌协调区的市政道路及基础建设		开发商投资	开发商
	地块投资及开发		社会资本	投资商
	土地规划及用地许可		政府财政	政府

表3清晰地界定了以政府、开发商为主导的PPP模式开发体系，双方合作分工明确，同时，还需要导入社会投资商进入。在小镇PPP模式中，涉及小镇发展过程的有两类主体，一是PPP模式的合作主体，即政府与开发商的结盟；二是PPP模式中的运营主体，即项目公司和社会资本。

表4就根据上述社会分工，对古镇内的投资项目及投资主体做了详尽的分析。古镇的保护与开发的主要工作内容是由政府与开发商承担的。事实也是如此，各个地方的古镇都离不开这两个主体，也只有古镇建设到一定程度了，才会逐步有社会投资商跟进。所以对地方政府来说，PPP模式的好处就是能借助开发商融资，并借助开发商的资金与人才，快速推动小镇的开发与建设。

表4

主体	投资项目
政府（保护责任主体）	古建筑保护
	环境整治，水环境，包括截污、清淤、纳管、支河贯通
	市政基础设施，包括老街石板路改造、管线下地
	社会管理，包括镇区内行车控制及停车管理、老街商业业态的规划、业态引导政策编制和审批、镇区内居民违章建筑整治、民居改建审批、居民晾衣问题以及河道保洁、道路保洁等
	土地规划及用地许可

(续表)

主体	投资项目
开发商（运营管理主体）	风貌整治，即对一些近代房屋进行风貌改造，通过整治做到与古镇环境相和谐
	旅游基础设施建设，包括停车场、公共厕所、核心区的景点建设及标识等
	核心区资产收租收购及招商
	旅游景区运营及管理
	拆迁安置及地块储备等地块开发的前期工作
	风貌协调区的市政道路及基础建设
投资商（服务供应主体）	资产腾空后社会资本投资经营
	地块投资及开发

案例分析：
万科良渚文化村

良渚文化村是万科集团在浙江投资运营的第一个特色小镇项目。该项目总投资累计达100亿元，9年后现金流回正。

良渚文化村位于杭州北郊，距离杭州约20公里，50分钟车程。项目整体占地10 000亩，在原生态4A景区的基础上，打造集生态保护、休闲旅游、居住、经济文化为一体的新田园小镇。

良渚文化村的规划呈"两轴二心三区七片"的结构，以风情大道作为主轴，所有的重点配套及居住组团分布在道路两边，形成了文化村东西主干道和滨河道路串联主题村落的两轴；风情大道的东西两侧分别设旅游中心和共建中心，形成二心；同时设立了核心旅游区、小镇风情度假区和森林生态休闲区三个核心区；建设有白鹭郡、阳光天际、竹径茶语、绿野花语、金色水岸等七片主题居住村落。

良渚文化村建设了完善的配套设施，整体规划的综合发展及运作将项目从第二居所逐渐变成第一居所。文化配套包括良渚文化博物馆、美丽洲堂等。良渚文化博物馆是良渚文化村作为文化重镇的标志性建筑和精神堡垒；美丽洲堂不仅为宗教服务，同时也为周边社区服务，教堂由4个单体组成，呈工字布局，其设计力求融入自然环境，它已成为良渚文化村的重要文化空间之一。

良渚文化村的医疗配套由两个部分组成，一个是浙江大学医学院附属第一医院（以下简称"浙一"）良渚分诊部，位于杭州余杭区良渚文化村随园嘉树一期，系"浙一"的全资直属分支机构，约2 000平方米，设有内科、外科和口腔科。"浙一"还为良渚门诊部专门配备了救护车，危重病人可直接经由绿色通道转诊"浙一"本部。另一个是医疗教研院，它由数字医疗卫生技术研究院和"浙一"、万科三方合作共建，致力于在良渚文化村建设"中国首个数字化健康服务示范社区"。

教育配套包括一个中心小学和两个幼儿园。中心小学是安吉路学校，它是在杭州排名前三名的全国百强院校之一。学校面向全省招生，良渚文化村业主的子女享有入学优先权。引进的两个幼儿园，一个是杭师大联合的玉鸟幼儿园，一个是隶属美国哈佛爱尔堡教育机构的双语幼儿园爱尔堡幼儿园。

商业配套的主要载体是名家设计的目前全国唯一的乡村创意聚落，包括良渚食街和玉鸟菜市场。食街由村民食堂和多种风味集合的小食汇共同组成，满足饮食需求。玉鸟菜市场主要是业主菜市，建筑面积为1 080平方米，可满足1万~3万人的日常需求。

由于良渚文化村交通不便，其交通配套设立了公交巴士、社区巴士、小区循环巴士等，出行便利，满足社区内、社区到市区的交通需求。

休闲配套配合各种主题公园，增设了休闲娱乐设施和户外拓展基地，形成了丰富的休闲功能和多元化娱乐休闲项目，以亲子教育的理念，打造了亲子农庄。亲子农庄共有四大功能、七大服务休闲娱乐区。四大功能包括开心农场、花田区、水田区、养殖区；七大服务休闲娱乐区包括垂钓区、戏水区、果树区、瓜果长廊、亲子广场、农副产品展示区和农家大院。亲子农场还专门留出了23块地，租给业主种有机蔬菜。

万科良渚文化村项目初期启动文化度假设施，提升区域价值，中期以居住为核心，发展商业设施作为配套，提升物业价值。以文化旅游设施作为前期拉动，以生态环境为基础，后期完善生活型商业配套、教育医疗配套，未来规划补充城市型商业零售、休闲娱乐配套，前期主推低密度别墅，后续逐渐升高容积率，向洋房、公寓物业转变。

良渚文化村原先是一个普通的房地产盘，2000年，南都房地产集团启动该项目，但没有取得大的进展，2006年万科进入，它并购了南都房地产并接手了良渚文化村，开始了对"城市配套服务商"试验基地的打造。

首期，良渚文化村刚起步时开发了2 000多套住宅，并配套了一些社区商业，但业主反映各类交通、医疗、教育、餐饮等公共服务配套缺乏，生活不便利，居民认为无法居住。为解决这一系列的公共服务问题，后期的开发推动了城市配套服务，在良渚村实现了医疗、教育、宗教、交通等配套服务，兴建了学校、教堂、寺庙、图书馆等一大批公共服务设施，开通了往返城区的业主班车，同时，还组织发起了社区文明公约《村民公约》，力争打造理想宜居的社区。

截至 2016 年 8 月，良渚文化村共交付 1 万余户，常住 6 600 余户，入住率超 60%。目前万科良渚文化村已形成了四大产业基础，即文创、教育、养老、旅游。年产值 4.4 亿元的玉鸟流苏创意产业园一期和正在规划的二期，加上良渚文化艺术中心，构成了文创产业；旅游产业的年产值也实现了过亿，预计今年接待游客数量将达到 60 万人次，文化村中以良渚博物院为中心的区域已在 2012 年被评定为国家 4A 级旅游景区；良渚文化村还打造了以安吉路良渚实验学校（民办）、万科学习中心、万科假日营地、良渚国际艺术学院等为核心的教育产业；以随园为核心的养老产业在良渚文化村也已经形成。

和房地产项目单纯强调宜居不同的是，特色小镇在建设中更加注重通过产业聚集，融产业、旅游、社区、人文功能于一体，在以生态文明的理念推动人口城镇化、优化人口结构的同时促进房地产、金融、公共服务等配套设施产业的发展。良渚文化村在文创、教育、养老、旅游四大产业已累计投资 20 亿元，提供就业岗位超过 3 000 个，整个良渚文化村年产值达到 16 亿元。在此基础上，万科良渚文化村在产业升级方面也已形成了基本完善的思路。

为推动产业发展，万科良渚文化村主要从三方面入手，一是杭州万科在距离良渚文化村三公里外新增的城市综合体项目用地中，有 20% 的面积为产业用地，目前产业规划以剧院和文创产业为主。这也是良渚文化村"产业 2.0"的桥头堡。二是玉鸟流苏二期，玉鸟流苏一期是文创园，已入驻翻翻动漫等多家文创企业。三是把旅居业务线做完整。旅游本身也是产业，良渚旅游由旅居事业部独立运营。为了导入产业，良渚文化村在 2004 年启动酒店项目，2008 年先后开设博物馆与创意园区，2009 年设立学校、医院等。据良渚文化村负责人介绍，良渚文化村的赢利还是以房地产业为主，2016年才开始转向旅游、教育、文化等产业。在未来的很长一段时间，房地产开发还将是其主要贡献力量，现在看来是赢利的，因为后续还有100多亿元的销售额，而且周边也在持续拿地、布局和开发。

经过实践，万科良渚文化村认为，之前看到的小镇中比较合理的产业比例是在30%~40%之间，人居比例在40%~50%之间，公建配套比例在10%~20%之间，这个比例是比较合适的。良渚文化村此前人居比例偏高了，占了65%，其他占35%。如果人居比例达不到40%~50%之间，意味着产业所吸纳的就业人员将无法在这个小镇正常生活，那对小镇后续的发展也会有影响。

至于营收，万科良渚文化村负责人表示，良渚文化村在2009年，也就是拿地后的第9年才开始逐步实现正现金流，11年后实现赢利。不过即便实现赢利，主要靠的还是房地产销售，至于后期导入的旅游、文创等产业，其贡献也只占小比例。

据悉，良渚文化村还有1.5万套房屋，未来仍有5000余套的开发任务。到2022年，良渚文化村要入住4万~5万人。常住人口的不断增加也对良渚文化村的产业导入提出了更高的要求，如何落实更多人的就业，让小镇拥有"自我造血"的功能，这是摆在良渚文化村面前的新问题。

案例总结

良渚文化村的投入主要包括产业、地产和配套，该项目总占地面积1万亩,产业用地比例仅占20%,居住用地占65%,配套占15%。虽然通过旅游及文化产业获得了相关的产业运营收入,但其收入和房地产比较起来,显得微不足道。

特色小镇的投资是长线投资,从万科良渚文化村,我们可以看到近100亿元的投资是巨大的,9~10年的回报期也是很长的。

区位: 距杭州市中心约20公里,50分钟车程;

资源: 自然资源优美,紧靠国家4A级玉皇山风景区;

文化资源: 良渚遗址文化。

特色小镇的赢利点

不同类型特色小镇的赢利点不同,下面具体讲述通勤小镇、产业小镇、产品小镇的赢利点。

通勤小镇的赢利点

通勤小镇的优势是区位与交通,其赢利点的设计应当着眼于市场需求。通勤小镇的产品是人居环境,要从空间尺度、风貌景观、生活配套、城镇意向、环境氛围等多方面来打造。对政府来说,通勤小镇的收入来自税收和土地增值的溢价部分,其主要赢利点在于以下几个方面。

1. 土地储备。土地储备是基于土地的增值,土地储备在先,相当于降低了后期的成本;

2. 政府资产。各个镇政府都有一些集体资产，这些资产散落在小镇的各个地方，这些政府资产需要统一经营，才能实现利益最大化。上海有很多镇政府把政府资产统筹起来，这些资产也能作为抵押物从银行取得贷款；
3. 政策。目前很多城市还有城中村，这些城中村在上一轮城市化过程中没有得到开发，但随着我国土地改革的兴起，最近出台的农村用地政策允许在集体建设用地上直接建设租赁房，这些租赁房无须经过审批就能进入市场；
4. 税费。小镇的税费内容包括国家部分和地方留存部分，地方政府努力争取的是新增留存部分的税收财政收入。

对于PPP合作的开发商来说，政府的赢利点也是开发商的赢利点，和政府合作之后，其赢利机会是为当地政府创造新增财政收入。比政府更为灵活的是开发商的市场行为，例如，开发商可以建设房产，将物业出租、出售，或者经营某些产品，实现多元化的收入来源等。除以上政府财政的赢利来源之外，其他赢利点还包括如下方面。

1. 租赁房的开发。利用国家刚出台的部分城市试行集体建设用地可直接建设租赁房的政策，可以选择一些城中村，实施长租公寓的开发；
2. 农村改造。对现有农村进行土地整理，宅基地安置完成后，多余建设用地与政府一起推动一级开发；
3. 物业管理。为区域内的楼盘提供物业管理服务；
4. 商业开发。利用环境营造良好的生活氛围，开发有增长潜力的商业街区。

产业小镇的赢利点

产业小镇的核心是税收财政,要吸引企业入驻,主要还是要营造有利于企业业务发展的营商环境,除了产业集聚、产业生态圈的打造之外,产业的政策环境和政府服务环境是相当重要的。对一个企业来说,最容易接触到的是两个部门,一是税务部门,另一个是工商部门。

在PPP模式中,产业小镇的政府与开发商需要有正确的分工,政府要从政府角度负责营商环境的打造,开发商则要从市场角度负责营商环境的打造。开发商在产业小镇的赢利点也很多,主要包括如下方面。

1. 招商引税。这是一种双赢的模式,开发商为地方招商引资引税,将实力雄厚的企业招引过来,促进地方经济发展,地方政府有了收入,也有能力支付开发商投入部分;
2. 为企业代申请政府补贴的服务费用。入驻企业与地方政府的职能部门不熟悉,开发商可以为入驻企业向政府代申请有关的财政鼓励项目,如申请高新技术企业项目、申请专项科研项目等,申请成功后,入驻企业可向开发商支付服务费用;
3. 办公室或厂房租金。开发商可以采用自建厂房或办公楼的方式对外招商,收取租金,这种模式也可以称为"房东"模式,当然这得取决于区位;
4. 土地出让溢价部分的分成。产业小镇基础设施、产业配套等齐全后,区域价值提升,一级开发商与地方政府可以共享土地增值的部分；

5. 产业基金的股权投资分红。开发商可以和政府共同成立产业基金，所成立的产业基金可以介入企业招商的过程中，对那些融资难、企业发展前景看好的企业进行股权投资，产业基金的介入对入驻企业是很有诱惑力的，对开发商来说，产业基金作为股权介入后，入驻企业的后期发展也能够分得一杯羹，这种模式也可以称为"股东"模式；

6. 商业配套的开发等。企业入驻多了，人气自然上来了，商业配套的开发也会具有很大的赢利空间。

产品小镇的赢利点

产品小镇要吸引人气，在初期，门票还是少不了的手段。有了门票，产品小镇才能打价格战，也能够对外合作，要不然，你只能"花钱赚个吆喝"。毕竟，产品小镇大多位于偏远地区，除非是已经成熟的景区，要不然，刚建设的小镇毫无知名度，要经过好多年，才能积累一点知名度。到那时，开发商的资金压力也吃不消了。

门票是要进入营销渠道的主要手段，也是利益驱动的原始方式，人家不能赚钱，凭啥替你吆喝？对开发商来说，他们自然希望在短时间内提高知名度、提升人气，毕竟时间就是金钱，所以在策划"门票"模式的同时，也需要利用两种手段。

一种是可以借助知名的国内外知识产权，也就是IP。例如现在京东、淘宝都进军小镇了，比如搞一个天猫小镇，它要比任何一家公司宣传的效果好得多，毕竟知名度在那儿。当然，这也只是借船出海，还不能乘风破浪,毕竟,品牌和地方知名度还没合二为一。这样的品牌结盟只是让你的宣传多了一份筹码,也就是和一些大品牌的旅游集团公司合作时,多了谈判的筹码,否则对于一些没有知名度的地方,大牌旅游集团公司是不愿意合作的。

第二种是借助大牌旅游集团公司的营销渠道。所谓术业有专攻,产品小镇花再多的钱去宣传,看到你广告的人不是有市场需求的人也没用,而大牌旅游集团公司只要发一个小广告,全国甚至全球的几千个门店、网站、合作机构就可以在短时间内把小镇推广出去。毕竟大牌旅游集团的渠道是成熟稳定的,人家是组织线路的,在消费者眼里,信任大牌旅游集团要比信任你更容易,但是新建的产品小镇很难与大牌旅游集团合作,主要是因为大牌旅游集团推一个新景区也需要投入,他们的投资不是简单的一句宣传语,而是一个新的旅游线路,所以要合作的话,有几种方式,一种是你的产品小镇足够有资源和品牌,可以打动旅游集团把你作为旅游目的地去打造;一种是你的周边有成熟的国家 5A 级景区,借助周边景区推线路。

人气的问题解决了,其他产业的招商就激活了,你的物业值钱了,不用招商,人家就会来主动找你。

在产品小镇的模式中,开发商的赢利点主要包括:

1. 门票。我国的门票价格制定受到地方政府的限制,一般都需要由发改委的物价部门给景区核价;
2. 产业项目。如旅游纪念品的开发、销售;
3. 娱乐项目。如小镇内的表演团;
4. 交通项目。小镇如果有水路,则可以提供游船服务,还可以提供小镇特色的交通工具，如人力车、马车、驴车等，也可以提供在小镇中来回开动的观光车，这些交通工具都可以收费；
5. 住宿。产业引导期，开发商可以自行投资民宿或酒店业态来引导当地住宿业的发展，住宿行业是利润较高的。开发商也可以把它作为主要赢利内容来看待；
6. 物业出租。沿街门面房等都可以出租，租金一年一收，逐年递增；
7. 景点开发。利用一些大的物业建立博物馆等；
8. 体验坊。利用当地传统工艺，进行展示并销售等。

不管是康养小镇、运动小镇、文旅小镇还是美食小镇，只要是区位偏远的，都是产品小镇，其核心是吸引人气。虽然功能各不相同，但本质是一样的，这点需要我们清醒地认识到，同时，功能不同，可能赢利项目就不同，但如果游客不来，任何精彩的项目都没有用。

田园综合体的赢利点

田园综合体的赢利点来自运营，运营靠的不是土地，而是项目。对运营者来说，项目策划需要注重体验，要通过体验吸引游客的重复消费。根据项目收费的不同赢利点，可将项目分为按人次消费的项目、按时间消费的项目、按会员消费的项目、按活动消费的项目、按农产品售卖的项目、按场景体验的项目、按产业发展的项目、按空间服务收费的项目、按技术推广服务收费的项目、按广告服务收费的项目十大类。

按人次消费的项目

（1）门票

田园综合体作为景区项目，要对外收取门票，按照进入旅游的人次赢利。

（2）农村特色早点

用农产品制作的早点，包括水煮花生、酒酿圆子、烤红薯、现制豆浆、散鸡蛋、米粥等。

（3）农村特色菜肴

农家菜有很多，各地的菜式不一样，但一定是具有独特地方风味的，同时也要考虑到消费者的口味。

（4）中餐西式做法

有许多城里人不再喜欢重口味的食物，他们需要健康餐饮。可以把一些农产品用西式的方式做成餐饮，如鲜榨果汁，可以把新鲜的黄瓜、番茄、胡萝卜等当场榨成果汁，或者将自己采摘的农产品制作成沙拉等，这种自助的方式，既省力又有趣。

（5）宴会预订

现在农家乐也成为城里人享受时尚的一种消费方式，城里人喜欢的是农村的氛围。在田园综合体里，可以举办婚礼，采用西方的草坪婚礼，提供一系列的婚庆服务，同时将婚宴结合起来。

（6）自助烧烤

现在城里人喜欢到农村家庭聚餐，也特别喜欢几家人聚在一起，在草地上烧烤吃肉，田园综合体可以提供相应的烧烤器具，为游客提供相应的服务。

（7）收藏展馆

城里的房价越来越高，这对一些艺术品收藏者来说是一种压力，他们需要寻找一些合适的地方展示他们的藏品。

（8）绝活表演

可在村里的戏台等场地上组织表演绝活，按人次收费。绝活表演是一个非常重要的赢利点，关键是要请到好的表演团队。

（9）传统艺术表演

民间文化很丰富，农村的魔术、皮影戏、西洋镜等民间艺术表演虽然时代久远，但也能够用现代的音响、投影等技术提升其表现能力和可观赏性，可以和戏剧学院等合作，开发与时代需要相结合的传统艺术表演。

按时间消费的项目

（1）民宿

通过改造，将农村的民宅变为别有风味的居住空间。

（2）主题客房

根据不同的田园综合体的主题，在设计客房时，整个装修风格按照主题来策划设计，显得别致有个性。

（3）露营

可出租给游客一些安全舒适的帐篷，在周边点上灯，放上舒适的音乐，那种与大自然亲近的乐趣是令人难忘的。

（4）木屋

在100~200亩左右的树林里建造小木屋，提供小木屋的住宿方式，或提供吊床，让游客体会树林的魅力。

（5）地方特色住宿

有些地方有窑洞、石屋、茅草屋等，这些不同风格的建筑都是特色住宿。

（6）田园 KTV（卡拉 OK）

田园 KTV 可以提供大包厢，场地相对大一些，平时可以作为城里人聚会的场所，也可以用作培训或会议等。

（7）田间足浴

城里人享受惯了在包房里的足浴服务项目，很少有人能够在田间坐着舒适的躺椅，一边享受田野吹来的自然风，一边体会足疗的舒适。

（8）农村故事会

农村的故事吸引人，特别是农村的爱情故事。这些故事可由乡村艺术创作者撰写，再由演讲者在农村会堂里讲述，游客可以坐下来静听。这些故事虽然时代久远，但听起来还是令人回味无穷。

（9）水上运动

夏季的水上运动有很多项目可以设计，包括水上步行球、水上飞机、滑水道、情侣脚踏船、漂流等。

（10）山地运动

丘陵地带可以设计滑草项目，竹林地带可以设计迷宫，有些山地可以设计攀岩项目、山地滑车等，需要根据实际情况来策划。

（11）场馆游乐

在一些场馆中可设计游乐项目，如碰碰车、动感 3D 影院、农村水族馆、钓龙虾馆等，既有农村特色，又有游玩乐趣。

（12）有奖游乐

如射击小气球、套套圈儿、有奖猜谜等活动，这些游乐项目最大的问题是看上去比较"土"，需要在场景设计上更现代化一点。

（13）空中游乐

农田的空间较大，可以设计一些空中自行车、空中有轨电车等项目，同时，也可以设计一些空中飞行的项目，如滑翔伞、三角翼、热气球等。这些项目让游客在空中鸟瞰农田的景色，十分壮观。

按会员消费的项目

（1）农产品消费

田园综合体的农产品可以吸引会员，会员可以直接享受综合体的农产品。

（2）门票会员制

为吸引常客，田园综合体的门票可采用会员制，对常来综合体游玩的游客按会员价收费，会员价要比平日的价格优惠幅度更大一些。

（3）马术俱乐部

吸收马术会员，为马术俱乐部成员提供一系列的服务，比如马匹寄养服务等。

（4）农村瑜伽

农村瑜伽要体现农村的氛围，可以在葡萄架下、丝瓜棚下等地方放置瑜伽垫，播放一些音乐，并设教练教学。

（5）无人机飞行训练场

无人机飞行需要培训，田园综合体可以提供无人机的培训场所，有专人指导，按会员收费。

（6）小动物寄养舍

美国钢铁大王卡内基小时候要养动物，但这需要时间和精力，他就想了个办法，让小朋友们认养小兔子，然后在村口放了一个寄养舍，在每个养兔子的小笼子上写上小朋友的名字，他们就会主动到寄养舍喂养自己的小动物。这也类似于会员制，可以借鉴。

（7）酵素制作

制作酵素也是一种流行的方式，农村的农产品原材料丰富，可以采用会员制的方式招收会员，会员可以自己制作酵素，还可以在田园综合体提供的平台上进行交易。

按活动消费的项目

（1）拓展训练

在田间为团队活动建设一些拓展训练的设施。

（2）市民菜园

将农田分割成一块块的小地块，提供换鞋房、种地农具等服务，市民每周末可到市民菜园来活动。

（3）垂钓活动

提供较为集中的钓鱼场所或钓龙虾场所，提供垂钓器具，为游客提供相关服务。

（4）自制点心

很多城里人喜欢自己制作点心，田园综合体可以提供点心坊，让城里人自己制作小点心，自己做，自己吃。

（5）果蔬采摘

可以给游客提供自行到田园采摘的服务，每次采摘可以按人头数收费，即每个人每小时收取多少费用，但规定每个人只能限量采摘多少瓜果等。

（6）风筝制作

可以提供风筝的制作材料，让游客自己动手制作，在田野上放风筝，这也是很开心的事情。

（7）手工编织

关于柳编、竹编、棉纺织编等，综合体可以提供体验坊，由手艺人当场教游客学习编织的手艺，学习编织一些最为简单的产品，每次按小时收费，这种趣味型体验也很受城里人欢迎。

（8）女红针线

现代的女孩子习惯了工业纺针品，她们可能根本没有体会过当自己亲手缝制的手套、围巾戴在心爱的人身上时，那种自豪和浪漫的感觉。女红也是一种时代的象征，农村的手艺人可以教女游客体验手工制作各类手套、围巾、刺绣等，让她们把爱传递给自己的爱人。

（9）陶艺制作

可提供陶艺吧，让游客体验制作陶艺的乐趣，制作完成后，游客还能当场烧制后拿回家当纪念品。

（10）花艺培训

许多城里人都想养花，但不知道如何养，有些城里人还想着学习如何插花。田园综合体可以开设诸如此类的培训班，教城里人学习插花艺术和花卉的基本知识等。

（11）盆景培训

盆景也是城里人装扮居所的一个方法，可以让专业的园艺老师教他们盆景的相关知识，同时，也可以专设一个区域，用于盆景展示和交易。

（12）剪纸

农村的剪纸是最具特色的，可剪出窗花、大红喜字、各类动物等。这类剪纸工艺需要有老师教，剪纸的颜色可以多样化。

（13）格格屋

先前城里出现过"格格屋热"，格格屋就是把自己做的小工艺品放在一个店里的展示柜格子里出售。田园综合体可以开展一些手工艺的教学，学员的作品可以寄存在格格屋里售卖，学员可以共享收入所得。这些手工艺品有窗花剪纸、陶艺、盆景等。

按农产品售卖的项目

（1）手工棉被

农村大妈制作手工棉被，可以给游客提供现场定制等服务。

（2）自酿粮食酒

农村自酿的粮食酒，可以用酒坛封装，对外售卖的用小酒坛装，在农村直接喝的用大坛封装，酒坛上贴上红纸，取个好听的名字。各地根据不同情况可制作各类酒，如上海的黄酒、米酒等。如果是制作葡萄酒，则需要用酒瓶灌装，看上去更时尚。有些地方制作啤酒，也需要瓶装，外观设计中要有地方文化符号。

（3）熏制腊味品

农村的熏制腊味品现在很少见，但它也是卖点，包括腊肠、腊鸡、腊鸭、腊鱼、腊兔等，农产品以前要卖"土"，现在要卖"文创"，在外包装上要下点功夫，看上去要有地方特色，包装要小，因为城里人胃口较小。

（4）腌制品

农村的腌制品有很多，包括腌辣椒、腌萝卜、腌黄瓜、腌茄子等，各类农产品都能腌制，和熏制品一样，外包装要讲究，腌制品需要罐装，包装一定要小，不能大。

（5）菜干品

农村的菜晾干晒干了也是特制品，如梅菜干、笋干、豆角干、剁辣椒、萝卜干等，这些菜干也需要外包装，要吸引城里人来买，这些东西在城里买不到。外包装喜人，也是促使他们购买的一个理由。

（6）酱制品

农村的酱制品有很多，包括腐乳酱、辣椒酱、番茄酱等各类调味酱，这些酱制品的外包装要和超市里能买到的那些不一样，毕竟它们代表了地方特色，需要与地方文化结合起来。

（7）烘烤制品

大街上看到的烤红薯、烤玉米等小吃也能够在农村售卖，前提是要让人闻到诱人的香味，同时，也要注意防烫，外包装需要斟酌采用纸质环保的纸盒子。

（8）爆米花

小时候在村里看到的那种爆米花特别香，可以用玉米、大米之类的制作，爆米花机用火烘一会儿，打开后，砰的一声，玉米、大米的米粒一颗颗爆成了米花，香味扑鼻，那种兴奋感不言而喻。这也是城里人在城市里享受不到的好东西。

（9）手工编织品

农村的手工编织品有很多，各地取材不同，包括柳编、竹编、棉纺织编等。各种编织过程不多见，可以把它变成一种表演形式，让游客观看，同时，编织出来的工艺品也可以当场售卖。当然，编织的形象一定要卡通化、时尚化，少一些传统的外形，毕竟时代不同，审美观不一样了，手艺人用传统的技艺编织现代物品，这与工业制品不一样，多了一份味道在里面。例如，把手工编织做成手机套、卡通形象等，年轻人会更喜欢。

（10）手工针线制品

由农村阿姨手工缝制一些特色纪念品，可当场表演缝制过程，也同时在现场售卖，吸引女孩的注意力。门口可以放一幅宣传画，画上20世纪70年代"女追男"的故事，女孩用亲手缝制的手套"牵手"了男孩。这种浪漫的宣传画对现在的女孩来说是很有"杀伤力"的。

（11）陶艺制品

可创作各类农村风格的陶艺制品，一种形式是制作农村的生活用品，如农村以前使用的面盆、灶头等，虽然这些物品早已成了记忆，但陶艺做出来的用品体现的恰恰是那个时代的印象，值得回味。另一种形式是以农村场景为题材的，如农村别墅模型、农民的外形、农民大叔和农民大嫂一起干农活回来的场景等。这些陶艺制品不再只是工艺品，更多的是纪念品。

按场景体验的项目

（1）乡村酒吧

可以将乡村的场景情境化，做成类似客栈式的酒吧，让游客充分享受乡村酒吧的不同。面积不需要很大，但一定要精致，乡村适合做"清吧"，也可以邀请一些乡村音乐歌手创作原创作品来表演。

（2）农村高尔夫

利用草坪或空闲的场地，采用类似高尔夫练习场的运营方式，为游客提供一种体验。练习场地不需要很大，周边用网挡住即可。

（3）乡村游泳池

可利用原来的河滩进行改造，使之成为人工修建的游泳池。乡村游泳池在夏天特别能吸引人，周边也要提供更衣洗澡等所需的服务。

（4）乡村集体婚礼

可以和妇联、婚介机构合作，举办乡村集体婚礼，利用农村的风貌和农村的美丽景观，留下爱情的印迹。上海金山枫泾古镇就曾举办过水上婚礼，引起了媒体的广泛关注，各地年轻人纷纷报名，表示希望能够体验。

（5）乡村交友

农村是让心灵开阔的地方，让城里的男孩女孩通过农村旅游找到另一半也是一件大好事，这些活动可以与团委或一些企业的工会合作举办。

（6）乡村植树

在植树活动中可以留下游客的名字，比如，让游客在某块地上种下果树，留下名字和联系方式，三年后回来采摘，这种方式对爱情的纪念等颇有吸引力。针对新生孩子的父母，可以策划平安树的种植，也就是种苹果树，苹果寓意平平安安，年轻父母也是"种下"一个心愿。针对离婚的夫妇，也可以策划梨树种植，以此作为对过往岁月的纪念。

（7）农村运动会

可以举办拔河比赛、插秧比赛、跳绳比赛、踢毽子比赛等，参赛者不用掏钱，观赛者每人交一元钱，可以覆盖购买奖品的成本，这种活动都是图个热闹，大伙儿参与度高。

（8）小动物表演

可以举办一些小动物表演活动，如小猪赛跑等，小动物活动要有专门的赛道，对小朋友来说，它有足够的吸引力。

（9）乡村骑马

可以设计一些骑马游玩的项目，比如绕着农田骑马一圈等，这种项目不需要游客花大价钱，但他们可享受到农村的风光、享受骑马的乐趣。

（10）农村节庆

各地农村节庆不同，可以策划一些不同的节庆，比如泼水节、重阳节等。节庆活动要注重保持传统，同时要考虑现代人的思想观念和乐趣，创新活动形式，扩大游客的参与性。

（11）田头游戏

让游客体验农村孩子玩的小游戏，包括跳橡皮筋、推铁环、跳房子等，这些游戏需要有人教，也需要提供游戏的道具。

按产业发展的项目

（1）特种养殖

特种养殖主要是养殖一些特殊的动物，如饲养梅花鹿、孔雀、狐狸、野猪等不常见的动物，这些动物可以用来表演，或者供游客观赏，还有类似蝗虫、蚂蟥等昆虫，这些昆虫有高蛋白，养殖区封闭后可供游客观赏，也可以当作特色餐饮来利用。

（2）药材种植

利用农田，可以种植中药的原材料，很多植物可以药食两用，如藏红花、雪菊、芍药、芦笋等；有些植物能开花，可提供观赏价值，还能药食两用，可以开发成特色餐饮；有些植物还可以深加工，做成当地有特色的旅游纪念品。

（3）中央厨房

中央厨房是食品粗加工的重要载体，可以通过中央厨房制作快餐的半成品，再把它们配送到市区的各个餐饮点。

（4）花卉苗木市场

我国的花卉消费刚刚起步，随着人们审美意识的提高，对植物的兴趣与爱好会越来越普遍。建立花卉苗木市场，能够促进花卉苗木产品的消费与交易，还能在周边形成流通效应，带动与花卉苗木相关的产业联动。

（5）天然矿泉水的开发

可以把当地的优质水开发成城里人饮用的矿泉水，比如广西巴马、黑龙江的五大连池等地区的矿泉水。

（6）有机农产品

我国的有机农产品刚刚起步，事实上有机农产品依赖于地方环境，国内农产品还很少有能达到有机农产品标准的。有机农产品有相当严格的标准，要达到有机、无化肥、无农药，这样的要求近乎严苛，成本相当高，所以基本上有机农产品的价格都比较高。

（7）农产品深加工

我国农产品的深加工转化率达 68%，离发达国家 90% 以上的比率还较远，深加工也是国家政策鼓励的，当地农民可以利用集体建设用地与企业合作，共同建立深加工企业。我们的深加工工艺还比较落后，可以和国外的一些企业进行合作开发，降低农产品深加工的成本。

（8）专业合作社

可以联合周边农村的农民成立相应的专业合作社，统一品牌，统一管理，由田园综合体帮助推广农产品。

按空间服务收费的项目

（1）会议中心

位于郊区的会议中心较为封闭，可以用于出租，会议室可以按半天计费，另外还能带动农产品销售和餐饮服务。

（2）婚纱摄影基地

利用农村的自然风光，可以建设一些具有爱情婚庆主题的小景，对外提供婚纱摄影基地服务，按不同的婚纱主题收费。

（3）旅游集散中心

对外提供各类前往城区和其他旅游景点的巴士或班车，对内提供内部旅游的电瓶车、可出租的自行车等。

（4）旅游纪念品店

旅游纪念品店一般安排在景区的出口处，便于离去的游客购买各类旅游纪念品带回家去。纪念品店可以整体出租出去，或者按柜台面积出租。

（5）农民种菜集市

城里人到农村最想吃到的是农民自己家里种的菜，现在农药是个大问题，在田园综合体内可以提供一个区域，让农村周围老百姓卖菜，当然最好有一个快速农残留检测服务点，一方面保证质量，另一方面也监管农民的行为。在日本 MOKUMOKU 农场，每样农产品包装上还写有农民的名字，这也是很好的方式，可以建立信任关系。

（6）旅游服务中心

为游客提供商务中心、预订机票、火车票服务以及本市的旅游咨询服务等，这些服务要视具体区域来定。

（7）乡村别墅

蓝城的宋卫平提出了一个理想小镇模式，即在农村购买别墅可赠送三四亩农田的构想，这种农村的田园式生活是城里人所期盼的。如果有一定面积的建设用地，可以建成连幢别墅，每幢附赠三四亩农田，同时，可以聘用当地农民做工人，为城里人服务。

（8）老年公寓

农村的空气、农村的食品是城里老人最喜欢的，可以把农宅作为城里老人的养老公寓，让他们和农民住一起。

（9）农村小吃街

如果有一定规模的农宅，可以利用现有的建筑开发商业街，引导当地农民制作具有当地特色的小吃。

（10）艺术家创作中心

可以提供部分农宅吸引艺术家成立工作室，提供相关的创作工具，也可以提供部分空间作为艺术家的作品展示区。

（11）武术培训基地

有武术基础的区域可以建立武术培训基地，武术培训不仅可以对外招收学生，对外收费，还可以组织专场表演收费。

（12）农科教培训中心

和当地政府联系，设定地方政府的农科教培训中心，作为传播农业知识的窗口和教育基地。

按技术推广服务收费的项目

（1）优质种苗培植推广

在田园综合体建立组培实验室、推广服务中心，可以为一些优质的农产品做组培苗服务，如草莓、多肉植物、番茄等，组织培育可以增加许多新品种，有利于带动当地农产品的发展，可以按照组培苗的服务收取年费。

（2）珍稀观赏鱼繁殖推广

可以推广类似于中华鲟、娃娃鱼、锦鲤等特种鱼，通过繁殖技术，为周边农民服务。

（3）小动物繁殖训导

可以推广荷兰猪、孔雀、狐狸等小动物，不仅可以提供繁殖育种服务，还能提供训导服务。

（4）有机肥料生产推广

随着国家有关部门提出化肥、农药零容忍的要求，农村有机肥市场将得到迅猛的发展，有机肥料原料多样，田园综合体应当有序利用综合体内的有机生活废料进行有机肥料的生产，一方面可以用于自身农业生产的需求，另一方面可以对外推广。

（5）温室技术推广

我国的温室种植已经开始普及，滴灌技术、植保技术等可以对外推广实施。

按广告服务收费的项目

（1）酒水广告服务

现在很多酒厂和饮料公司都有广告需求，它们会给餐饮店一些赞助费用，提供印有酒水饮料标识的冰箱等，餐饮店销售酒水还能有提成。餐饮店若同意让酒水品牌在店内醒目的地方做广告，还能收取一定的广告阵地费。

（2）促销广告

现在手机、房地产等促销商都需要找一些场地搞促销活动，可以利用节假日客流量高的时间出租摊位给房地产商或通信公司，让它们做促销活动。

（3）刀旗或沿路广告阵地

田园综合体四周的道路也能建成广告阵地，甚至电线杆上的刀旗都可以出租给广告公司。

（4）门票广告

田园综合体门票背后的位置可以提供给广告公司做广告。门票印量大，对广告商来说也是很好的广告媒介。

PPP 类型及运作模式汇总

根据世界银行和欧盟委员会对 PPP 的分类方式，结合我国目前的 PPP 模式应用现状，PPP 模式可分为三大类，共 15 种运作模式[25][26]。

第一类：外包

第一种模式：管理外包
（management contract，MC）

管理外包是指政府保留存量公共资产的所有权，将公共资产的运营、维护、用户服务的职责等授权给民间资本运营的一种模式，这种模式相当于政府购买服务，政府出一定的管理费用给民间资本，委托民间资本代管。当然，这种模式的前提是原先的管理费用要比后期外包后的成本高昂很多。

第二种模式：服务外包
（service contract，SC）

服务外包是指政府将基础设施的服务外包给民间资本，但仍负责设施的运营和维护费用，承担项目的融资风险，时间一般小于 5 年。

第三种模式：委托运营
（operation & maintenance，O&M）

委托运营是指政府保留存量政府资产的所有权，仅把政府资产的运营和维护责任委托给民间资本，并向民间资本支付委托运营的费用。

第四种模式：设计制造运营
（design-build-operate，DBO）

设计制造运营，指的是承包商设计并建设一个公共设施或基础设施，并且负责运营，满足在工程使用期间公共部门的运营要求。承包商负责设施的维修保养，以及更换在合同期内已经超过使用期限的资产，在该合同期满后，资产所有权移交给公共部门。

设计制造运营模式的责任主体比较单一，项目的全寿命周期成本能够得到优化，特别是对项目方或责任方来说，不存在融资风险，因此，它是很多发达国家普遍采用的一种模式，涉及领域包括污水处理、供水工程、海水淡化等。

第二类：特许经营

第一种模式：建设 - 经营 - 转让
（build-operate-transfer，BOT）

建设 - 经营 - 转让是私营企业参与基础设施建设，向社会提供公共服务的一种方式。

我国一般称这种模式为"特许权"，它是指政府部门就某个基础设施项目与私人企业（项目公司）签订特许权协议，令签约方的私人企业（包括外国企业）承担该项目的投资、融资、建设和维护，在协议规定的特许期限内，许可其融资建设和经营特定的公用基础设施，并准许其向用户收取费用或出售产品以清偿贷款、回收投资并赚取利润。政府对这一基础设施有监督权、调控权，特许期满，签约方的私人企业将该基础设施无偿或有偿移交给政府部门。

第二种模式：移交－经营－移交
（transfer-operate-transfer，TOT）

移交－经营－移交模式是国际上较为流行的一种项目融资方式，通常是指政府部门或国有企业将建设好的项目的一定期限的产权或经营权有偿转让给投资人，由其进行运营管理；投资人在约定的期限内通过经营收回全部投资并得到合理的回报，双方合约期满之后，投资人再将该项目交还政府部门或原企业。这一模式的运用一般是为了保障建设－经营－转让模式的顺利进行，通常情况下，政府会将这两个项目打包，一起运作。

第三种模式：改扩建－运营－移交
（renovate-operate-transfer，ROT）

改扩建－运营－移交是政府在移交—经营—移交模式的基础上，增加改扩建内容的项目运作方式。

第四种模式：建设－租赁－运营－移交
（build-lease-operate-transfer，BLOT）

建设－租赁－运营－移交指民间资本与地方政府签订租赁合同，

由民间资本在土地上投资、建设基础设施，并在租赁期内经营设施，合同结束后再移交给政府。

第五种模式：建设－拥有－运营－移交
（build-own-operate-transfer，BOOT）

建设－拥有－运营－移交是指由民间资本承担新建项目的设计、融资、建造、运营、维护和用户服务的职责，合同期满后，项目资产及相关权利等移交回政府。

第六种模式：建设－租赁－转让
（build-lease-transfer，BLT）

建设－租赁－转让是指政府出让项目的建设权，由民间资本负责项目的融资和建设管理，项目建成后租赁给政府，由政府负责项目的运营和维护，并支付给民间资本一定的租金。租赁期满，所有权再移交给政府。

第七种模式：建设－移交－运营
（build-transfer-operate，BTO）

建设－移交－运营是指民营机构为水务设施融资并负责其建设，完工后即将设施所有权（注意实体资产仍由民营机构占有）移交给政府，随后政府再通过长期合同授予该民营机构经营该设施的权利，使其通过向用户收费的方式收回投资并获得合理回报。这一模式适合有收费权的新建设施，譬如水厂、污水处理厂等终端处理设施，政府希望在运营期内保持对设施的所有权控制。

第八种模式：设计－建设－融资－经营
（design-build-finance-operate，DBFO）

设计－建设－融资－经营的关键创新在于它不是传统的资本性资产采购，而是一种服务采购政策。该政策明确规定了服务结果和绩效标准。这个术语是由英国高速公路管理局提出来的，用来描述依据私人主动融资模式制订的基于特许经营的公路计划。

第三类：所有权转移

第一种模式：建设－拥有－运营
（building-owning-operation，BOO）

建设－拥有－运营模式是一种正在推行中的全新的市场化运行模式，即由企业投资并承担工程的设计、建设、运行、维护、培训等工作，硬件设备及软件系统的产权归属于企业，而由政府部门负责宏观协调、创建环境、提出需求，政府部门每年只需向企业支付系统使用费，即可拥有硬件设备和软件系统的使用权。这一模式体现了"总体规划、分步实施、政府监督、企业运作"的建、管、护一体化的要求。在这一模式中，合同是无期限的，它属于完全私有化的一种形式。

第二种模式：购买－更新－经营
（purchase-utilize-operate，PUO）

购买－更新－经营模式是指由民间资本购买现有的基础设施，经过更新扩建后再经营，民间资本拥有所有权。在与政府部门签订合同时，要明确公益性的条款，同时，运营期间项目也受到政府的管理和监督。

第三种模式：股权介入
（stock holding）

股权介入包括两种，一种是股权转让，也就是政府将现有公共设施的部分所有权转让给私人部门持有，政府部门处于控股地位，公私合营，这也就是现在较为热门的"混改"。另一种是合资兴建，也就是民间资本和政府合作，共同出资兴建公共设施，民间资本通过持股的方式拥有公共设施的经营权，采用公司化管理体制。政府部门在合资中必须控股，并与民间资本共担风险。

以上林林总总的模式都属于PPP模式的类型，对于不同类型的小镇、不同的运营模式，应当采用不同的PPP模式。PPP项目都属于公益类项目，合作方式是社会付费、政府付费、"社会付费+政府补贴"三种形式。

对政府来说，不仅可以通过土地溢价收益和财政收入来付费，还可以将政府原有的资产打包委托给开发商，这取决于双方对投资预期的认同和科学的测算依据。

企业投资小镇的赢利模式设计

模式一：住宅回报型

模型公式：住宅利润＝住宅销售收入－住宅成本－产业投入成本－配套成本

住宅属于第一居所，小镇通过住宅可以吸引新的居民，但小镇如果缺乏产业和配套，就留不住人，所以"产业+配套"成本是投入，住宅利润是回报。这种模式适用于通勤小镇,由于通勤小镇靠近城区,城区的年轻人在小镇置业更喜欢选择低密度住宅。

模式二:产业回报型

模型公式:企业税收亩产出 = 产业用地税收总量 / 亩数

区域经济的核心是产业,产业是靠企业支撑的,对小镇来说,优质项目是拉动区域经济的核心,产业用地的亩均税收收入是地方财政的主要来源,通过提升每亩土地亩均产出率来平衡区域投入,这种模式适用于产业小镇,它通过引入产业集群,拉动区域经济。

模式三:地块增值回报型

模型公式:地块增值 = 若干年后的土地价 - 现在的土地价

地块增值的核心在于土地的增值,土地增值靠的是人气。区域通过人气带来资金流、技术流、信息流和物流,从而提升地块的价值。

人气需要依赖小镇的区域功能辐射周边区域,这一模型在历史古镇的保护与开发中可以利用,例如采用"新镇+古镇联动开发"的模式,新镇区用于古镇居民的安置,古镇区用于保护性利用。古镇区被开发成景区后可以吸引外部客流,进而带动周边区域地块价值提升,届时逐步出让周边区域地块即可获得增值收益。

模式四：度假物业投资回报型

模型公式：投资回报＝度假物业销售收入－度假物业成本－旅游投资

度假物业如果由投资者持有，则该资产必须长期持有，并需要通过长期运营收益来反哺，对投资者来说，度假资产越重，压力越大。所以，通过出售度假物业取得收益是最佳的选择，但出售度假物业如果不产生收益也不会有人来购买，为此，购买度假物业的首要人选是投资者，投资者购买物业后对外经营取得收入。这种模式适用于产品小镇。在产品小镇里，景区对外经营拉动人气，提升外来游客对住宿的需求，而在景区外围，可以建设别墅，将其卖给投资者，投资者购买别墅后委托景区做成民宿对外统一经营，民宿收入就是投资者的投资回报。

模式五：综合收入回报型

模型公式：综合收入＝门票＋餐饮＋租金＋住宿＋农产品销售等

田园综合体依托于农田、宅基地、集体建设用地，鉴于其产权关系，无法通过物业权益取得收益，所以只能通过经营性收益来实现收入，这些收入包括门票、餐饮、租金、住宿、农产品销售等，其核心是要打造主题，吸引城市人口来消费。当然，有些地方允许"村改"，也能适当通过它取得一定的国有建设用地，以此进行物业建设。

关于美国小镇的税收增额融资开发模式在我国应用的思考

税收增额融资（tax increment financing，后简称 TIF）是美国小城

镇地方财政借款融资的一种方式，20世纪50年代兴起于美国加利福尼亚州。其兴起背景是在20世纪50年代，由于联邦政府削减了为城市社区发展提供的财政拨款，导致地方政府陷入严重的财政困难。[27]同样，如果我国要改变"土地财政"的现状，停止供地，有些地方政府的财政也会相应陷入困境。

在这种背景之下，TIF被地方政府当作推行区域经济再发展政策的最有实际效果的融资手段。美国已有49个州通过了有关TIF制度的立法。[28] TIF已成为美国地方政府广泛的财政制度安排和促进经济发展的重要工具。

TIF的概念

TIF是指将区域内新增税收的对外融资用于公共投资的一种手段。其本质是地方政府利用信用筹集资金，用于扩大在衰败地区的公共投资，改善基础设施，并由此引导私人投资进入指定区域的一种财政机制。实施TIF项目的地区（街区）被称为"税收增额融资区"（TIFs）。[29]

TIF的基本原理是"物业增值"的概念。TIF的基金投入市政基础和公共配套服务后，区域内的物业价值也会相应提升。因为，如果TIF的基金被用来提供基础设施，使该地区对投资者更有吸引力，那里的土地需求将会上升。有时甚至在公共投资还未投放之前，TIF内的地块就可能出现增值。[30]美国各个地方政府在实施TIF制度后，发现它能使衰败地区得到再发展，促进地方经济的发展。TIF是地方政府培育和推动市场驱动型城市更新的、最有力的工具之一。

在TIF实施过程中，它大多数是和私营投资形成配比关系的，地方政府实施 TIF 的目的也是吸引私营投资。在大多数项目中，市政投资仅仅是私营公司所调配资金的一小部分。对得克萨斯州 14 座城市的 TIF 项目进行的一项研究发现，公共资金平均仅占项目成本的 13%。同样，芝加哥通常将其 TIF 补助限制在项目成本的 20% 以内，但公共资金的比例大小取决于项目类型。TIF 是地方政府与开发商达成一致的协商过程。例如，在圣路易斯郊区大型购物中心的再开发项目中，开发商最初要求得到 5 000 万美元的公共资金，作为对 2 亿美元私人投资的交换，但最终仅得到 2 890 万美元。[31]

在美国，虽然各州 TIF 立法的细节各不相同，但其根本设计是相似的。地方政府必须证明一个再发展地区符合州政府关于衰败地区的定义，州政府也需要地方政府证明该地区除非采用 TIF，否则不能得到再发展。具体来讲，地方政府在推行 TIF 项目之前，会为特定的地区准备一份 TIF 计划。而这些特定的地区必须通过"衰败检验"（blight test）和"除非采用 TIF"检验（"but for" test）。一旦这一地区符合上述两方面的检验标准，即被指定为"税收增额融资区"，地方政府将得到授权实体（州政府）的许可，发行 TIF 债券，为发展计划筹集资金。

在实施 TIF 时，首先需要围绕项目划定一定范围的区域，并设立该区的管理机构和发展基金。划定区域后，政府会依据区内当前的"均等化评估价值"（equalized assessed value，EAV）确定财产税的基准值，并将该部分税收冻结。

TIF 的实施一般为 20 年，TIF 计划将来自该区域的财产税收入分为两类：开发前对该区域的价值进行评估，并以此作为税基收取的税款被地方政府用于一般性支出；再开发以后，该区域的价值产生了增加值，以此为税基征收的税款被存放在一个特殊的增加值基金中（属于 TIF 管理局），该基金的收益可用来偿还所发行的用于再开发区内公共改善项目融资的债券。

与其他融资方式相比，发行 TIF 支持的债券将被用于前期土地的购买和开垦，用于公共基础设施，如街道、路灯、自来水和排污管线、道路镶边、下水道、园林景观等的建设。政府将本片土地初步开发好以后，就以低于地方政府开发成本价的价格出售给私人开发商——此种技术常被称为"土地成本减低"。[32] 也就是说，TIF 以发行融资债券为主要手段，以公共基础设施建设为主要内容，通过对开发前不动产税收预先设定一个基值，而开发后可能产生税收收入的增量部分作为税收增值，以此大幅度降低开发成本，解除开发商的后顾之忧。为此，有学者将其定义为专门为开发商设计的一种融资方案。

虽然各州法律不同，但 TIF 产生的资金通常可用于多种目的，包括基础设施的安装、维护或升级，如街道和街道照明、路沿和人行道改良、桥梁和道路、总水管和供水、污水处理、废水处理、排洪、公园、停车场、受污染场地的环境修复、土地征购和清理、规划和可行性研究以及债券融资的交易成本。以这个基本模板为框架，TIF 计划在规模、税基、位置和所支持的发展类型等方面有非常大的弹性。芝加哥地区的 TIF 规划区初始税基课税估价的范围从 1 000 美元到 10 亿美元不等。许多 TIF 计划旨在协助某几家公司，其他 TIF 计划则力图将大量投资者吸引到一个地区。一个城市可以响应开发商的提议而建立 TIF 规划区，也可以在建立 TIF 规划时无特定的开发项目。TIF 计划可以在中央商业区、城市制造工业区、小城镇、郊区、停用的军事基地和农田等实施，用于支持产业、大型购物中心、写字楼、综合用途项目和住房。

我国特色小镇的困境及 TIF 思考

目前我国特色小镇的开发也涉及如何导入社会资本的问题。虽然特色小镇受到了各大开发商的青睐，但很多开发商还没想明白运营模式，特别是最新的政策要求"去房地产化"，这对开发商来说，就增加了投资特色小镇的难度。

特色小镇的投资建设开发成本主要包括产业用地的开发与建设、市政设施和公共配套服务的建设以及住宅用地的开发与建设等，一个特色小镇的投资至少也要 50 亿元，回报期要在 10 年左右。除了类似于产业园区的用 PPP 模式发展的小镇，其他类似于旅游项目的小镇很难获得政府资金的回报，只能靠自身的经营实现营收及获得回报，这对特色小镇的开发商来说，资金压力大，风险也大。

借鉴美国的 TIF 模式，特色小镇的投资开发也可以寻求新的模式突破。与美国相比，我国地方财政的自主性较强，但我国地方政府出台的政策与企业投资的相关性不强。TIF 借助公共投资来降低企业投资成本，有利于综合推动地区经济发展。

特色小镇的开发投资主要涉及以下 6 个部分：小镇整体的规划、土地整理、市政建设、公共配套建设以及产业招商和运营。其中市政建设和公共配套建设属于公共投资，区域规划、土地整理属于地产投资，招商和运营则属于经济投资。

TIF 的核心在于区域开发前的资产冻结和开发结束后的资产解冻两者所形成的价值差异。如果在国内实施此类的 20 年冻结期，那么对开发商来说，投入与产出的期间差是 20 年，可能时间太长，如果能够缩短到 10 年，对开发商来说，就会有一定的吸引力。这期间，开发商和地方政府会产生一个共同的目标，即让地方的资产升值。双方目标一致了，就能够侧重于区域运营，而不是短期的投机行为。

然而对企业来说，长期持有物业的压力会很大，虽然 TIF 解决了公共投资问题，减轻了企业的资金投入成本和压力，但物业投资的回报期太长，需要同步引入特色小镇的房地产投资信托基金（REITs），更好地降低物业建设成本，从而让企业更好地将资金投入区域的运营。

案例分析：
安徽巢湖三瓜公社

三瓜公社位于安徽巢湖经济开发区，占地 10 平方公里，包括三个村，毗邻半汤温泉景区。半汤温泉景区已经是成熟的景区，游客量众多。

2015 年 3 月，安徽徽商集团与安徽巢湖经济开发区联手打造成立了安徽三瓜公社投资发展有限公司，注册资本 3 000 万元，项目总投资 3 亿元，建设周期 36 个月，2015 年 7 月启动，同年 9 月 1 日正式成立。

经过三年的建设，三瓜公社已从之前的一个无人问津的小乡村变成了美丽乡村、文创乡村、电商乡村。

在公社一面白墙的显眼处，写着一句"把农村建设得更像农村"，署名是孙君。孙君先生就是一位著名的乡建人。

走过整个村落，我能深深感受到孙君先生的思想和力量，每一处乡村美感都浸淫了他独特的视角和思考。无处不"创意"，无处不"文化"。

第七章 特色小镇与田园综合体的商业模式

图36 三瓜公社的小镇标牌

据介绍，所谓"三瓜"是指坚持"一村一品，一户一特"的理念，打造冬瓜、西瓜、南瓜特色。三瓜公社携手中国农道联盟和北京绿十字，以"把农村建设得更像农村"为理念，保护乡村建设肌理，推进示范特色村创建，展示乡村自然人文特色。对汤山旧民宅进行"一户一特"的重新定位设计，对汤山古村落进行"一村一品"的建设布局，形成"冬瓜民俗文化村""南瓜农特电商村""西瓜民宿美食村"三大特色村。三瓜公社用一年的时间，通过保护环境生态、人文生态，率先打造了合肥生态村；用两年的时间，潜心发掘半汤好产品，发展半汤好电商，发挥半汤好产业，打造了安徽电商第一村。

"冬瓜民俗文化村"：该村是三瓜公社在原生态保护与改造方面的

重点村落，它挖掘还原巢湖地区 5 000 年的农耕民俗文化，专业从事半汤温泉度假区的文化创意、文化发掘、品牌包装、活动策划、特色民俗产品及旅游纪念品开发和销售等工作。在这里，你可以看到传统的老油坊、布坊、酒坊，体验江淮地区农村的真实生活场景与农家生活情趣，欣赏老百姓喜欢的地方戏庐剧，购买手工土布等。

图 37　三瓜公社展馆大门口

"南瓜农特电商村"：该村将作为半汤乃至巢湖地区的电商聚集地，全面对接淘宝、京东、1号店、苏宁、顺丰优选等平台资源，主打茶、泉、农特、文化四大系列产品，整合包装安徽名优特产货源，让村民可以在家里足不出户，就把产品卖向全国各地，充分享受到"互联网＋三农"所带来的发展新机遇。

"西瓜民宿美食村"：该村依托山水如画的自然地理环境，建立了40家风格迥异的农家乐餐馆与民居客栈，以充分满足半汤温泉度假旅游区游客的餐饮需求。在这里，你既能品尝地道的巢湖风味美食与农家土菜，又能在古民居里感受鸡犬相闻、返璞归真的田园生活。消费方式也很新颖，你可以通过扫码下载餐饮住宿公司的应用软件下单消费，消费结束后在线上打分，新的游客就可以根据满意度进行选择。

图 38 三瓜公社展馆展厅实景

三瓜公社以"线下体验、线上销售，企业引领、农户参与，基地种植、景点示范"为模式，围绕民俗、文化、旅游、餐饮、休闲等多个领域，综合现代农特产品的生产、开发、线上线下交易、物流等环节，探索出一条信息化时代的"互联网+三农"之路。三瓜公社目前开发出的产品系列主要有茶、泉、农特、文化四大系列。茶包括红茶、绿茶、茶产品三大系，泉包括温泉、冷泉、山泉三大系，农特包括由原味品、原味山货组成的农产品和由手工艺、加工食品组成的特产品两大系，旅游文化产品则主要包括火山石、温泉旅游用品、半汤文化用品三大系。

三瓜公社目前的主营业务和职能是农业科技开发、生态农业观光、文化艺术交流策划、电子商务网络平台，项目定位是以半汤国际温泉度假区为依托，以当地的古朴村落和优美生态为基础，以"政府引领、农户参股、企业经营"为发展模式，集民俗文化、休闲旅游、农业种植、电子商务及新农村建设于一体，打造极富地方特色的民俗文化旅游基地，立足合肥，辐射安徽和整个长三角地区，成为国内具有独特品牌影响力的"世外桃源"。

据介绍，三瓜公社是安徽省内目前做得最好的特色小镇。在前期，小村的居民都由巢湖经济开发区安置在域外的安置房内。巢湖经济开发区和徽商集团合作后，建设和运营由项目公司负责。

三瓜公社本来就依山傍水，自然景观基础很强，加上依托原有的半汤温泉景区，三瓜公社成了温泉景区旅游集群的一个重要景点，旁边还有一个烔炀古镇在修复中。

整体感觉上看，三瓜公社的灵魂人物是孙君先生。乡建不是难事，难在美感的塑造。没有艺术家的心血，村落可能还是村落。现在的三瓜公社俨然是一个艺术区、创意产业园和电商平台。当然，这一切离不开巢湖经济开发区和徽商集团的资本和支持。

案例总结

三瓜公社是乡建 PPP 模式探索的一个试点，建设期完成后，即将迎来引导期和运营期。由于区位偏远，三瓜公社不能依赖"城市后花园"的定位，而需要着眼于靠近合肥机场的交通条件，依托巢湖、古镇、温泉等形成旅游度假集群，打造旅游目的地，吸引国内外游客。

区位： 巢湖市郊区小镇，距合肥一小时车程；

交通： 高速公路便利，靠近合肥机场；

资源： 特色小镇、山水景观、古镇、半汤温泉。

本章小结

PPP 模式的核心是实现双赢。PPP 的模式多种多样，企业在思考与地方政府合作之前，首先要想明白市场导向的赢利模式和赢利点。本章阐述了 PPP 模式的一些基本概念、各类小镇与 PPP 模式间的关系以及各类小镇与田园综合体的赢利点等。

后　记

2016年7月，发改委、住建部关于特色小镇的文件掀起了"特色小镇热"，一时间，各地房地产商纷纷涉足特色小镇。城市经济、区域经济是我多年研究的领域，在攻读同济大学博士学位期间，我就着重研究西方国家的区域经济理论。我翻阅了很多有关城市发展、城市规划的英文文献，并完成了《治理城市病的规划探讨》一书，该书已由上海社会科学院出版社出版。

我似乎冥冥中注定与特色小镇事业相伴一生，我从2000年开始从事开发区的招商引资工作，2007年开始从事古镇的保护与开发，2012年开始从事农业科技园区的开发，2017年又回到了特色小镇开发。

我还记得在2008年去北京申领国家级历史文化名镇铜牌时的那一份激动。那一年的国家级历史文化名镇评选，全上海只评上了一个新场古镇，新场古镇也是继朱家角、枫泾古镇之后上海地区第三个国家级历史文化名镇。

如果说新场古镇是我从事特色小镇工作的起点，那么我在上海国家级农业科技园区的工作就是我的另一个起点。古镇保护与开发是一种小镇的特色产业，农业科技更是小镇的特色产业，我国农业长期处于生计农业状态,农村、农业、农民问题始终是社会各界关注的重要问题,中央一号文件几乎年年都是关于农业的。进入农业科技领域,让我有幸结识了农业界的领袖人物,如北京大学原校长许智宏院士。许院士是我们孙桥院士工作站的首席科学家,也是我国转基因食品方面的权威专家,多次在公开场合普及转基因食品的基本知识。我记得许院士曾和我说起我国社会的植物知识普及率不高,并希望我们孙桥在植物知识普及方面多做工作。

图39 新场古镇授牌仪式。左为时任国家住建部副部长仇保兴,右为时任国家文物局副局长童明康,中间为我本人

农业、农村、农民是一个系统工程,我在孙桥工作时接待了前来考察的各省市领导,大家来上海看农业都有一个看法,即上海的农业和外省市的农业不同,上海农业属于都市农业,而外省市很多地区属

于偏远地区,它们的农业不能和上海农业一样搞,上海的农业占上海GDP的比例仅为0.2%,可见都市农业已经不再是创造国民生产总值的主力,在大都市经济发展潮流中,都市农业已转变为提高地区国民生产总值的附属功能。

图40 我和同事一起拜访许智宏院士时在许院士家中的合影,中间为许智宏院士,左为我本人

农业该怎么搞?当时我和中国农学会园区分会和产业化分会的秘书长冀献民先生交流时,他的体会很深。冀秘书长身兼两个分会的秘书长,既有科研院校、农业科技园区的人脉,又有产业化分会龙头企业的人脉,对农业的科研、园区、产业、市场等各个领域都有涉及,他曾亲自参与了2017年一号文件的起草,谈到了农业需要和第一产业、第二产业、第三产业深度融合。

这些理念和市场不谋而合,作为中国农业产业化分会的会长,汇源集团董事长朱新礼先生也一直提倡田园综合体。

汇源集团不仅是果汁行业的领头羊,也是国内饮料行业的先锋品牌，但朱新礼董事长一直心系农业种植，早就在全国各地布局有机农业基地，同时，他也在探索农村一二三产业的高度融合。汇源集团在湖北省钟祥市投资建设的华中第一农业体验园就结合了田园综合体的理念，将农业观光、农业体验、农业加工、农业亲子、农业度假等功能深度融合。目前，汇源集团也成立了木屋公司，专业从事民宿的木屋建设，他们在北京密云建立的生态园内就有自己建设的木屋样板房展示。

图41 我与冀献民秘书长在他办公室的合影，左为冀献民先生，右为我本人

　　田园综合体是一个刚兴起的新鲜事物，随着"创新、协调、绿色、开放、共享"五大发展理念的兴起，绿色、生态、可持续成为我国当前社会经济发展的主要潮流。2017年以来，农村土地的系列改革吹响了农村改革的号角，特色小镇、田园综合体方面陆续出台系列政策，这些政策的矛头都不约而同地指向了农村、农业、农民。十九大报告更是提出了乡村振兴战略，提出划定城镇开发边界。

图 42 我和朱新礼董事长在北京市密云区汇源生态园的合影，右为朱新礼董事长，左为我本人

在实践和研究特色小镇、田园综合体的过程中，我一直在思考如何破解胡焕庸线的难题，如何解决城乡一体化的难题。我个人觉得今后可以从以下三个方面去研究。一是研究容积率转移的可能性。城乡一体化要求城市与农村两端同时发力，城镇开发边界的设置体现了"城镇边界内集约建设，城镇边界外生态保护"的理念。生态保护也需要投入，以往"土地财政"的发展模式会发生极大的改变，土地指标会越来越稀缺，未来，代表空间管理指标的容积率可以转化为新的城镇化动能，替代土地指标，进而解决地方政府财政收入来源的难题。

二是研究产业小镇基金与城镇化之间的关系问题。特色小镇是长线投资，属于区域经济，靠一家企业难以支撑，需要通过产业小镇基金的方式撬动大规模资金。三是研究生物质能源小镇，针对那些处于偏远地区的小镇，需要通过生物质能源来解决小镇的供电、供水、供暖、供气等基础设施问题，改善小镇居民的生活条件。

在后工业化背景下，我们将转向人居时代，特色小镇与田园综合体都离不开"美"，离不开宜居宜业，离不开享受生活，投资特色小镇与田园综合体，也就是投资未来！

附录 1

住房城乡建设部 国家发展改革委 财政部关于开展特色小镇培育工作的通知

建村〔2016〕147号

各省、自治区、直辖市住房城乡建设厅（建委）、发展改革委、财政厅，北京市农委、上海市规划和国土资源管理局：

　　为贯彻党中央、国务院关于推进特色小镇、小城镇建设的精神，落实《国民经济和社会发展第十三个五年规划纲要》关于加快发展特色镇的要求，住房城乡建设部、国家发展改革委、财政部（以下简称三部委）决定在全国范围开展特色小镇培育工作，现通知如下。

　　一、指导思想、原则和目标

　　（一）指导思想

　　全面贯彻党的十八大和十八届三中、四中、五中全会精神，牢固树立和贯彻落实创新、协调、绿色、开放、共享的发展理念，因地制宜、突出特色，充分发挥市场主体作用，创新建设理念，转变发展方式，通过培育特色鲜明、产业发展、绿色生态、美丽宜居的特色小镇，探索小镇建设健康发展之路，促进经济转型升级，推动新型城镇化和新农村建设。

（二）基本原则

——坚持突出特色。从当地经济社会发展实际出发，发展特色产业，传承传统文化，注重生态环境保护，完善市政基础设施和公共服务设施，防止千镇一面。依据特色资源优势和发展潜力，科学确定培育对象，防止一哄而上。

——坚持市场主导。尊重市场规律，充分发挥市场主体作用，政府重在搭建平台、提供服务，防止大包大揽。以产业发展为重点，依据产业发展确定建设规模，防止盲目造镇。

——坚持深化改革。加大体制机制改革力度，创新发展理念，创新发展模式，创新规划建设管理，创新社会服务管理。推动传统产业改造升级，培育壮大新兴产业，打造创业创新新平台，发展新经济。

（三）目标

到2020年，培育1 000个左右各具特色、富有活力的休闲旅游、商贸物流、现代制造、教育科技、传统文化、美丽宜居等特色小镇，引领带动全国小城镇建设，不断提高建设水平和发展质量。

二、培育要求

（一）特色鲜明的产业形态

产业定位精准，特色鲜明，战略新兴产业、传统产业、现代农业等发展良好、前景可观。产业向做特、做精、做强发展，新兴产业成长快，传统产业改造升级效果明显，充分利用"互联网＋"等新兴手段，推动产业链向研发、营销延伸。产业发展环境良好，产业、投资、人才、服务等要素集聚度较高。通过产业发展，小镇吸纳周边农村剩余劳动力就业的能力明显增强，带动农村发展效果明显。

（二）和谐宜居的美丽环境

空间布局与周边自然环境相协调，整体格局和风貌具有典型特征，路网合理，建设高度和密度适宜。居住区开放融合，提倡街坊式布局，住房舒适美观。建筑彰显传统文化和地域特色。公园绿地贴近生活、贴近工作。店铺布局有管控。镇区环境优美，干净整洁。土地利用集约节约，小镇建设与产业发展同步协调。美丽乡村建设成效突出。

（三）彰显特色的传统文化

传统文化得到充分挖掘、整理、记录，历史文化遗存得到良好保护和利用，非物质文化遗产活态传承。形成独特的文化标识，与产业融合发展。优秀传统文化在经济发展和社会管理中得到充分弘扬。公共文化传播方式方法丰富有效。居民思想道德和文化素质较高。

（四）便捷完善的设施服务

基础设施完善，自来水符合卫生标准，生活污水全面收集并达标排放，垃圾无害化处理，道路交通停车设施完善便捷，绿化覆盖率较高，防洪、排涝、消防等各类防灾设施符合标准。公共服务设施完善、服务质量较高，教育、医疗、文化、商业等服务覆盖农村地区。

（五）充满活力的体制机制

发展理念有创新，经济发展模式有创新。规划建设管理有创新，鼓励多规协调，建设规划与土地利用规划合一，社会管理服务有创新。省、市、县支持政策有创新。镇村融合发展有创新。体制机制建设促进小镇健康发展，激发内生动力。

三、组织领导和支持政策

三部委负责组织开展全国特色小镇培育工作,明确培育要求,制定政策措施,开展指导检查,公布特色小镇名单。省级住房城乡建设、发展改革、财政部门负责组织开展本地区特色小镇培育工作,制定本地区指导意见和支持政策,开展监督检查,组织推荐。县级人民政府是培育特色小镇的责任主体,制定支持政策和保障措施,整合落实资金,完善体制机制,统筹项目安排并组织推进。镇人民政府负责做好实施工作。

国家发展改革委等有关部门支持符合条件的特色小镇建设项目申请专项建设基金,中央财政对工作开展较好的特色小镇给予适当奖励。

三部委依据各省小城镇建设和特色小镇培育工作情况,逐年确定各省推荐数量。省级住房城乡建设、发展改革、财政部门按推荐数量,于每年8月底前将达到培育要求的镇向三部委推荐。特色小镇原则上为建制镇(县城关镇除外),优先选择全国重点镇。

2016年各省(区、市)特色小镇推荐数量及有关要求另行通知。

联系单位:住房城乡建设部村镇建设司

联 系 人:林岚岚、贾一石

电   话:010-58934432、58934431

传   真:010-58933123

中华人民共和国住房和城乡建设部
中华人民共和国国家发展和改革委员会
中华人民共和国财政部
2016年7月1日

附录 2

国家发展改革委关于加快美丽特色小（城）镇建设的指导意见

发改规划〔2016〕2125 号

各省、自治区、直辖市、计划单列市发展改革委，新疆生产建设兵团发展改革委：

特色小（城）镇包括特色小镇、小城镇两种形态。特色小镇主要指聚焦特色产业和新兴产业，集聚发展要素，不同于行政建制镇和产业园区的创新创业平台。特色小城镇是指以传统行政区划为单元，特色产业鲜明、具有一定人口和经济规模的建制镇。特色小镇和小城镇相得益彰、互为支撑。发展美丽特色小（城）镇是推进供给侧结构性改革的重要平台，是深入推进新型城镇化的重要抓手，有利于推动经济转型升级和发展动能转换，有利于促进大中小城市和小城镇协调发展，有利于充分发挥城镇化对新农村建设的辐射带动作用。为深入贯彻落实习近平总书记、李克强总理等党中央、国务院领导同志关于特色小镇、小城镇建设的重要批示指示精神，现就加快美丽特色小（城）镇建设提出如下意见。

一、总体要求

全面贯彻党的十八大和十八届三中、四中、五中全会精神，深入学习贯彻习近平总书记系列重要讲话精神，牢固树立和贯彻落实创新、协调、绿色、开放、共享的发展理念，按照党中央、国务院的部署，深入推进供给侧结构性改革，以人为本、因地制宜、突出特色、创新机制，夯实城镇产业基础，完善城镇服务功能，优化城镇生态环境，提升城镇发展品质，建设美丽特色新型小（城）镇，有机对接美丽乡村建设，促进城乡发展一体化。

——坚持创新探索。创新美丽特色小（城）镇的思路、方法、机制，着力培育供给侧小镇经济，防止"新瓶装旧酒""穿新鞋走老路"，努力走出一条特色鲜明、产城融合、惠及群众的新型小城镇之路。

——坚持因地制宜。从各地实际出发，遵循客观规律，挖掘特色优势，体现区域差异性，提倡形态多样性，彰显小（城）镇独特魅力，防止照搬照抄、"东施效颦"、一哄而上。

——坚持产业建镇。根据区域要素禀赋和比较优势，挖掘本地最有基础、最具潜力、最能成长的特色产业，做精做强主导特色产业，打造具有持续竞争力和可持续发展特征的独特产业生态，防止千镇一面。

——坚持以人为本。围绕人的城镇化，统筹生产、生活、生态空间布局，完善城镇功能，补齐城镇基础设施、公共服务、生态环境短板，打造宜居宜业环境，提高人民群众获得感和幸福感，防止形象工程。

——坚持市场主导。按照政府引导、企业主体、市场化运作的要求，创新建设模式、管理方式和服务手段，提高多元化主体共同推动美丽特色小（城）镇发展的积极性。发挥好政府制定规划政策、提供公共服务等作用，防止大包大揽。

二、分类施策，探索城镇发展新路径

总结推广浙江等地特色小镇发展模式，立足产业"特而强"、功能"聚而合"、形态"小而美"、机制"新而活"，将创新性供给与个性化需求有效对接，打造创新创业发展平台和新型城镇化有效载体。

按照控制数量、提高质量，节约用地、体现特色的要求，推动小（城）镇发展与疏解大城市中心城区功能相结合、与特色产业发展相结合、与服务"三农"相结合。大城市周边的重点镇，要加强与城市发展的统筹规划与功能配套，逐步发展成为卫星城。具有特色资源、区位优势的小城镇，要通过规划引导、市场运作，培育成为休闲旅游、商贸物流、智能制造、科技教育、民俗文化传承的专业特色镇。远离中心城市的小城镇，要完善基础设施和公共服务，发展成为服务农村、带动周边的综合性小城镇。

统筹地域、功能、特色三大重点，以镇区常住人口5万以上的特大镇、镇区常住人口3万以上的专业特色镇为重点，兼顾多类型多形态的特色小镇，因地制宜建设美丽特色小（城）镇。

三、突出特色，打造产业发展新平台

产业是小城镇发展的生命力，特色是产业发展的竞争力。要立足资源禀赋、区位环境、历史文化、产业集聚等特色，加快发展特色优势主导产业，延伸产业链、提升价值链，促进产业跨界融合发展，在差异定位和领域细分中构建小镇大产业，扩大就业，集聚人口，实现特色产业立镇、强镇、富镇。

有条件的小城镇特别是中心城市和都市圈周边的小城镇，要积极吸引高端要素集聚，发展先进制造业和现代服务业。鼓励外出农民工回乡创业定居。强化校企合作、产研融合、产教融合，积极依托职业院校、成人教育学院、继续教育学院等院校建设就业技能培训基地，培育特色产业发展所需各类人才。

四、创业创新，培育经济发展新动能

创新是小城镇持续健康发展的根本动力。要发挥小城镇创业创新成本低、进入门槛低、各项束缚少、生态环境好的优势，打造大众创业、万众创新的有效平台和载体。鼓励特色小（城）镇发展面向大众、服务小微企业的低成本、便利化、开放式服务平台，构建富有活力的创业创新生态圈，集聚创业者、风投资本、孵化器等高端要素，促进产业链、创新链、人才链的耦合；依托互联网拓宽市场资源、社会需求与创业创新对接通道，推进专业空间、网络平台和企业内部众创，推动新技术、新产业、新业态蓬勃发展。

营造吸引各类人才、激发企业家活力的创新环境，为初创期、中小微企业和创业者提供便利、完善的"双创"服务；鼓励企业家构筑创新平台、集聚创新资源；深化投资便利化、商事仲裁、负面清单管理等改革创新，打造有利于创新创业的营商环境，推动形成一批集聚高端要素、新兴产业和现代服务业特色鲜明、富有活力和竞争力的新型小城镇。

五、完善功能，强化基础设施新支撑

便捷完善的基础设施是小城镇集聚产业的基础条件。要按照适度超

前、综合配套、集约利用的原则，加强小城镇道路、供水、供电、通信、污水垃圾处理、物流等基础设施建设。建设高速通畅、质优价廉、服务便捷的宽带网络基础设施和服务设施，以人为本推动信息惠民，加强小城镇信息基础设施建设，加速光纤入户进程，建设智慧小镇。加强步行和自行车等慢行交通设施建设，做好慢行交通系统与公共交通系统的衔接。

强化城镇与交通干线、交通枢纽城市的连接，提高公路技术等级和通行能力，改善交通条件，提升服务水平。推进大城市市域（郊）铁路发展，形成多层次轨道交通骨干网络，高效衔接大中小城市和小城镇，促进互联互通。鼓励综合开发，形成集交通、商业、休闲等为一体的开放式小城镇功能区。推进公共停车场建设。鼓励建设开放式住宅小区，提升微循环能力。鼓励有条件的小城镇开发利用地下空间，提高土地利用效率。

六、提升质量，增加公共服务新供给

完善的公共服务特别是较高质量的教育医疗资源供给是增强小城镇人口集聚能力的重要因素。要推动公共服务从按行政等级配置向按常住人口规模配置转变，根据城镇常住人口增长趋势和空间分布，统筹布局建设学校、医疗卫生机构、文化体育场所等公共服务设施，大力提高教育卫生等公共服务的质量和水平，使群众在特色小（城）镇能够享受更有质量的教育、医疗等公共服务。要聚焦居民日常需求，提升社区服务功能，加快构建便捷"生活圈"、完善"服务圈"和繁荣"商业圈"。

镇区人口 10 万以上的特大镇要按同等城市标准配置教育和医疗资源，其他城镇要不断缩小与城市基本公共服务差距。实施医疗卫生服务能力提升计划，参照县级医院水平提高硬件设施和诊疗水平，鼓励在有条件的小城镇布局三级医院。大力提高教育质量，加快推进义务教育学校标准化建设，推动市县知名中小学和城镇中小学联合办学，扩大优质教育资源覆盖面。

七、绿色引领，建设美丽宜居新城镇

优美宜居的生态环境是人民群众对城镇生活的新期待。要牢固树立"绿水青山就是金山银山"的发展理念，保护城镇特色景观资源，加强环境综合整治，构建生态网络。深入开展大气污染、水污染、土壤污染防治行动，溯源倒逼、系统治理，带动城镇生态环境质量全面改善。有机协调城镇内外绿地、河湖、林地、耕地，推动生态保护与旅游发展互促共融、新型城镇化与旅游业有机结合，打造宜居宜业宜游的优美环境。鼓励有条件的小城镇按照不低于3A级景区的标准规划建设特色旅游景区，将美丽资源转化为"美丽经济"。

加强历史文化名城名镇名村、历史文化街区、民族风情小镇等的保护，保护独特风貌，挖掘文化内涵，彰显乡愁特色，建设有历史记忆、文化脉络、地域风貌、民族特点的美丽小（城）镇。

八、主体多元，打造共建共享新模式

创新社会治理模式是建设美丽特色小（城）镇的重要内容。要统筹政府、社会、市民三大主体积极性，推动政府、社会、市民同心同向行动。充分发挥社会力量作用，最大限度激发市场主体活力和企业家创造力，鼓励企业、其他社会组织和市民积极参与城镇投资、建设、运营和管理，成为美丽特色小（城）镇建设的主力军。积极调动市民参与美丽特色小（城）镇建设热情，促进其致富增收，让发展成果惠及广大群众。逐步形成多方主体参与、良性互动的现代城镇治理模式。

政府主要负责提供美丽特色小（城）镇制度供给、设施配套、要素保障、生态环境保护、安全生产监管等管理和服务，营造更加公平、开放的市场环境，深化"放管服"改革，简化审批环节，减少行政干预。

九、城乡联动，拓展要素配置新通道

美丽特色小（城）镇是辐射带动新农村的重要载体。要统筹规划城乡基础设施网络，健全农村基础设施投入长效机制，促进水电路气信等基础设施城乡联网、生态环保设施城乡统一布局建设。推进城乡配电网建设改造，加快农村宽带网络和快递网络建设，以美丽特色小（城）镇为节点，推进农村电商发展和"快递下乡"。推动城镇公共服务向农村延伸，逐步实现城乡基本公共服务制度并轨、标准统一。

搭建农村一二三产业融合发展服务平台，推进农业与旅游、教育、文化、健康养老等产业深度融合，大力发展农业新型业态。依托优势资源，积极探索承接产业转移新模式，引导城镇资金、信息、人才、管理等要素向农村流动，推动城乡产业链双向延伸对接。促进城乡劳动力、土地、资本和创新要素高效配置。

十、创新机制，激发城镇发展新活力

释放美丽特色小（城）镇的内生动力关键要靠体制机制创新。要全面放开小城镇落户限制，全面落实居住证制度，不断拓展公共服务范围。积极盘活存量土地，建立低效用地再开发激励机制。建立健全进城落户农民农村土地承包权、宅基地使用权、集体收益分配权自愿有偿流转和退出机制。创新特色小（城）镇建设投融资机制，大力推进政府和社会资本合作，鼓励利用财政资金撬动社会资金，共同发起设立美丽特色小（城）镇建设基金。研究设立国家新型城镇化建设基金，倾斜支持美丽特色小（城）镇开发建设。鼓励开发银行、农业发展银行、农业银行和其他金融机构加大金融支持力度。鼓励有条件的小城镇通过发行债券等多种方式拓宽融资渠道。

按照"小政府、大服务"模式，推行大部门制，降低行政成本，提高行政效率。深入推进强镇扩权，赋予镇区人口10万以上的特大镇县级管理职能和权限，强化事权、财权、人事权和用地指标等保障。推动具备条件的特大镇有序设市。

各级发展改革部门要把加快建设美丽特色小（城）镇作为落实新型城镇化战略部署和推进供给侧结构性改革的重要抓手，坚持用改革的思路、创新的举措发挥统筹协调作用，借鉴浙江等地采取创建制培育特色小镇的经验，整合各方面力量，加强分类指导，结合地方实际研究出台配套政策，努力打造一批新兴产业集聚、传统产业升级、体制机制灵活、人文气息浓厚、生态环境优美的美丽特色小（城）镇。国家发展改革委将加强统筹协调，加大项目、资金、政策等的支持力度，及时总结推广各地典型经验，推动美丽特色小（城）镇持续健康发展。

国家发展改革委

2016年10月8日

附录 3

关于实施"千企千镇工程"推进美丽特色小（城）镇建设的通知

发改规划〔2016〕2604 号

各省、自治区、直辖市及计划单列市发展改革委、企业联合会、企业家协会，国家开发银行、中国光大银行各分行，新疆生产建设兵团发展改革委：

　　为深入贯彻落实习近平总书记、李克强总理等党中央、国务院领导同志关于加强特色小镇、小城镇建设的重要批示指示精神，按照《国家发展改革委关于加快美丽特色小（城）镇建设的指导意见》要求，在总结近年来企业参与城镇建设运营行之有效的经验基础上，国家发展改革委、国家开发银行、中国光大银行、中国企业联合会、中国企业家协会、中国城镇化促进会拟组织实施美丽特色小（城）镇建设"千企千镇工程"。有关事项通知如下：

一、主要目的

"千企千镇工程",是指根据"政府引导、企业主体、市场化运作"的新型小(城)镇创建模式,搭建小(城)镇与企业主体有效对接平台,引导社会资本参与美丽特色小(城)镇建设,促进镇企融合发展、共同成长。

实施"千企千镇工程",有利于充分发挥优质企业与特色小(城)镇的双重资源优势,开拓企业成长空间,树立城镇特色品牌,实现镇企互利共赢;有利于培育供给侧小镇经济,有效对接新消费新需求,增强小(城)镇可持续发展能力和竞争力;有利于创新小(城)镇建设管理运营模式,充分发挥市场配置资源的决定性作用,更好发挥政府规划引导和提供公共服务等作用,防止政府大包大揽。

二、主要内容

牢固树立和贯彻落实创新、协调、绿色、开放、共享的发展理念,深入推进供给侧结构性改革,以建设特色鲜明、产城融合、充满魅力的美丽特色小(城)镇为目标,以探索形成政府引导、市场主导、多元主体参与的特色小(城)镇建设运营模式为方向,加强政企银合作,拓宽城镇建设投融资渠道,加快城镇功能提升。坚持自主自愿、互利互惠,不搞"拉郎配",不搞目标责任制,通过搭建平台更多依靠市场力量引导企业等市场主体参与特色小(城)镇建设。

(一)聚焦重点领域。围绕产业发展和城镇功能提升两个重点,深化镇企合作。引导企业从区域要素禀赋和比较优势出发,培育壮大休闲旅游、商贸物流、信息产业、智能制造、科技教育、民俗文化传承等特色优势主导产业,扩大就业,集聚人口。推动"产、城、人、文"

融合发展，完善基础设施，扩大公共服务，挖掘文化内涵，促进绿色发展，打造宜居宜业的环境，提高人民群众获得感和幸福感。

（二）建立信息服务平台。运用云计算、大数据等信息技术手段，建设"千企千镇服务网"，开发企业产业转移及转型升级数据库和全国特色小（城）镇数据库，为推动企业等社会资本与特色小（城）镇对接提供基础支撑。

（三）搭建镇企合作平台。定期举办"中国特色小（城）镇发展论坛"，召开多形式的特色小（城）镇建设交流研讨会、项目推介会等，加强企业等社会资本和特色小（城）镇的沟通合作与互动交流。

（四）镇企结对树品牌。依托信息服务平台和镇企合作平台，企业根据自身经营方向，优选最佳合作城镇，城镇发挥资源优势，吸引企业落户，实现供需对接、双向选择，共同打造镇企合作品牌。

（五）推广典型经验。每年推出一批企业等社会资本与特色小（城）镇成功合作的典型案例，总结提炼可复制、可推广的经验，供各地区参考借鉴。

三、组织实施

（一）强化协同推进。"千企千镇工程"由国家发展改革委、国家开发银行、中国光大银行、中国企业联合会、中国企业家协会、中国城镇化促进会等单位共同组织实施。中国城镇化促进会要充分发挥在平台搭建、信息交流、经验总结等方面的积极作用，承担工程实施的具体工作。

（二）完善支持政策。"千企千镇工程"的典型地区和企业，可优先享受有关部门关于特色小（城）镇建设的各项支持政策，优先纳入有关部门开展的新型城镇化领域试点示范。国家开发银行、中国光大银行将通过多元化金融产品及模式对典型地区和企业给予融资支持，鼓励引导其他金融机构积极参与。政府有关部门和行业协会等社会组织将加强服务和指导，帮助解决"千企千镇工程"实施中的重点难点问题。

（三）积极宣传引导。充分发挥主流媒体、自媒体等舆论引导作用，持续跟踪报道"千企千镇工程"实施情况，总结好经验好做法，发现新情况新问题，形成全社会关心、关注、支持特色小（城）镇发展的良好氛围。

四、工作要求

（一）各地发展改革部门要强化对特色小（城）镇建设工作的指导和推进力度，积极组织引导特色小（城）镇参与结对工程建设，做好本地区镇企对接统筹协调。

（二）国家开发银行、中国光大银行各地分行要把特色小（城）镇建设作为推进新型城镇化建设的突破口，对带头实施"千企千镇工程"的企业等市场主体和特色小（城）镇重点帮扶，优先支持。

（三）各地企业联合会、企业家协会要充分发挥社会组织的作用，动员和组织本地企业与特色小（城）镇结对，以市场为导向，以产城融合为目标，把企业转型升级与特色小（城）镇建设有机结合起来。

联系人及电话：

中国城镇化促进会杨子健（010-68518601）

国家发展改革委

国家开发银行

中国光大银行

附录 3

中国企业联合会
中国企业家协会
中国城镇化促进会
2016 年 12 月 12 日

附录 4

关于深入推进农业领域政府和社会资本合作的实施意见

财金〔2017〕50 号

各省、自治区、直辖市、计划单列市财政厅(局)、农业(农牧、农机、畜牧、兽医、农垦、渔业)厅(局、委、办),新疆生产建设兵团财务局、农业局:

为贯彻落实《中共中央国务院关于深入推进农业供给侧结构性改革 加快培育农业农村发展新动能的若干意见》、《国务院办公厅关于创新农村基础设施投融资体制机制的指导意见》(国办发〔2017〕17 号)、《国务院办公厅转发财政部 发展改革委 人民银行关于在公共服务领域推广政府和社会资本合作模式指导意见的通知》(国办发〔2015〕42 号)精神,深化农业供给侧结构性改革,引导社会资本积极参与农业领域政府和社会资本合作(PPP)项目投资、建设、运营,改善农业农村公共服务供给,现提出意见如下:

一、总体要求

（一）指导思想

全面贯彻落实党中央、国务院关于农业、农村、农民问题的决策部署，牢固树立和贯彻落实新发展理念，适应把握引领经济发展新常态，以加大农业领域 PPP 模式推广应用为主线，优化农业资金投入方式，加快农业产业结构调整，改善农业公共服务供给，切实推动农业供给侧结构性改革。

（二）基本原则

——政府引导，规范运作。坚持农业供给侧结构性改革方向，深化对 PPP 模式的理解认识，加快观念转变，厘清政府与市场的边界，加大对农业农村公共服务领域推广运用 PPP 模式的政策扶持力度，强化绩效评价和项目监管，严格执行财政 PPP 工作制度规范体系，确保顺利实施、规范运作，防止变相举借政府债务，防范财政金融风险。

——明确权责，合作共赢。注重发挥市场在资源配置中的决定性作用，鼓励各类市场主体通过公开竞争性方式参与农业 PPP 项目合作，破除社会资本进入农业公共服务领域的隐性壁垒，营造规范有序的市场环境。在平等协商基础上订立合同，平衡政府、社会资本、农民、农村集体经济组织、农民合作组织等各方利益，明确各参与主体的责任、权利关系和风险分担机制，推动实现改善公共服务供给，拓展企业发展空间，增加人民福祉的共赢局面。

——因地制宜，试点先行。各地根据国家"三农"工作统一部署，结合地区实际和工作重点，分阶段、分类型、分步骤推进农业领域 PPP 工作。鼓励选择重点领域、重点项目先行试点探索，及时总结经验，完善相关政策，形成可复制、可推广的合作模式。

（三）工作目标

探索农业领域推广 PPP 模式的实施路径、成熟模式和长效机制，创新农业公共产品和公共服务市场化供给机制，推动政府职能转变，提高农业投资有效性和公共资源使用效益，提升农业公共服务供给质量和效率。

二、聚焦重点领域

重点引导和鼓励社会资本参与以下领域农业公共产品和服务供给：

（一）农业绿色发展。支持畜禽粪污资源化利用、农作物秸秆综合利用、废旧农膜回收、病死畜禽无害化处理，支持规模化大型沼气工程。

（二）高标准农田建设。支持集中连片、旱涝保收、稳产高产、生态友好的高标准农田建设，支持开展土地平整、土壤改良与培肥、灌溉与排水、田间道路、农田防护与生态环境保持、农田输配电等工程建设，支持耕地治理修复。

（三）现代农业产业园。支持以规模化种养基地为基础，通过"生产＋加工＋科技"，聚集现代生产要素、创新体制机制的现代农业产业园。

（四）田园综合体。支持有条件的乡村建设以农民合作社为主要载体、让农民充分参与和受益，集循环农业、创意农业、农事体验于一体的田园综合体。

（五）农产品物流与交易平台。支持农产品交易中心（市场）、生产资料交易平台、仓储基地建设，支持区域农产品公用品牌创建。

（六）"互联网＋"现代农业。支持信息进村入户工程、智慧农业工程、农村电子商务平台、智能物流设施等建设运营。

三、规范项目实施

（一）严格筛选项目。各级财政部门、农业部门要加强合作，依托全国 PPP 综合信息平台推进农业 PPP 项目库建设，明确入库标准，优先选择有经营性现金流、适宜市场化运作的农业公共设施及公共服务项目，做好项目储备，明确年度及中长期项目开发计划，确保农业 PPP 有序推进。

（二）合理分担风险。各地农业部门、财政部门要指导项目实施机构按照风险分担、利益共享的原则，充分识别、合理分配 PPP 项目风险。为保障政府知情权，政府可以参股项目公司，但应保障项目公司的经营独立性和风险隔离功能，不得干预企业日常经营决策，不得兜底项目建设运营风险。

（三）保障合理回报。各地农业部门、财政部门要指导项目实施机构根据项目特点构建合理的项目回报机制，依据项目合同约定将财政支出责任纳入年度预算和中期财政规划，按项目绩效考核结果向社会资本支付对价，保障社会资本获得稳定合理收益。鼓励农民专业合作社等新型农业经营主体参与 PPP 项目，并通过订单带动、利润返还、股份合作等模式进一步完善与农户的利益联结机制，建立长期稳定的合作关系，让更多农民分享农业 PPP 发展红利。

（四）确保公平竞争。各地农业部门、财政部门要指导项目实施机构依法通过公开、公平、竞争性方式，择优选择具备项目所需经营能力和履约能力的社会资本开展合作，保障各类市场主体平等参与农业 PPP 项目合作，消除本地保护主义和各类隐形门槛。鼓励金融机构早期介入项目前期准备，提高项目融资可获得性。

（五）严格债务管理。各地财政部门、农业部门要认真组织开展项目物有所值评价和财政承受能力论证,加强本辖区内PPP项目财政支出责任统计和超限预警,严格政府债务管理,严禁通过政府回购安排、承诺固定回报等方式进行变相举债,严禁项目公司债务向政府转移。

(六)强化信息公开。各地财政部门、农业部门要认真落实《政府和社会资本合作(PPP)综合信息平台信息公开管理暂行办法》(财金〔2017〕1号)有关要求,做好PPP项目全生命周期信息公开工作,及时、完整、准确地录入农业PPP项目信息,及时披露识别论证、政府采购及预算安排等关键信息,增强社会资本和金融机构信心,保障公众知情权,接受社会监督。

(七)严格绩效监管。各地财政部门、农业部门要构建农业PPP项目的绩效考核监管体系和监督问责机制,跟踪掌握项目实施和资金使用情况,推动形成项目监管与资金安排相衔接的激励制约机制。

四、加大政策保障

(一)强化组织领导责任。地方人民政府要积极探索建立跨部门PPP工作领导协调机制,加强政府统一领导,明确部门职责分工,确保形成工作合力,推动项目顺利实施。

(二)优化资金投入方式。各级财政部门、农业部门要探索创新农业公共服务领域资金投入机制,进一步改进和加强资金使用管理,发挥财政资金引导撬动作用,积极推动金融和社会资本更多投向农业农村,提高投资有效性和公共资金使用效益。

(三)发挥示范引领作用。财政部与农业部联合组织开展国家农业PPP示范区创建工作。各省(区、市)财政部门会同农业部门择优选择1个农业产业特点突出、PPP模式推广条件成熟的县级地区作为农业PPP示范区向财政部、农业部推荐。财政部、农业部将从中择优确定"国家农业PPP示范区"。国家农业PPP示范区所属PPP项目，将在PPP示范项目申报筛选和PPP以奖代补资金中获得优先支持。各地财政部门、农业部门要共同做好农业PPP示范区的申报工作，加强对示范区的经验总结和案例推广，推动形成一批可复制、可推广的成功模式。

（四）拓宽金融支持渠道。充分发挥中国PPP基金和各地PPP基金的引导作用，带动更多金融机构、保险资金加大对农业PPP项目的融资支持。加强与国家农业信贷担保体系的合作，鼓励各地设立农业PPP项目担保基金，为PPP项目融资提供增信支持。创新开发适合农业PPP项目的保险产品。开展农业PPP项目资产证券化试点，探索各类投资主体的合规退出渠道。

（五）完善定价调价机制。积极推进农业农村公共服务领域价格改革，探索建立污水垃圾处理农户缴费制度，综合考虑建设运营成本、财政承受能力、农村居民意愿，合理确定农业公共服务价格水平和补偿机制。建立健全价格动态调整和上下游联动机制，增强社会资本收益预期，提高社会资本参与积极性。

（六）加强项目用地保障。各地农业部门、财政部门要积极协调相关土地部门，在保障耕地占补平衡的基础上，在当地土地使用中长期规划中全面考虑农业PPP项目建设需求，并给予优先倾斜，为项目用地提供有效保障。

财政部　农业部
2017年5月31日

附录5

关于开展田园综合体建设试点工作的通知

财办〔2017〕29号

各省、自治区、直辖市、计划单列市财政厅（局），新疆生产建设兵团财务局：

为贯彻落实中央农村工作会议和《中共中央 国务院关于深入推进农业供给侧结构性改革 加快培育农业农村发展新动能的若干意见》的部署与要求，推动农业现代化与城乡一体化互促共进，加快培育农业农村发展新动能，提高农业综合效益和竞争力，探索农业农村发展新模式，实现"村庄美、产业兴、农民富、环境优"的目标，财政部决定开展田园综合体建设试点工作。现就有关事项通知如下。

一、总体要求

（一）指导思想

认真贯彻党中央、国务院决策部署，深入推进农业供给侧结构性改革，适应农村发展阶段性需要，遵循农村发展规律和市场经济规律，围绕农业增效、农民增收、农村增绿，支持有条件的乡村加强基础设施、产业支撑、公共服务、环境风貌建设，实现农村生产生活生态"三生同步"、一二三产业"三产融合"、农业文化旅游"三位一体"，积极探索推进农村经济社会全面发展的新模式、新业态、新路径，逐步建成以农民合作社为主要载体，让农民充分参与和受益，集循环农业、创意农业、农事体验于一体的田园综合体。

（二）基本原则

——坚持以农为本。要以保护耕地为前提，提升农业综合生产能力，突出农业特色，发展现代农业，促进产业融合，提高农业综合效益和现代化水平；要保持农村田园风光，留住乡愁，保护好青山绿水，实现生态可持续；要确保农民参与和受益，着力构建企业、合作社和农民利益联结机制，带动农民持续稳定增收，让农民充分分享田园综合体发展成果。

——坚持共同发展。要充分发挥农村集体组织在乡村建设治理中的主体作用，通过农村集体组织、农民合作社等渠道让农民参与田园综合体建设进程，提高区域内公共服务的质量和水平，逐步实现农村社区化管理；要把探索发展集体经济作为产业发展的重要途径，积极盘活农村集体资产，发展多种形式的股份合作，增强和壮大集体经济发展活力和实力，真正让农民分享集体经济发展和农村改革成果。

——坚持市场主导。按照政府引导、企业参与、市场化运作的要求，创新建设模式、管理方式和服务手段，全面激活市场、激活要素、激活主体，调动多元化主体共同推动田园综合体建设的积极性。政府重点做好顶层设计、提供公共服务等工作，防止大包大揽。政府投入要围绕改善农民生产生活条件，提高产业发展能力，重点补齐基础设施、公共服务、生态环境短板，提高区域内居民特别是农民的获得感和幸福感。

——坚持循序渐进。要依托现有农村资源，特别是要统筹运用好农业综合开发、美丽乡村等建设成果，从各地实际出发，遵循客观规律，循序渐进，挖掘特色优势，体现区域差异性，提倡形态多元性，建设模式多样性；要创新发展理念，优化功能定位，探索一条特色鲜明、宜居宜业、惠及各方的田园综合体建设和发展之路，实现可持续、可复制、可推广。

二、重点建设内容

围绕田园综合体的建设目标和功能定位，重点抓好生产体系、产业体系、经营体系、生态体系、服务体系、运行体系等六大支撑体系建设。

（一）夯实基础，完善生产体系发展条件。要按照适度超前、综合配套、集约利用的原则，集中连片开展高标准农田建设，加强田园综合体区域内"田园+农村"基础设施建设，整合资金完善供电、通信、污水垃圾处理、游客集散、公共服务等配套设施条件。

（二）突出特色，打造涉农产业体系发展平台。立足资源禀赋、区位环境、历史文化、产业集聚等比较优势，围绕田园资源和农业特色，做大做强传统特色优势主导产业，推动土地规模化利用和三产融合发展，大力打造农业产业集群；稳步发展创意农业，利用"旅游+"和"生态+"等模式，开发农业多功能性，推进农业产业与旅游、教育、文化、康养等产业深度融合；强化品牌和原产地地理标志管理，推进农村电商、物流服务业发展，培育形成1~2个区域农业知名品牌，构建支撑田园综合体发展的产业体系。

（三）创业创新，培育农业经营体系发展新动能。积极壮大新型农业经营主体实力，完善农业社会化服务体系，通过土地流转、股份合作、代耕代种、土地托管等方式促进农业适度规模经营，优化农业生产经营体系，增加农业效益。同时，强化服务和利益联结，逐步将小农户生产、生活引入现代农业农村发展轨道，带动区域内农民可支配收入持续稳定增长。

（四）绿色发展，构建乡村生态体系屏障。牢固树立绿水青山就是金山银山的理念，优化田园景观资源配置，深度挖掘农业生态价值，统筹农业景观功能和体验功能，凸显宜居宜业新特色。积极发展循环农业，充分利用农业生态环保生产新技术，促进农业资源的节约化、农业生产残余废弃物的减量化和资源化再利用，实施农业节水工程，加强农业环境综合整治，促进农业可持续发展。

（五）完善功能，补齐公共服务体系建设短板。要完善区域内的生产性服务体系，通过发展适应市场需求的产业和公共服务平台，聚集市场、资本、信息、人才等现代生产要素，推动城乡产业链双向延伸对接，推动农村新产业、新业态蓬勃发展。完善综合体社区公共服务设施和功能，为社区居民提供便捷高效服务。

（六）形成合力，健全优化运行体系建设。妥善处理好政府、企业和农民三者关系，确定合理的建设运营管理模式，形成健康发展的合力。政府重点负责政策引导和规划引领，营造有利于田园综合体发展的外部环境；企业、村集体组织、农民合作组织及其他市场主体要充分发挥在产业发展和实体运营中的作用；农民通过合作化、组织化等方式，实现在田园综合体发展中的收益分配、就近就业。

三、试点立项条件

（一）功能定位准确。围绕有基础、有优势、有特色、有规模、有潜力的乡村和产业，按照农田田园化、产业融合化、城乡一体化的发展路径，以自然村落、特色片区为开发单元，全域统筹开发，全面完善基础设施。突出农业为基础的产业融合、辐射带动等主体功能，具备循环农业、创意农业、农事体验一体化发展的基础和前景。明确农村集体组织在建设田园综合体中的功能定位，充分发挥其在开发集体资源、发展集体经济、服务集体成员等方面的作用。

（二）基础条件较优。区域范围内农业基础设施较为完备，农村特色优势产业基础较好，区位条件优越，核心区集中连片，发展潜力较大；已自筹资金投入较大且有持续投入能力，建设规划能积极引入先进生产要素和社会资本，发展思路清晰；农民合作组织比较健全，规模经营显著，龙头企业带动力强，与村集体组织、农民及农民合作社建立了比较密切的利益联结机制。

（三）生态环境友好。能落实绿色发展理念，保留青山绿水，积极推进山水田林湖整体保护、综合治理，践行看得见山、望得到水、记得住乡愁的生产生活方式。农业清洁生产基础较好，农业环境突出问题得到有效治理。

（四）政策措施有力。地方政府积极性高，在用地保障、财政扶持、金融服务、科技创新应用、人才支撑等方面有明确举措，水、电、路、网络等基础设施完备。建设主体清晰，管理方式创新，搭建了政府引导、市场主导的建设格局。积极在田园综合体建设用地保障机制等方面做出探索，为产业发展和田园综合体建设提供条件。

（五）投融资机制明确。积极创新财政投入使用方式，探索推广政府和社会资本合作,综合考虑运用先建后补、贴息、以奖代补、担保补贴、风险补偿金等,撬动金融和社会资本投向田园综合体建设。鼓励各类金融机构加大金融支持田园综合体建设力度,积极统筹各渠道支农资金支持田园综合体建设。严控政府债务风险和村级组织债务风险,不新增债务负担。

(六)带动作用显著。以农村集体组织、农民合作社为主要载体,组织引导农民参与建设管理,保障原住农民的参与权和受益权,实现田园综合体的共建共享。通过构建股份合作、财政资金股权量化等模式,创新农民利益共享机制,让农民分享产业增值收益。

(七)运行管理顺畅。根据当地主导产业规划和新型经营主体发展培育水平,因地制宜探索田园综合体的建设模式和运营管理模式。可采取村集体组织、合作组织、龙头企业等共同参与建设田园综合体,盘活存量资源、调动各方积极性,通过创新机制激发田园综合体建设和运行内生动力。

(八)不予受理的情况。未突出以农为本,项目布局和业态发展上与农业未能有机融合,以非农业产业为主导产业;不符合产业发展政策;资源环境承载能力较差;违反国家土地管理使用相关法律法规,违规进行房地产开发和私人庄园会所建设;乡、村举债搞建设;存在大拆大建、盲目铺摊子等情况。

四、扶持政策

综合考虑各地发展建设基础、开展试点意愿、改革创新工作推进、试点代表性等因素,按照三年规划、分年实施的方式,2017年,财政部确定河北、山西、内蒙古、江苏、浙江、福建、江西、山东、河南、湖南、广东、广西、海南、重庆、四川、云南、陕西、甘肃18个省份开展田园综合体建设试点,中央财政从农村综合改革转移支付资金、现代农业生产发展资金、农业综合开发补助资金中统筹安排,每个试点省份安排试点项目1~2个,各省可根据实际情况确定具体试点项目个数。在不违反农村综合改革和国家农业综合开发现行政策规定的前提下,试点项目资金和项目管理具体政策由地方自行研究确定。同时,各试点省份、县级财政部门要统筹使用好现有各项涉农财政支持政策,创新财政资金使用方式,采取资金整合、先建后补、以奖代补、政府与社会资本合作、政府引导基金等方式支持开展试点项目建设。经财政部年度考核评价合格后,试点项目可继续安排中央财政资金。对试点效果不理想的项目将不再安排资金支持。

同时,鼓励有条件的省份参照本通知精神开展省级田园综合体试点,每个省份数量控制在1~2个。如建设成效较好,符合政策要求,今后可逐步纳入国家级试点范围。

五、有关工作要求

(一)强化组织领导。各试点省份要建立健全财政部门牵头负责(重庆市试点工作由重庆市农业综合开发办公室牵头负责,下同),农村综合改革机构、农业综合开发机构分别具体组织并互相支持配合的工作机制,协调发挥好各职能部门的作用,细化工作任务,认真组织实施,确保试点工作开好头起好步。要加强与地方政府的沟通协调,引导和鼓励地方政府积极搭建田园综合体基础设施和产业政策平台。引导地方政府因地制宜选择田园综合体建设模式,建立运行顺畅的建设管理机制,为项目建设创造良好的发展环境。

(二)科学编制规划和年度实施方案。各有关地区要科学编制试点项目发展规划和年度实施方案,内容应包括拟建设田园综合体的基本情况、目标任务、区域功能布局、主要建设内容和任务；水土资源开发和生态环境保护；建设、管理和运营体制机制；投资估算与资金筹措方案；资源环境评估分析；政策保障措施等内容。

（三）严格试点项目管理。拟开展试点项目的县（市、区），要成立以县级人民政府主要领导任组长，财政部门及农村综合改革机构、农业综合开发机构牵头落实，发改、国土、环保、水利、农业、林业等有关部门参加的田园综合体建设领导小组，统筹组织试点项目的申报和实施工作；县级人民政府组织编制试点规划和实施方案，按规定程序报送省级财政部门。

（四）坚持省级竞争立项。田园综合体建设试点项目由省级财政部门统一组织以竞争立项的方式确定。要建立健全公开透明、客观公正、科学规范的项目竞争立项机制，择优选项。竞争立项结果应按照政府信息公开的要求，作为主动公开事项向社会公开。省级财政部门要根据竞争立项的结果，将试点规划和实施方案报财政部备案。

（五）加强资金监管和考核评价。各级财政部门及农村综合改革机构、农业综合开发机构要严格执行相关制度，确保资金安全有效使用。要加强项目实施和资金管理的跟踪问效和综合分析评价，根据有关政策对违规违纪问题进行处理。建立激励约束机制，实行动态管理，财政部将根据正式备案的试点规划和实施方案，对试点项目进行重点考核。对考核评价结果较好的试点省份予以连续扶持并加大投入力度，继续安排扩大试点范围；对试点工作开展不力的将取消试点资格。

（六）及时总结试点经验。开展田园综合体试点项目建设是一项全新的工作，各地要进一步加强调查研究，及时掌握和跟踪项目实施及运行情况，不断总结经验，针对存在的问题，及时完善相关政策措施，确保取得预期成效。财政部将会同中央有关单位和部门，对各地开展田园综合体的建设情况进行跟踪调研指导，总结经验，不断完善试点政策。

（七）材料报送及要求。试点省份财政部门应于 2017 年 6 月 30 日前，分别向财政部农业司（国务院农村综改办）、国家农发办报送田园综合体试点材料（附电子文档光盘）。在实施过程中有关具体工作及要求，另行通知。

在申报过程中，如有疑问，请及时与财政部联系。

财政部
2017 年 5 月 24 日

参考文献

[1] 方创琳，李广东，张蔷.中国城市建设用地的动态变化态势与调控.自然资源学报，2017，32（3）：363-376.

[2] Wu，J. G. Toward a landscape ecology of cities：beyond buildings，trees，and urban forests. In M. M. Carreiro，Y. C. Song，& J. G. Wu（Eds），Ecology，planning and management of urban forests，international perspectives. Springer，2008：38-47.

[3] Chan，K. Urbanization and rural-urban migration in China since 1982. Modern China，1994，20：243-281.

[4] Zhang，L.，& Zhao，S. Re-examining China's 'urban' concept and level of urbanization. The China Quarterly，1998，154：330-381.

[5] James H. Thorne，Maria J. Santos，Jacquelyn H. Bjorkman. Regional assessment of urban Impacts on landcover and open space finds a smart urban growth policy performs little better than business as usual. PLOS ONE，2013，8（6）：124-145.

[6] 杰克.舒尔茨.美国的兴旺之城—小城镇成功的8个秘诀.中国建筑工业出版社，2016：10.

[7] 王鹏.德国城镇化建设的经验.行政管理改革，2013（4）：25-30.

[8] 陈锡文.适应经济发展新常态，加快转变农业发展方式.求是，2015（6）：20-22.

[9] 曹佳.财政分权和官员升迁激励制度影响我国省际经济增长收敛性的实证分析.吉林大学，2016：17.

[10] 宋春华. 新型城镇化背景下的城市规划与建筑设计. 建筑学报, 2015 (2): 1-4.

[11] 刘艳萍. 第二居所的概念与范畴辨析. 学理论, 2013 (33): 105-107.

[12] 刘瑜, 龚俐, 童庆禧. 空间交互作用中的距离影响及定量分析. 北京大学学报（自然科学版）, 2014, 50 (3): 526-534.

[13] 陈炎兵, 姚永玲. 特色小镇—中国城镇化创新之路. 人民出版社, 2017: 102.

[14] 刘易斯. 芒福德, 宋俊岭, 倪文彦, 译. 城市发展史: 起源、演变和前景. 中国建筑工业出版社, 2005: 25.

[15] 俞光耀. 城市轨道交通建设与规划设计的前瞻性. 世界轨道交通, 2017 (1): 35.

[16] 吴建. 从"看不见的手"来谈市场与政府的关系. 湖北经济学院学报（人文社会科学版）, 2015 (8): 29-31.

[17] 吴航. 智猪博弈与改进. 商情, 2014 (7): 79.

[18] 郭勇. 基于"两基准"理论的我国产业结构优化路径分析. 中共四川省委党校学报, 2011: 26.

[19] Cao Y. Nguyen, Kazushi Sano, Tu Vu Tran, Tan Thanh Doan. Firm relocation patterns incorporating spatial interactions. The Annals of Regional Science, 2013, 50 (3): 685-703.

[20] 刘文生. 当今中国小城镇镇域职能类型与分类指标体系研究. 全国博士生学术会议论文集, 2008: 118-125.

[21] 扬. 盖尔（丹麦）, 何人可译. 交往与空间. 中国建筑工业出版社, 2002: 10-35.

[22] 孔现咪. 现代家庭农场: 中国农村经济的一个发展模式. 农技服务, 2014, 31 (2): 3-4.

[23] Alina. "互联网＋农业"报告: 一个近10万亿规模的市场, 正被这些公司分食. 农业工程技术, 2015 (24): 20-25.

[24] 方韶伟. 德国沼气工程的发展现状及对我国发展的启示. 猪业科学, 2011, 28 (6): 44-46.

[25] 冯静生. 来自PPP的挑战和机遇. 金融言行: 杭州金融研修学院学报, 2015 (7): 49-51.

[26] 刘钰. 我国 PPP 模式的发展现状及其对策. 当代经济, 2017 (6): 25-30.

[27] C. Johnson and J. Man (Eds), Tax increment financing and economic development. State University of New York Press, 2001: 50.

[28] Man. J. Y. Fiscal Pressure, tax competition and the adoption of tax increment financing. Urban Studies, 1999 (36): 1151-1167.

[29] Jolin, M., Legenza, S. and McDermott, M. The increment financing: urban renewal of the 1990s. Clearing house Review. July/August, 1998: 81-99.

[30] Weber, Bhatta&Merriman. The impact of tax increment financing on residential property value appreciation. Working paper, 2006: 89.

[31] Josh Reinert, Note. Tax increment financing in missouri: is it time for blight and butfor to go?. Saint Louis University Law Journal, 2001: 45.

[32] Kitchen, H. Financing local government capital investment, the International Bank for Reconstruction and Development/The World Bank, Washington, DC 20433, 2006: 78-97.